Petit manuel à l'usage des grands-parents

Étienne Choppy
et Hélène Lotthé-Covo

Petit manuel à l'usage des grands-parents

qui prennent leur rôle à cœur

Albin Michel

Collection « Questions de parents »
dirigée par Mahaut-Mathilde Nobécourt

À Vava, Mimi et Jacques.

« N'élevons pas nos enfants pour le monde d'aujourd'hui. Ce monde n'existera plus lorsqu'ils seront grands. Et rien ne nous permet de savoir quel monde sera le leur. Alors, apprenons-leur à s'adapter. »

MARIA MONTESSORI

Introduction

L'intérêt actuel pour les grands-parents peut surprendre puisque notre société, surtout friande de jeunisme et de consommation, ne manifeste guère d'intérêt pour tout ce qui ressemble à du vieillissement ou à des traditions. Cette contradiction ne peut pas laisser indifférent.

Certains livres consacrés au sujet ne parlent que du bonheur d'être grands-parents ; d'autres n'évoquent que les catastrophes familiales ou les drames à issue judiciaire ; la plupart fournissent des conseils. Les cas auxquels on est confronté sont rarement superposables aux exemples donnés, quel que soit le souci d'authenticité des auteurs.

Aussi, plutôt que de donner des recettes sur ce qu'il est souhaitable de faire dans telle ou telle situation, ce livre fournit-il des éléments d'analyse et de réflexion qui permettront au lecteur de mieux apprécier la nature des problèmes posés et d'élaborer ses propres réactions éventuelles. Il s'intéresse également aux conditions à maintenir pour que la relation entre les grands-parents et leurs petits-enfants soit harmonieuse. L'aide qu'ils peuvent apporter varie selon l'âge de l'enfant : il a semblé utile de rappeler quelques éléments du développement psychologique, de la naissance à l'adolescence.

Les difficultés que traversent les familles méritent aussi qu'on s'y attarde car elles sont fréquentes et les grands-parents y jouent souvent un rôle salvateur. Leur action peut éviter bien des souffrances à leur petit-enfant ou en limiter les effets destructeurs. Un enfant maltraité peut aussi trouver un recours et une protection auprès de ses aïeuls, ainsi que dans les cas de brouille familiale et de divorce.

La transmission : tel est le mot qui évoque dans ce livre l'autre aspect essentiel du rôle des grands-parents. Les témoignages recueillis montrent la grande importance affective qu'ils revêtent dans les souvenirs d'enfance. Or l'amour, s'il est indispensable, n'est pas le tout d'une éducation : les aïeuls ne sont pas seulement des pourvoyeurs de tendresse. Ils *transmettent* aussi. Ils sont les branches principales de l'arbre généalogique et les représentants vivants du passé familial. Ils sont à ce titre des symboles incarnés.

Les grands-parents, outre les traditions familiales ou les valeurs culturelles auxquelles ils sont attachés, transmettent bien d'autres notions, à la fois consciemment et à leur insu. Leur place symbolique les rattache à leurs propres ancêtres et à l'Histoire. Elle est inscrite au cœur du XXe siècle où ils sont nés. Le *transgénérationnel*, dont l'existence est loin d'être admise par tous, permettrait de comprendre ce mécanisme de transmission inconsciente et le rôle que joue le passé, surtout mal connu, dans la vie de chaque individu. Cette notion éclairerait de façon plus subtile et nuancée bien des aspects de la vie familiale.

Le passé et ses traces dans le présent sont donc une dimension essentielle de ce livre ; passé de la famille, passé de la société française, mais aussi passé des nations. Le XXe siècle a été riche en tragédies. Mais on ne peut pas aborder tous les cas de figure ni toutes les civilisations, pourtant si intéressants dès lors qu'on les envisage de près. Il a donc fallu renoncer à traiter certains thèmes, tels que les grands-parents isolés, et à sortir de l'expérience française.

Comme dans d'autres ouvrages sur le même sujet, les deux pluriels licites du mot aïeul ont été utilisés : « les aïeuls » désigne les grands-parents, « les aïeux » les ancêtres.

I

DEVENIR GRANDS-PARENTS

Chaque individu est appelé à continuer la chaîne des générations et lorsque de jeunes adultes ont l'audace de tenter à leur tour l'aventure de former un couple, leurs parents en éprouvent du bonheur mais aussi de l'inquiétude. Ils vont se retrouver grands-parents, ils le savent mais l'événement échappe à leur contrôle. La plupart acceptent volontiers la situation sans pouvoir bien préciser le rôle qu'ils sont appelés à y tenir. Un effort de mémoire leur permettra de retrouver en eux-mêmes les souvenirs de ce moment fondateur de leur vie : la naissance de leur premier enfant.

Qu'ils se souviennent du comportement de leurs propres parents ou beaux-parents. De leur agacement si ceux-ci tentaient de prendre leur place de parents sous prétexte de les aider – ou bien n'étaient prêts à rendre service que les jours où l'on aurait préféré être ensemble, tous les trois. De l'autorité excessive de leur mère qui voulait tout régenter sous prétexte que sa fille n'avait aucune expérience. Qu'ils se souviennent aussi des moments de bonheur partagés avec leurs parents et de ce qui avait rendu possible cette harmonie. C'est dans ce retour sur soi qu'ils trouveront les meilleurs conseils.

La place des grands-parents n'est pas celle des parents. Ils peuvent aider sans chercher à se substituer, conscients que leur rôle est secondaire par rapport à celui de leurs enfants. La bonne entente avec eux est indispensable pour établir une relation fructueuse avec leurs petits-enfants. Savoir se donner des limites, c'est se donner la chance de pouvoir occuper toute sa place.

1
Une nouvelle aventure en vue

Les seins énormes qui roulent jusqu'à la taille, le ventre arrondi sur les hanches, sans bras, les cuisses serrées qui se terminent en pointe, elle a la forme d'une toupie. Sa tête en pomme de pin n'a pas de visage. Elle est belle et monstrueuse. C'est la Vénus de Willendorf, elle a près de vingt-cinq mille ans. Les archéologues, en l'appelant Vénus, restent fidèles à la tradition antique qui faisait de cette déesse un principe d'amour et de fécondité. Vénus, mère de Cupidon, est surtout la génitrice universelle.

Le but de tout être vivant sur terre est de se reproduire, de perpétuer son espèce. L'Homme n'échappe pas à cette règle. Il est aussi le seul « animal » à avoir conscience des lois qui régissent son comportement et à pouvoir l'exprimer : il est un être de culture. Les représentations réalistes ou symboliques de la procréation sont de toutes les latitudes et de toutes les époques. C'est la grande affaire de toute vie. Les cultures l'habillent de toutes sortes de justifications : obéir au projet divin – « Croissez et multipliez » –, prolonger la vie du clan, mais aussi honorer et réincarner les ancêtres. La procréation met l'individu en position de chaînon entre le passé dont il est issu et le futur dont il est l'origine. Aucune autre espèce n'enterre ses morts, ne se projette dans l'avenir de sa lignée ou de sa tribu. Aucune autre n'honore ses totems ou ses pénates. L'homme est bien le seul à se savoir enfant des uns et parent des autres. Et, depuis quelques millénaires, certains hommes vivent assez longtemps pour connaître une descendance plus lointaine et y trouver plaisir et fierté.

Si Montaigne, qui hésitait sur le nombre de ses enfants, plus encore sur leurs prénoms et ne connaissait que les survivants, revenait passer quelques jours dans une famille de 2006, il resterait sans doute pantois devant le tumulte que l'on mène autour des berceaux. L'individu n'a plus la même perception de lui-même : avant Descartes, on est « le seul fils survivant de... », on fait honneur à sa lignée, on s'efface, bon gré mal gré, devant l'intérêt de la famille. Rien de tel aujourd'hui : chacun pour soi et les temps ont changé. Mais un sentiment persiste, central : le bonheur de procréer et le désir d'enfant, compris, formulé. L'enfant apporte avec lui un message d'espoir en l'avenir que les grands-parents partagent. En tant qu'ancêtres, ils ont toujours eu une fonction symbolique. Ils la conservent mais de nos jours leur présence se vit de surcroît dans la réalité quotidienne.

Le désir d'enfant, un désir sans fin

Le désir d'enfant est de tous les âges. De futurs grands-parents peuvent encore l'éprouver : il arrive que certains couples mûrs, pourtant bien pourvus en descendants, se donnent la joie du petit dernier qui aura l'âge de ses neveux et nièces. Cela reste l'exception : quand leurs propres enfants sont en âge de procréer, les parents sentent le plus souvent que leur tour est passé. Ils ne veulent plus d'enfants. Mais « désirer » et « vouloir » ne sont pas synonymes. « Désirer » suppose un élan spontané de l'être qui ne fait pas intervenir l'esprit critique rationnel, tandis que « vouloir » est un acte psychique réfléchi et conscient. On peut « désirer » un enfant et ne pas le « vouloir ». Les raisons objectives de ne pas vouloir peuvent être aussi fondées que possible, l'individu peut en être convaincu ; son désir d'enfant n'en est pas moindre. La preuve en est le nombre d'accidents de contraception, d'oublis de pilules, bref d'actes manqués réussis qui aboutissent à une grossesse non voulue – plutôt que non désirée –, notamment chez des femmes qui ont largement dépassé la quarantaine. Et plus tard encore, certaines femmes racontent parfois qu'en rêve elles sont allongées dans un lit, à la clinique, un bébé dans les bras et se voient offrir de la layette. On peut encore citer le livre de la Genèse, où Sarah attend un enfant à quatre-vingt-dix ans tandis qu'Abraham est centenaire : la fécondité est une bénédiction du ciel à laquelle on a du mal à renoncer. Les femmes y sont contraintes par la nature. Quelques fringants messieurs imitent Charlie Chaplin et préfèrent le principe de plaisir au principe de réalité. La plupart s'inclinent devant celui-ci et pensent au temps et aux efforts nécessaires pour élever un enfant. Ils n'en veulent plus.

Cependant, ils en désirent encore, mais par procuration. C'est le désir de petit-enfant. Il implique de renoncer à jouer le premier rôle qui revient maintenant à leurs enfants devenus adultes, parents virtuels. Accepter de se trouver en retrait, avant même l'annonce d'un petit-enfant, est une des conditions de la bonne entente future avec les jeunes parents, celle qui permettra par la suite d'occuper pleinement la place privilégiée de grands-parents.

Se trouver en retrait, c'est d'abord admettre qu'on n'a pas de prise sur l'événement : on ne peut même pas demander à ses enfants « quand ils vont enfin se décider ». Ils sont eux-mêmes généralement très ambivalents vis-à-vis de la première grossesse à venir et font preuve d'une remarquable discrétion : associer leurs parents à leur projet, ce serait les faire pénétrer dans leur intimité, se prêter à des pressions et à des luttes d'influence, leur révéler éventuellement des dissensions dans le ménage, s'exposer à l'intrusion. De nombreux ouvrages de psychologie, d'ailleurs, mettent en garde les jeunes gens contre ces dangers de la vie familiale.

Cependant, on peut deviner le désir d'enfant du jeune couple, même s'il n'est pas exprimé. Les futurs grands-parents peuvent remarquer sans en avoir l'air que la jeune femme s'est brusquement arrêtée de fumer, qu'elle ne boit presque plus de vin. Tout commentaire entraînerait, presque à coup sûr, une dénégation. Et le début de la grossesse, parfois facile à deviner, reste souvent secret pendant quelques semaines. Le jeune couple, tout à la joie d'avoir réussi ce qu'il ressent comme un miracle, donner la vie, veut profiter de son bonheur, ou travailler à la recherche de son nouvel équilibre, sans en faire part à quiconque ; la crainte d'une déception justifie aussi parfois sa discrétion.

□ L'annonce de la future naissance

À la joie de l'annonce, succède le temps de l'attente et des fantasmes. Tout le monde s'y met, les grands-parents comme les futurs parents. Fille ou garçon ? On commence à l'imaginer : dynamique comme sa mère ou bien artiste comme son père ? L'effervescence mentale à l'annonce d'une naissance chez les proches du jeune couple montre bien l'importance de cet événement et les désirs profonds qu'il comble. Les jeunes parents donnent assez fréquemment au futur bébé un prénom souvent ludique. Les futurs grands-parents participent volontiers à ce jeu. Certaines femmes demandent à l'échographiste de ne pas leur dire le sexe de l'enfant pour garder, comme au bon vieux temps, leur liberté de rêver. Elles peuvent aussi se trouver obligées de céder, comme cette femme, médecin, devant la coalition de ses filles aînées et de la grand-mère. « Comment, Maman, toi, médecin, tu ne sais pas si c'est un garçon ou une fille. Tu es vraiment trop nulle. Les mères de nos copines, elles savent toutes ! »

L'échographie est devenue quasi obligatoire. Elle rassure le plus souvent sur le développement normal du fœtus et permet d'éviter à certaines grossesses anormales d'aller à terme. Mais elle a un retentissement certain sur le fonctionnement mental des parents comme de leurs proches. Les opinions des spécialistes divergent à son sujet, du moins en apparence. Pour Michel Soulé, l'échographie est une IVF qu'il convient de lire : interruption volontaire des fantasmes, tandis que pour Serge Tisseron, c'est une « extraordinaire incitation sensorielle à la rêverie ». Certes, on cesse de fantasmer sur le sexe du bébé, mais le champ reste ouvert à tout le reste...

Pour les futurs grands-parents, c'est un plaisir personnel : mon enfant a un enfant à son tour. Certes, il s'agit d'une reproduction indirecte. Ce n'est pas moi qui l'ai engendré, mais c'est tout de même grâce à moi qu'un enfant va naître. Ce plaisir narcissique, même entouré d'un halo de réticences, constitue l'une des grandes émotions de la vie des adultes d'âge mûr. La future grand-mère maternelle bénéficie d'un statut tout particulier : une jeune femme enceinte, même si ce n'est pas la première fois, aime parler de ce qu'elle vit, de ce qu'elle ressent ; si la relation avec sa mère a toujours été suffisamment bonne, c'est elle qui sera aux premières loges pour recevoir impressions et confidences, rassurer et conseiller.

Indispensable grand-mère

Ma fille, chaque fois qu'elle était enceinte, ne vivait plus qu'autour de son ventre, comme un anchois roulé autour d'une câpre. Elle me faisait tout vivre et me racontait tout au jour le jour : qu'elle

avait la première fois senti son bébé bouger et que c'était comme un poisson rouge qui frôle les parois de son bocal ; qu'un jour de fête, elle avait bu un demi-verre de bordeaux et qu'il avait dansé le rock toute la nuit ; qu'il adorait que le chat ronronne couché en travers du ventre et que ça le berçait... Et même, qu'il préférait Schubert à Mozart et que le jour où elle avait eu peur, sur un passage clouté, de se faire renverser, au point qu'elle était tombée, il s'était ratatiné sur lui-même et accroché aux parois du ventre, immobile dans son coin, pour ne pas se faire expulser.
Qui aurait pu écouter tout cela... et y prendre plaisir, sinon moi, la grand-mère ? Et, bien sûr, je n'avais pas intérêt à projeter un voyage en province ou à l'étranger au moment de ses couches : elle m'aurait chanté pouilles sur tous les tons. Cela contrariait un peu mon mari, qui trouvait qu'elle avait le droit de faire des bébés et lui de profiter d'une femme qui n'en faisait plus.
On peut reprocher à cette jeune femme d'avoir bu du bordeaux alors qu'elle était enceinte, mais c'était seulement un demi-verre.

Cette « transparence psychique [1] » représente d'ailleurs pour la grand-mère maternelle un risque, celui d'être tentée d'en « faire un peu trop » et de rêver un enfant qui ne serait qu'à sa fille et à elle-même. Que le « nid » des grands-parents soit plein ou vide, qu'il y ait ou non encore des enfants à la maison, change un peu la donne : des grands-parents sans enfants chez eux sont plus disponibles, plus avides aussi de revoir leur environnement se peupler d'enfance ; mais la présence des adolescents, les jeunes oncles et tantes du futur bébé, peut créer une situation de famille nombreuse : quand il y en a pour huit, il y en a pour douze ; plus on est de baby-sitters, et plus on rit !

1. Monique Bydlowski, « Les enfants du désir... ». On trouvera les références complètes des auteurs cités dans la bibliographie en fin de volume.

Bonheur et ambivalence des grands-parents

Les grands-parents ne vivent pas le même bonheur que les jeunes parents, ni même que celui qu'ils ont connu en leur temps, à la naissance de leurs propres enfants. Et leur joie n'est pas sans partage. Alors que les futurs parents se projettent dans l'avenir par cette grossesse, les grands-parents, tout en partageant cet espoir, sont aussi tentés de remonter en arrière, de penser à leurs propres aïeux. Ils prennent une conscience plus aiguë, à cette annonce, de l'enchaînement des générations dont ils font partie, surtout s'il s'agit du premier petit-enfant. Le couple des grands-parents, qui se vivait jusque lors comme un « nid », puisqu'ils avaient abrité et nourri leurs propres petits, s'impliquant directement et au présent dans l'aventure, se trouve promu au rang de dernier maillon visible d'une chaîne qui remonte aux origines du monde. Ils ont dû en leur temps élever leur enfant, préparer son avenir et le rendre apte à perpétuer l'espèce à son tour. Cette mission accomplie, le bébé annoncé en témoigne, l'adulte plus âgé peut bien participer à la joie et espérer voir grandir le petit-enfant. Sur le plan de l'espèce, il est devenu inutile et il le ressent profondément. Cette future naissance lui fait prendre conscience qu'il est devenu à son tour un « ancêtre » alors que ses enfants, les parents du bébé, forment le nid des générations futures.

L'annonce de la grand-parentalité renvoie à des images de vieillards à cheveux blancs que l'on trouvait très étranges et un peu effrayants parfois quand on était petit. Est-ce à cela que je vais ressembler ? Est-ce à cela que je ressemble déjà ? En effet, chacun garde en tête les images de ses propres grands-parents lors des dernières années de leur vie, si bien que l'arrivée du bébé semble présager, d'une certaine manière, la mort. Si les arrière-grands-parents ont disparu, les grands-parents se sentent « en première ligne ». Or, s'ils sont encore relativement jeunes, les grands-parents ont l'impression d'être « poussés d'une génération », à un âge où ils ne l'avaient pas forcément encore envisagé. La vie sexuelle est en grande partie faite de symboles et d'images : on ne peut plus se concevoir aussi facilement comme séducteur ou séductrice sous le nom de Papy ou de Mamy. C'est ce qui explique sans doute, à notre époque de fringants quinquagénaires – et même sexagénaires ! –, que les noms de Papé, Mémé, Grand-Mamé, à la mode autrefois, n'aient plus guère la cote...

Mais il arrive que les conditions objectives de la vie, à l'âge où l'on devient le plus souvent grand-parent, puissent au contraire encourager une activité fantasmatique un peu dépressive. La grand-parentalité peut coïncider avec la ménopause qui signifie : ce n'est plus moi qui peux faire les enfants, ce sont mes enfants. Ce n'est pas une constatation agréable que de ne « plus pouvoir. » Chez les hommes, comme chez leurs compagnes, l'accession à ce nouveau stade de la vie peut correspondre à une diminution de la force physique, de la libido, et parfois à la fin de la vie professionnelle, avec un possible sentiment de dépréciation de soi-même, autour du thème « Je ne suis plus bon à rien ». Devenir grand-parent ne signifie pas que l'on doive être la copie conforme de ceux qu'on a eus, d'autant plus qu'on ne se souvient forcément que de la fin de leur vie. Mais, plus ou moins discrète, plus ou moins vite et bien résolue, la crise est pratiquement inévitable.

Les sentiments négatifs générés par cette crise peuvent aussi s'exprimer sur le mode de l'inquiétude et de la méfiance : « Comment penser que ma fille ou mon fils, ces gamins si tête en l'air, si soucieux de leur petit confort, puissent être des parents compétents et dévoués comme nous l'avons été ? Et nous ne pourrons même pas y remédier. Ils ne nous laisseront aucune autorité. Que de problèmes en perspective ! Et ils ne nous ont même pas demandé notre avis... » C'est toujours le même sentiment de dépréciation de soi-même, sous le masque de l'agressivité. Cette inquiétude correspond parfois à une fatigue bien réelle, liée à l'âge ou à certaines pathologies qui apparaissent vers la cinquantaine : inquiétude hors de saison puisque, en principe, ce ne sont pas les grands-parents qui assumeront le bébé ; dès lors, on peut se demander si elle n'est pas l'expression d'une certaine jalousie et d'une grande difficulté, précisément, à abandonner le pouvoir à la génération suivante.

De cette ambivalence témoigne d'ailleurs, de façon paradoxale, la sollicitude dont le jeune couple, et d'abord la future maman, se voit entouré. Elle est souvent un peu lourde à supporter pour la jeune femme durant sa gestation. La moindre chute est censée au début risquer de « décrocher » le fœtus et, dans les derniers mois, entraîner une naissance prématurée. Les traditions populaires ont inventé toutes sortes de précautions et d'interdits bien peu justifiés, mais repris à l'envi par les parents ou beaux-parents. Il est entendu qu'il y a d'abord beaucoup de tendresse dans cette sollicitude, mais aussi, peut-être, un peu de plaisir à multiplier des contraintes qui rappellent aux jeunes fous que devenir parents, ce n'est pas forcément une partie de plaisir, comme en attestent les générations de malheureux pélicans qui les ont précédés.

Ambivalence de parents vieillissants devant la génitalité active et accomplie de leurs enfants et projections sur le jeune couple qu'il vaudrait mieux tirer au clair : désir anticipé de prendre possession du bébé, désir que le bébé me ressemble, que ce soit un garçon pour transmettre mon nom, une fille parce qu'elles sont rares dans ma famille, méfiance vis-à-vis du gendre qui manque d'égards, de la bru qui prétend tout savoir, mange et boit n'importe quoi, de l'autre couple de grands-parents qui prend déjà ses marques, des deux beaux-pères, deux vieux égoïstes qui continuent leurs affaires comme si de rien n'était, pendant que nous les femmes nous occupons de tout. Toutes ces bonnes intentions peuvent fabriquer pour le jeune couple un enfer très convenable, chacun des jeunes adultes risquant d'être pris dans un conflit de loyauté entre ses parents et son conjoint.

Le jeune couple lui-même traverse une période qui peut ne pas être entièrement heureuse ; un effort de mémoire permet parfois aux futurs grands-parents de se souvenir des difficultés de leur couple avant la naissance de leur premier enfant : les troubles du caractère de la jeune femme, ou bien l'excès de sollicitude du mari qui ne la laissait plus rien faire de peur que... Ou encore le refus total de relations sexuelles après quelques semaines de grossesse de peur que... (peur que le fœtus n'ait mal, ou bien encore qu'il ne nous sente faire l'amour...). En effet, malgré les progrès de la médecine et de l'information dispensée aux jeunes femmes, une grossesse, même très heureuse, n'est jamais totalement exempte de peurs ni de crises d'angoisse, dites ou non dites : peur de la malformation, peur de ne pas arriver « au bout », peur de l'accouchement, peur de n'être plus jamais la même... La grossesse est une véritable épreuve pour certains couples. La peur la plus grave, probablement, est celle de devenir père, qui entraîne certains hommes à des comportements anormaux : certains vont jusqu'à la fuite alors que d'autres se contentent de prendre à peine un peu moins de kilos que leur femme pendant ces neuf mois.

Dès lors, les priorités s'imposent : préserver par tous les moyens la sérénité de la future maman. On pourrait dire autrement que la course à pied ou même la moto ont rarement été un réel danger pour le futur petit d'homme. En revanche, si sa mère vit des émotions à répétition et se « shoote » ainsi à l'adrénaline, l'équilibre psychique du bébé risque d'être perturbé par ces traumatismes précoces. Il est préférable d'éviter à la jeune femme les sources d'anxiété et de ne lui annoncer les catastrophes familiales que si elles sont trop graves pour être cachées. Les deux couples de grands-parents peuvent jouer un rôle important pour prévenir ou apaiser d'éventuelles chamailleries à l'intérieur du jeune couple, ne serait-ce qu'en évoquant le souvenir de leurs propres difficultés d'autrefois. Les parents du futur père peuvent le rassurer et l'aider à agir de façon responsable et à ne pas se laisser entamer par l'éventuelle nervosité ambiante.

À l'inverse, ils pourront s'abstenir d'intervenir sur les précautions alimentaires ou hygiéniques, pour lesquelles la jeune femme est déjà informée par la littérature spécialisée. Les interdictions sont multiples et bien connues. Il serait infantilisant et vexatoire de les lui rappeler, pour une cigarette ou un demi-verre de vin ; elle peut le ressentir comme une intrusion culpabilisante, comme si l'on volait au secours de son bébé mis en danger par une mère irresponsable.

L'accouchement, une période à hauts risques

Un beau matin, un coup de téléphone : le bébé est né. On se précipite dès que possible à la clinique ou à l'hôpital pour faire connaissance avec la merveille. Tant pis si c'est à des centaines de kilomètres. Le prénom du bébé était resté un domaine réservé : c'est souvent au moment de la naissance que les grands-parents l'apprennent. Encore une fois, le jeune couple a voulu garder sa liberté : il est loin le temps où les grands-parents donnaient automatiquement leur prénom à leur petit-fils ou à leur petite-fille, dont ils étaient d'ailleurs souvent les parrains et marraines. Ils ont continué, cependant, à voir leur prénom apparaître en deuxième ou troisième position : la succession des prénoms sur les cartes d'identité témoignait des modes, de génération en génération... À présent, la petite Buffy doit son prénom à la charmante vedette d'un feuilleton télévisé ou peut-être à une lointaine aïeule américaine de son papa, rappelée au bon souvenir de la famille pour la joyeuse originalité de son prénom.

C'est le plus beau bébé du monde ! Comment va la jeune femme ? La phrase « Tout s'est bien passé » fait table rase des angoisses comme des souffrances. La mère, si c'est son premier enfant, vient pourtant de vivre une expérience extraordinaire. Elle a changé de statut, ce qui lui confère une autorité nouvelle. Elle seule et le personnel hospitalier ont le droit de toucher le bébé. Certaines jeunes mamans vont au-devant du désir des visiteurs et proposent aux beaux-parents ravis de prendre le bébé dans les bras. D'autres ont peur des microbes et ont accroché une pancarte : « Ne me touchez pas, je suis fragile ! » Qu'on se le tienne pour dit. Cette crainte de jeune mère que l'on fasse mal à son bébé, qu'on lui transmette quelque microbe, n'a rien que de très naturel. Qu'on essaye donc d'approcher une chatte en pareilles circonstances.

Pour les parents du jeune père dont c'est le premier enfant, la visite à la clinique peut être lourde de conséquences. La jeune femme sera sensible à toutes les nuances de leur comportement. Elle peut ressentir fortement de n'être considérée par ses beaux-parents que comme l'instrument de leur désir de descendance. La moindre remarque qui pourrait ressembler à une critique serait particulièrement malvenue, en particulier les regrets inutiles à propos du sexe de l'enfant. Les signes d'affection, de joie, les remerciements pour leur avoir donné un si beau petit, la sympathie pour ce qu'elle a enduré sont, à l'inverse, de nature à sceller une relation de bonne qualité tant avec cette jeune mère qu'avec son enfant.

Ils sont venus bien tard

La première rencontre avec le bébé, on ne l'oubliera jamais. La mère de cette jeune femme n'est venue à la clinique qu'au bout de trois jours : « Tu comprends, ma chérie, j'avais promis d'aller au championnat de Scrabble à Lyon. Tu as accouché une semaine trop tôt ! »
À l'inverse, un beau-père, menuisier, avait mal caché sa déception quand l'échographie avait annoncé une fille. Il n'a pu venir que le samedi à la clinique, à cause de son travail ; il est parti très tôt pour faire ses deux cents kilomètres. Prenant le bébé dans ses bras, il lui a dit : « Pauline, sois bien patiente : j'ai commencé le lit de ta poupée. Tu l'auras la semaine prochaine. En attendant, tu es presque aussi belle que ta mère. Ça promet. » La jeune femme n'aimait pas beaucoup son beau-père, habituellement très taciturne. Elle l'a attiré dans ses bras pour l'embrasser avec effusion. Un pacte scellé.

Les relevailles

Ce joli mot désuet, les « relevailles », aurait pu figurer dans la liste de « 100 mots à sauver » auxquels Bernard Pivot a récemment consacré un livre. Il s'agit des quelques jours où la jeune accouchée, restée d'abord au repos, renoue progressivement avec une vie normale. Le séjour à la maternité est de plus en plus court, souvent deux ou trois jours seulement après la naissance du bébé. L'accouchée a très vite la charge de son nouveau-né qui se fait entendre à toute heure et empêche ses parents de dormir. La femme trouve rarement à la maison l'aide qui lui serait nécessaire, même si le mari est coopératif. Heureusement, il y a maintenant le congé de paternité. Outre les soins au bébé, la maman est souvent trop fatiguée pour assumer de gaieté de cœur toutes les autres tâches ménagères. Les grands-parents, les grands-mères surtout, peuvent être à ce moment d'un grand secours, soit en allant aider la jeune femme chez elle, soit en invitant le jeune couple et son bébé à passer quelques jours chez eux.

Si les relations mère-fille sont suffisamment bonnes, cela peut être une période très joyeuse autour du bébé. Il faut seulement aux deux femmes un minimum de sagesse. La fille, en formant un couple, s'est constitué un territoire indépendant de celui de ses parents. Elle considère instinctivement son bébé comme faisant partie de ce territoire. La mère, quant à elle, éprouve souvent quelque difficulté à voir en sa fille une adulte, d'autant plus que la demande de secours remet la fille en situation de dépendance. Si la jeune mère n'a aucune expérience, la grand-mère peut être tentée, au lieu de l'aider, de vouloir s'occuper entièrement du bébé. Elle empêche du coup sa fille d'apprendre à se débrouiller seule et cède à la tentation de jouer à la poupée. On peut aboutir à un véritable conflit de pouvoir où le bébé est l'enjeu-prétexte. La « bonne aide » au contraire, très généreuse de la part de la grand-mère, consiste à décharger la jeune mère de toutes les autres tâches pour qu'elle puisse se consacrer au bébé.

Si la grand-mère sait conseiller sans imposer, aider sans être tout le temps là pour corriger la moindre maladresse, sa fille aura plaisir à venir lui demander conseil. Et, de retour chez elle, lui téléphoner si elle se sent en difficulté. Il arrive que ce soit la grand-mère paternelle qui ait à jouer ce rôle, délicat pour une belle-mère, mais plus facile d'une certaine façon parce qu'elle ne partage pas avec sa bru de contentieux lié à l'enfance et au maternage.

□ Baby-blues, couvade et fuite

Couvade et baby-blues limitent l'activité des jeunes parents et justifient l'aide des grands-parents. Certaines femmes se sentent déprimées après la naissance. Fatiguées, elles sont découragées. Après l'impression de plénitude de la fin de grossesse, n'ayant plus le bébé bien vivant dans leur ventre, elles se sentent dépossédées, « vidées ». Après avoir polarisé toute son attention sur elles, l'entourage n'a plus d'yeux maintenant que pour le bébé. Cet état dépressif est souvent transitoire, on l'appelle le *baby-blues*. Il est parfois sévère et peut entraîner des troubles psychiques importants.

La « couvade » est une coutume, démodée en France depuis belle lurette, qui voulait que les pères se couchent après la naissance d'un enfant pour recevoir, à la place de leur femme, dans leur lit, les félicitations des parents et amis. Le mot désigne maintenant les accidents ou maladies dont les pères sont victimes dans les jours qui suivent la naissance. Les statistiques montrent que ce phénomène est bien réel. D'après certains psychanalystes, notamment Groddeck, le petit garçon a longtemps désiré s'identifier à sa maman, avant de renoncer aux beaux atouts de la féminité, d'oublier qu'il en a eu la tentation et de se fixer l'objectif de ressembler à son papa. La grossesse et l'accouchement de sa compagne peuvent réveiller chez le jeune père, de façon inconsciente, ces désirs d'autrefois : il peut éprouver des douleurs abdominales, avec ballonnements, des rages de dents – « Les dents sont les enfants de la bouche », dit Groddeck –, des allergies œdémateuses de toutes sortes et même se retrouver immobilisé au lit avec une vilaine entorse au genou. Comment, malade comme il est, pourrait-on lui demander en plus de se lever la nuit, à ce pauvre homme ?

Il est des cas plus graves : il arrive que le jeune père, au moment de la naissance, s'enfuie, abandonnant femme et enfant. L'entourage l'accuse de se dérober à ses responsabilités. En fait, la vue de son bébé lui a peut-être brusquement fait revivre des souffrances de sa propre petite enfance. Il est alors pris de panique : ce qu'il ressent de détresse et d'angoisse est incompréhensible pour lui puisque cela surgit du plus profond de son inconscient. Les grands-parents, tant pour la dépression de la jeune mère que pour celle du père, peuvent jouer un rôle préventif, ne serait-ce que par les manifestations de tendresse qu'ils ont prodiguées au jeune couple et la chaleur avec laquelle ils ont accueilli son bébé.

Quelques problèmes douloureux

□ Les réalités sociales

De futurs grands-parents peuvent vivre l'annonce d'une grossesse comme une catastrophe dans le cas où ils ignoraient la liaison des jeunes gens ; si les derniers sont vraiment très jeunes, et semblent incapables d'assumer les responsabilités d'une famille tant sur le plan moral que matériel ; si le partenaire ne leur plaît pas pour des raisons qui peuvent être liées à des facteurs très divers : niveau social ou culturel, origine étrangère ou religion différente ; et même simplement parce que, en tant que personne, ils ne le désirent pas dans leur famille ; si le géniteur a disparu dès qu'il a su la grossesse. Ou si la jeune femme le chasse de sa vie dès qu'elle se sait enceinte.

Ce sont surtout les parents de la jeune fille qui peuvent

être amenés à discuter avec elle de l'éventualité d'une interruption de grossesse. La réponse n'apparaîtra quelquefois qu'après de difficiles discussions où les arguments moraux et religieux, pratiques et financiers, seront souvent prédominants, faisant peu de cas des sentiments amoureux des jeunes gens. Ceux-là mêmes qui auront dit : « Elle tient absolument à le garder ! Elle est folle » pourront faire des grands-parents extraordinaires, assumant l'éducation du petit-enfant pendant que la jeune mère poursuit ses études. D'autres mettront leur fille à la porte.

Si les grands-parents maternels reprennent leur fille à la maison, le petit-enfant sera au moins partiellement élevé par eux. Les sentiments amoureux entre la fille et son père peuvent se trouver réactivés quand elle devient mère. Son enfant se trouve alors en porte-à-faux entre deux générations.

Le petit Valentin à son Papy

Henri n'avait qu'une fille, belle comme un canari, qu'il voyait avec nostalgie s'évader du nid. Bonnes études, toujours gaie et gentille, entourée d'amis, un certain Bernard surtout, beau garçon, intelligent et très amoureux. Ils partaient en week-end ensemble et Henri avait fini par se sentir moins jaloux. Et puis un jour, elle est revenue à la maison, triomphante, annonçant qu'elle avait rompu.

Henri n'a pas compris pourquoi. Aurélie s'arrondissait au fil des mois. Henri lui a demandé : « Il va revenir, Bernard, quand même. » Et elle a répondu : « D'abord, faudrait qu'il sache qu'il va être papa, et ça, il peut toujours courir. » Finalement, Henri est ravi.

Il a un petit-fils, Valentin, déluré et drôle, qui porte son patronyme et qui a cinq ans maintenant. Petit, il voulait l'appeler Papa mais Henri a exigé d'être appelé « Dad », pour que l'enfant ne confonde pas tout. Aurélie travaille maintenant et elle est très sérieuse. Henri tremble un peu parce qu'elle est toujours aussi belle et il a peur qu'elle ramène un jour un autre papa à son petit-fils. Il sait bien, pourtant, que ce serait la meilleure solution, pour la mère comme pour l'enfant.

□ Les souffrances de la stérilité

Qu'un couple reste sans enfant est comme une épreuve que subit toute la famille. Et le désir d'enfant n'est jamais si manifeste que dans ce cas. Les parents du jeune couple, privés de petits-enfants, sont souvent presque aussi malheureux que les parents. La situation morale de la jeune femme est pénible. Elle est systématiquement vécue comme responsable de cette situation même si son partenaire en est l'origine dans un tiers des cas. Son sort est peu enviable au plan personnel, conjugal et social, comme le montre bien Muriel Flis-Trèves dans son livre *Elles veulent un enfant*. Elle doit se soumettre à d'innombrables examens médicaux et à des analyses diverses pour chercher la cause de cette incapacité.

Le désir des jeunes couples de retarder la première grossesse est responsable d'une bonne partie des cas de stérilité puisque le taux de fécondité est beaucoup plus faible à trente ans qu'à vingt. L'inquiétude chronique que crée une menace de stérilité, tout comme les éventuelles pressions de l'entourage peuvent aussi, d'après certains travaux, diminuer encore les chances de grossesse. Il semble bien que si la technique d'un spécialiste est nécessaire, l'écoute de la souffrance de cette jeune femme la soulage et lui permet aussi quelquefois d'engendrer. Quelques entretiens peuvent y suffire. Un seul parfois.

Stérilité et « guérison miracle »

Le Dr Pierre Benoît avait été pédiatre avant d'être psychanalyste. La jeune femme qui vient un jour le consulter avait été sa cliente quand elle était petite fille et lui avait toujours manifesté une grande confiance. Elle lui raconte toute son histoire de stérilité et sort d'une volumineuse serviette tous les résultats de radio et d'examens pratiqués depuis quatre ans. Ils sont tous négatifs. Il l'écoute longuement. Elle lui parle de sa souffrance, de ses inquiétudes sur son avenir conjugal, de la déception de ses parents. Elle pleure beaucoup. Il lui dit finalement : « Tu vois, je comprends comme tu es malheureuse mais tout ce que tu fais ne sert qu'à t'énerver. Si tu veux, ton dossier, tu peux le mettre là, dans ma corbeille à papier. Et tu renonces à essayer d'avoir un enfant. Tu fais l'amour avec ton mari quand vous en avez envie et on verra bien. » Elle le quitte en l'embrassant sur les deux joues comme quand elle avait cinq ans. Le mois suivant, elle était enceinte.

Les parents du jeune couple vont pousser à multiplier les examens, à voir les meilleurs spécialistes. Cette pression familiale est parfois très forte, insupportable. Il n'est pas exceptionnel que les parents du mari, sûrs de leur bon droit ou incapables de surmonter leur déception, poussent le jeune homme à changer de partenaire pour avoir enfin l'héritier qu'ils espéraient. C'est ainsi, aussi, que le désir d'enfant, en l'occurrence de petit-enfant, s'exprime dans toute sa violence.

2

Passer à l'action : construire une relation

L'enfant est né : la famille vit des moments intenses. On revient au quotidien, tout est à construire. L'idéal, pour les grands-parents comme pour le nouveau venu, est que des contacts fréquents s'établissent le plus tôt possible. Mais les paramètres de cette relation sont complexes. L'éloignement géographique et la disponibilité ne sont pas forcément les plus importants, malgré les apparences. On les invoque souvent pour justifier des rencontres trop rares. En réalité, la bonne entente entre les adultes, parents et grands-parents, ainsi que leur désir de maintenir une structure familiale solide, sont les facteurs déterminants.

Cette bonne entente dépend elle-même des relations passées des jeunes adultes avec leurs propres parents. Mais une nouvelle « donne » s'est aussi instaurée dans chaque famille, par l'existence d'une famille alliée avec laquelle il va falloir concevoir d'harmonieuses symétries. Là encore, c'est le jeune couple qui assure l'équilibre entre les parents des deux lignées, qui de leur côté peuvent établir entre eux une saine connivence. Mais c'est bien la médiation des parents qui conditionnera les relations entre les grands-parents et les petits-enfants et rendra négligeables ou infranchissables les obstacles de la distance géographique et des disponibilités des uns et des autres.

L'indispensable médiation des parents

Lorsque l'enfant paraît, ses parents ont déjà vécu leur histoire avec leurs propres parents, histoire qui n'a pas toujours été un long fleuve tranquille. Chacun des deux jeunes adultes a des souvenirs de son enfance, de son adolescence et porte souvent des jugements de valeur sur l'éducation qu'il a reçue. Chacun des deux a été confronté un jour à une rencontre plus ou moins solennelle avec ceux qui allaient devenir ses beaux-parents. L'accueil qu'il a reçu ce jour-là, il ne l'oubliera pas. Les deux familles se sont rencontrées et ont plus ou moins sympathisé. Tous ces éléments contribuent à la qualité des relations entre les trois générations. Mais quel que soit le désir des grands-parents, leur place auprès des petits-enfants est soumise à la volonté des parents qui ont, de plein droit, autorité sur leurs enfants. Aucune relation de qualité ne peut exister entre les générations extrêmes sans l'accord des parents.

Le désir des parents

L'accession à la parentalité ne réactive pas seulement les souvenirs d'enfance. Elle réactive aussi l'enfant qui, comme le disait Melanie Klein, survit toujours dans l'adulte à son insu pour lui dicter nombre de ses pensées ou de ses comportements. Les difficultés entre les générations trouvent souvent leur origine dans l'enfance, celle dont on ne se souvient plus, cachée qu'elle est sous le voile de l'amnésie infantile. Cela est vrai pour les jeunes parents et aussi, à la vérité, pour les nouveaux grands-parents. Tous éprouvent, de façon parfaitement irrationnelle, des sentiments contradictoires de confiance et de rejet les uns pour les autres.

La jeune femme aura souvent reconduit inconsciemment l'attitude de sa propre mère et lui fera donc plus naturellement confiance. Ainsi, la grand-mère maternelle jouit d'un statut privilégié en raison de l'attachement et de la fréquente proximité affective qu'elle partage avec sa fille. Mais ces sentiments sont très ambivalents et peuvent être associés à la peur d'être dépossédée de son enfant par une mère toute-puissante. On peut même voir des mères et des filles devenir à ce moment-là plus distantes.

Les conseils des grands-parents risquent toujours d'être mal acceptés. En suivant leurs avis, on a l'impression de revenir à ses douze ans. Il semble évident que les parents ont tout fait comme leurs propres parents. Les imiter en matière d'éducation, c'est revenir cent ans en arrière ! Mieux vaut écouter ce qui se dit à la télé, lire les magazines ou suivre les conseils des copines plus expérimentées avec lesquelles, au moins, on n'est pas obligée de prendre des gants.

Les grands-parents qui pensent justifié d'avoir, vis-à-vis de leurs petits-enfants, une attitude semblable à celle qu'ils avaient jadis comme parents seront peut-être surpris devant une attitude aussi négative. Mais respecter la ligne de conduite de leurs enfants permet de les rassurer : les grands-parents ont bien conscience d'être des éducateurs en second et évitent de se mettre en conflit même larvé avec les parents de leurs petits-enfants ; ils y ont tout à perdre. Par exemple, dès les premières semaines, deux types de comportements peuvent s'opposer aux premiers cris du bébé. Certains se précipitent pour le consoler, le bercent ou le prennent dans les bras ; d'autres ne bougent pas pensant qu'il « se fait les poumons ». Si mère et belle-mère s'opposent sur ce point, il sera ensuite difficile à la mère de confier son bébé à quelqu'un dont les principes sont aussi opposés aux siens.

Tout cela n'empêche pas les jeunes couples d'avoir grand besoin d'aide. Leur vie, dans les premiers mois surtout, est difficile. Outre le surcroît de travail et de fatigue, le nourrisson qui pleure la nuit entraîne un manque de sommeil chez ses parents. Il faut plusieurs mois pour qu'un bébé « fasse ses nuits ». Les différends à propos du bébé sont fréquents. Chacun accuse volontiers l'autre de ne pas en faire assez. La reprise de relations sexuelles est souvent problématique, ce qui génère des tensions. Les parents du jeune père peuvent jouer un rôle non négligeable en incitant leur fils à aider davantage sa femme et à être patient.

Ces jeunes parents fatigués seront ravis si l'on garde leur bébé quelques heures : courses, piscine, séance de cinéma où ils vont se retrouver en tête à tête comme au début de leurs amours. Ils ne peuvent espérer davantage de prise en charge de leur bébé tant que dure l'allaitement maternel. Ils seront ensuite contents si les grands-parents s'occupent une nuit de leur bébé pour pouvoir, enfin, dormir tout leur saoul. Ils n'en désirent souvent pas davantage, et tiennent à préserver le peu de temps qu'ils peuvent partager à deux.

Ce n'est que plus tard qu'ils auront une vraie demande de garde de leur enfant et que d'autres problèmes se poseront alors. Et l'on entendra une autre chanson : « On les a tout le temps dans les pattes. Ils veulent tout le temps voir le bébé. Mais quand on voudrait le leur confier, alors, justement, ils ne sont pas disponibles. » Ou bien encore : « Ils n'ont rien à faire, mais ils ne pensent qu'à eux : leurs rendez-vous avec leurs amis, leurs voyages, leur association pour l'alphabétisation des petits zigoltèques. On ne peut jamais compter sur eux. Trop ou trop peu, et en tout cas, jamais quand il faudrait. » De telles phrases expriment bien l'aigreur sous-jacente que ressentent les jeunes adultes vis-à-vis des grands-parents. Aigreur issue d'une double ambivalence : par rapport aux enfants dont on refuse pudiquement de reconnaître qu'ils sont une remarquable entrave à la vie de couple ; par rapport aux grands-parents qui mesurent leur aide et n'entendent pas sacrifier leur propre liberté retrouvée. Ou qui ont la chance, eux, de vivre avec les petits-enfants pour la fête et non dans le quotidien, sans renoncer à leurs loisirs d'adultes. Les grands-parents parfaits, des merles blancs.

Quelques données pratiques sur la fonction des grands-parents

Leur désir est lui aussi fonction de nombreux facteurs, personnels et individuels, mais aussi sociaux et, bien sûr, matériels. Au contraire des parents, les grands-parents ne sont soumis à aucune obligation vis-à-vis de leurs petits-enfants. Chaque famille organise le rythme et les dates de ses rencontres. Bien des couples de retraités déménagent pour se rapprocher de leur descendance ou éviter la solitude.

En effet, si les grands-parents habitent à peu de distance, il sera facile de leur confier un enfant jeune avec qui des relations chaleureuses vont pouvoir s'établir très tôt. Il existe encore quelques familles où grands-parents et parents vivent dans le même village, ce qui permet aux jeunes enfants de faire rapidement le chemin d'une maison à l'autre tout seuls. Ils peuvent profiter de la protection et de l'amour de plusieurs adultes, ils sont les grands gagnants de cette proximité, sous réserve d'une assez bonne entente des adultes.

La situation est très différente si les difficultés économiques ont rendu la cohabitation obligatoire. L'arrivée de plusieurs personnes diminue l'espace vital de chacun et rend la bonne entente plus difficile. Bourdieu disait à ce propos que la cohabitation n'aide pas à avoir des « dispositions aimantes ». Cette vie commune entraîne aussi des réactions psychologiques complexes chez les adultes. Telle la tendance à une régression infantile chez celui des deux jeunes parents qui habite à nouveau chez ses propres parents. Et les enfants se trouvent élevés par des adultes de deux générations. L'accord sur les attitudes éducatives est déjà difficile à établir à deux. À quatre, c'est franchement problématique.

Certaines veuves, plus rarement des veufs, sont amenées à revenir habiter chez leur fille mariée ou chez leur fils et ont donc, de fait, renoncé à leur autonomie et à leur pouvoir. Plus âgés que dans le cas précédent, il peut leur être plus facile d'être sages comme cette grand-mère qui disait : « Je veux bien être une goutte d'huile dans les rouages mais pas une pièce maîtresse du système. » Les petits-enfants peuvent alors dire que « les parents, c'est le pain, la grand-mère, la confiture ».

Mais d'autres, plus rares, vont habiter à des centaines de kilomètres, parce que, disent-ils, ayant déjà élevé leurs propres enfants, ils n'ont pas l'intention de « remettre ça » ! La rencontre annuelle leur semble le maximum à ne pas dépasser. La photo des chers petits sur un meuble leur suffit. Mais alors il faut qu'ils soient cohérents et évitent d'habiter un petit coin de paradis avec chambres d'amis donnant sur la piscine. Sinon, leurs prétendues résolutions ne pèseront pas lourd. Ils se trouveront, bon gré mal gré, dans la position de cet autre grand-père très fier d'avoir appris à nager à tous ses petits-enfants. Cependant, sans que ce soit un choix, il arrive que les contraintes professionnelles ou les hasards de la vie éloignent les uns des autres parents et grands-parents. Les enfants verront plus rarement leurs grands-parents s'il faut prendre un moyen de transport et d'autant plus rarement que le trajet sera plus long. Une heure de voiture est déjà un obstacle à des rencontres hebdomadaires. Et une distance de plusieurs centaines de kilomètres limite en général les rencontres à une ou deux fois par an. Mais les échanges restent possibles, par lettres, envois de photos, téléphone, mails et « chats ». Mieux encore, la webcam permet des échanges visuels et auditifs à distance. Ils donnent la satisfaction de voir grandir les petits-enfants à des milliers de kilomètres. Ce procédé technique permet aussi aux grands-parents d'exister malgré la distance. Il ne s'agit certes que d'une relation « virtuelle », à l'abri des heurts de la vie quotidienne et de ses menus désenchantements, mais pourquoi s'en priver.

Sans tenir compte de la question de l'habitat, la disponibilité des grands-parents est très inégale. Certains sont encore absorbés par leur activité professionnelle, ou bien se passionnent pour la vie associative et occupent leur retraite à de multiples activités. Ils sont encore moins disponibles qu'au temps de leur vie professionnelle. Seront-ils disposés à se priver de leurs loisirs favoris pour rendre service et s'occuper des petits-enfants ? D'autres encore, trop fatigués ou malades, ne peuvent plus envisager de prendre en charge des enfants, malgré le désir qu'ils en ont. La plupart s'autorisent à avoir, parmi leurs petits-enfants, des préférés secrets dont ils s'occupent beaucoup plus. On dit que les parents doivent aimer tout autant chacun de leurs enfants. Mais le favoritisme est plus ou moins toléré pour les grands-parents.

Certains grands-parents encore en activité ont des vieux parents qui ont perdu progressivement leur indépendance et nécessitent beaucoup de vigilance et de temps. Ils sont tiraillés entre leurs devoirs envers leurs parents et les réclamations, souvent plus tentantes à satisfaire, de leur descendance, d'autant plus que la présence des petits-enfants est le meilleur remède au chagrin anticipé du deuil à venir. Ces anciens tolèrent mal l'idée que l'on puisse s'occuper moins d'eux à cause de leurs arrière-petits-enfants. Ils se défendent, se montrent exigeants. Tout à l'inverse, certains arrière-grands-parents, encore très alertes, aiment bien s'occuper des petits, jouer avec eux ou les véhiculer pour aller au cours de danse ou d'escrime.

Des grands-parents modèles

Albert et Suzanne sont à la retraite et vivent en proche banlieue parisienne. Le pédiatre de leur fille de Nantes est pourtant habitué à les voir. Dès qu'un des petits-enfants est malade, la mère qui travaille, appelle au secours. Ils sautent dans la voiture et sont là quatre heures plus tard. Chaque fois, ils sont là tous les deux pour amener l'enfant à la consultation, très au courant et attentifs. Une fois pourtant, le monsieur était seul. Au cours de la consultation, le pédiatre s'en étonne, il lui répond : « Ah, madame, nous n'avons pas eu de chance, cette fois-ci. Ma femme a été obligée de repartir tout de suite parce que ma petite-fille d'Orléans est aussi tombée malade. Comme ma belle-fille ne peut pas manquer son travail, Suzanne a repris la route à peine arrivée ici. Dès que le petit aura repris l'école, j'irai la rejoindre en train. – Ils en ont de la chance, vos enfants ! »
Ces grands-parents prennent aussi leurs petits-enfants en vacances et ils ont de très nombreux contacts avec eux. Il existe visiblement une très bonne relation entre les générations et les parents sont heureux de voir leurs enfants s'attacher à leurs grands-parents.
C'est leur choix. Ils sont pour l'instant très heureux ainsi. Leurs amis ont renoncé à leur prendre des places de théâtre ou à projeter des sorties avec eux. À l'atelier de sculpture, on regrette le départ d'Albert : il était doué et vraiment sympa.

La plupart des grands-parents ont à cœur d'aider autant que possible leurs enfants et trouvent du plaisir à s'occuper de leurs petits-enfants dans la mesure où les jeunes parents en sont d'accord. On observe, là aussi, de nombreuses variantes. Certains grands-pères sont souvent un peu en retrait quand les enfants sont petits. Ils craignent de ne pas être capables de faire aussi bien que les femmes ou trouvent là une bonne excuse pour ne pas risquer de se salir les mains. Certaines grands-mères n'aiment pas non plus beaucoup s'occuper de petits bébés. Les uns et les autres deviendront pourtant des grands-parents très convenables quand leurs petits-enfants seront un peu plus grands.

□ Un monde différent

Les grands-parents doivent aussi affronter un monde qui n'est plus celui de leur jeunesse et qui nécessite un effort d'adaptation. L'accession au statut de grand-parent est, comme on l'a vu, l'occasion d'une sorte de crise intime liée à l'image nouvelle que des adultes encore jeunes sont amenés à se faire d'eux-mêmes. Il leur faut endosser de nouvelles fonctions, pour lesquelles les modèles dont ils disposent – leurs propres grands-parents – ne conviennent plus.

Petite-fille de paysans

Marthe se souvient très bien de vacances extraordinaires passées chez ses grands-parents en 1938 ou 39 quand elle avait cinq ou six ans.

« Le matin, j'allais avec Mémé dans le jardin. Je l'aidais à cueillir les petits pois. Et puis, je jouais avec Mathilde, la fille de la voisine. Grand-Père revenait ensuite du champ "faire les dix heures" : il coupait son pain avec son couteau d'une drôle de façon, mangeait du saucisson ou du lard et buvait du vin. Du vin à dix heures ! Et puis il m'emmenait. J'étais contente d'aller labourer avec lui. J'avais un peu peur quand il me mettait sur le dos de son cheval. C'était très haut. Mais après, j'étais très contente, je disais : hue, hue. Comme cela, j'aidais mon grand-père. J'avais préparé le cheval à obéir et quand il disait à son tour : hue, le cheval avançait tout de suite. Ou alors, j'allais au lavoir avec Mémé. Elle me mettait avec la lessive sur sa brouette. Je l'aidais en tapant sur le linge avec un grand bout de bois. Elle avait beau me dire de ne pas trop me pencher, une fois je suis tombée à l'eau. On m'a vite repêchée mais toutes les femmes qui étaient là riaient et se moquaient de moi. Mémé a mis ma robe à sécher. J'étais toute nue en attendant. J'ai fait un gros bouquet de coquelicots. »

Marthe aura du mal à proposer de pareilles vacances à ses petits-enfants. Il n'y a plus de chevaux de trait et nos lavoirs municipaux sont à sec, par crainte d'accidents. Restent les petits pois à cueillir. Pour le reste, il lui faudra inventer.

□ À quel âge la vieillesse ?

Les grands-parents d'aujourd'hui se souviennent bien de leurs propres aïeuls. Leur aspect et leur allure, la lenteur des mouvements comme les vêtements noirs signifiaient la fatigue et la respectabilité. Pourtant ils n'avaient qu'une soixantaine d'années. Les gens du même âge ont aujourd'hui une activité sportive, dévalent à skis les pentes neigeuses, font de la randonnée. Ils ont des passions, savent s'amuser et s'habillent comme leurs enfants. Ils n'avoueront leur fatigue que quinze ou vingt ans plus tard. Ils affirment se sentir « dans la force de l'âge » jusqu'à soixante-dix ans.

À la fin du XIXe siècle, Freud portait des lunettes à verres non corrigés pour se vieillir et se donner l'air digne de confiance d'un vrai médecin. Quarante ans auparavant, Victor Hugo s'était laissé pousser la barbe pour devenir le Grand-Père de la France. On se vieillissait au nom de la dignité. Aujourd'hui, on se rajeunit. D'abord parce que l'hygiène et les conditions de vie ont considérablement changé. Plus rarement « usé » par le travail, on est mieux nourri, mieux soigné et surtout on ne veut pas vieillir. De la teinture des cheveux aux jeans, tout est fait pour garder les apparences de la jeunesse. Tels, qui n'hésitent pas à danser en boîte de nuit, auraient hurlé de rire ou d'indignation si leur père au même âge en avait fait autant. On a assez glosé sur le « jeunisme » de notre société. Chacun le vit dans son quotidien, pris qu'il est parfois entre la dénégation optimiste et le coup de pompe bien réel quand la fatigue et les douleurs le rattrapent. « Coups de vieux » aussi que les enfants ont bien du mal à accepter et même à percevoir : on ne veut pas voir ses parents vieillir ou on admet mal qu'ils ne soient pas toujours aussi vaillants et prêts à aider.

□ Les grands-mères d'aujourd'hui, actives ou retraitées

Le travail des femmes s'est développé dans toutes les classes sociales depuis le début du XXe siècle. Les grands-mères d'aujourd'hui ont pour la plupart travaillé, fût-ce par intermittence. Elles se sont ainsi trouvées moins disponibles pour leur famille ; mais aussi plus actives, plus ouvertes sur le monde. Elles ont bénéficié d'une double influence : celle de leurs mères, maîtresses de maison et cuisinières avisées, et celle de leurs meilleures amies, célibataires endurcies et carriéristes non moins avisées. Elles forment le contingent des mamies de choc d'aujourd'hui. C'est en prenant leur retraite professionnelle qu'elles découvrent les joies de la femme au foyer et accordent aux petits-enfants un temps et une disponibilité dont leurs enfants n'ont pas bénéficié.

De quelques problèmes relationnels

Reste la délicate question des atomes crochus et des difficultés relationnelles. Ainsi le gendre ou la bru peuvent poser problème et leur famille plus encore. Les raisons pour lesquelles les couples se forment ont toujours été mystérieuses. Actuellement, on ne tient plus guère compte des critères sociaux ou culturels. Les qualités personnelles de l'élu(e) permettent bien souvent aux parents de passer outre à quelques préjugés. Mais les rencontres avec les autres grands-parents peuvent être difficiles. On s'inquiète alors de la mauvaise influence que « ces gens » vont avoir sur « notre » petit-enfant. Et le risque est plus grand si cette famille qui est maintenant « alliée » provient d'horizons géographiques et culturels très éloignés. Il est fréquent alors d'entendre parler de « famille adverse ». Ces mots trahissent des préjugés plutôt qu'une appréciation objective de ces étrangers qui deviennent des proches. Certes, on ne peut pas aimer sur commande mais on peut toujours s'efforcer au respect mutuel qui permet de former une alliance aimante et protectrice pour les petits-enfants : « ces deux piliers d'un arc roman sous lequel nos enfants passent en sifflotant », comme dit Stéphane Daniel[1]. C'est ce à quoi il est bon de parvenir dans l'intérêt de tous.

Cependant, dans le secret du cœur, les choses ne sont pas si simples. Grands-parents par la fille ou par le fils, ce n'est pas tout à fait la même chose. Les grands-pères paternels sont souvent très soucieux d'avoir par leur fils un petit garçon dans le souci qu'ils ont de voir leur patronyme se perpétuer. Mais on entend parfois une grand-mère avouer sous le sceau du secret qu'elle ne s'est sentie réellement grand-mère que quand sa fille a accouché : elle a éprouvé le lien avec ce petit-enfant-là comme direct et charnel. Les enfants du fils sont « passés » par une autre femme. Ces sentiments légitimes ne nécessitent aucune publicité. Il est bien préférable de les garder pour soi, après les avoir acceptés comme douloureux. Restés secrets, ils ne compromettront les relations avec personne et le fait de les avoir bien identifiés permet de mieux les gérer. Une souffrance dont on connaît

1. *Au bonheur des pères.*

la cause est moins angoissante à supporter. De même, une illusion que l'on s'avoue : avoir un bébé dans les bras et du coup rajeunir, espérer revivre grâce à lui ce qui n'est plus. Prétention inacceptable pour les jeunes parents qui n'ont pas l'intention de se laisser déposséder et qui veulent vivre à leur tour leur parentalité. La grand-mère trop enthousiaste risque de payer cher son identification à la jeune mère, vécue comme abusive et intrusive.

◻ Le siège éjectable

Certains ont pu dire que la place des grands-parents auprès de leurs petits-enfants est un siège éjectable. Ils ont accepté le plaisir et les contraintes que comporte la garde d'un petit-enfant. Et, brusquement, sans motif évident, on ne le leur confie plus, ou beaucoup moins souvent. Quels que soient les motifs, avouables ou non, les grands-parents souffrent, souvent bien désarmés devant cette situation inattendue, et ils sont d'autant plus vulnérables qu'ils éprouvent davantage d'amour et d'attachement pour leurs petits-enfants. Ils savent aussi que s'ils sont privés d'eux, la réciproque est vraie. Les enfants vont se trouver injustement punis en raison d'un désaccord ou d'un non-dit entre les grandes personnes.

Déménagement

Vincent et Laure, les parents de Thibault, travaillaient tous les deux comme serveurs dans le même restaurant. Dès sa naissance, Mamie s'est occupée de Thibault dans sa loge de gardienne d'immeuble où ses parents le reprenaient le soir, endormi, souvent tard, pour aller le recoucher chez eux, deux étages plus haut. Ensuite, elle est allée le chercher à l'école, le faisait goûter et dîner. Thibault aimait beaucoup sa grand-mère et le dimanche, quand ses parents se réveillaient un peu tard, il avait disparu. Ils le trouvaient en train de jouer ou de chanter avec sa mamie. Laure s'est

bien plainte une fois ou l'autre que le petit lui préférait sa Mamie et qu'il en parlait tout le temps : « Chez Mamie, au moins, je ne suis pas obligé de jouer tout seul. »
C'est arrivé tout d'un coup. Ils ont eu l'occasion de se mettre à leur compte en reprenant un restaurant, à peine plus loin. Alors, c'était plus commode de faire rentrer le petit garçon directement dans l'appartement qu'ils occupaient juste au-dessus. Thibault a beaucoup pleuré. Mamie a proposé d'aller le chercher à l'école et de le ramener le soir. Rien à faire. Les parents ont même refusé ses invitations à déjeuner le dimanche : « Trop à faire avec la comptabilité. » Pendant qu'ils étaient sur l'ordinateur, Mamie avait quand même le droit de prendre Thibault chez elle quelques heures.

Certains parents ne voient pas d'un bon œil leurs parents ou leurs beaux-parents prendre de l'influence sur leurs enfants. Ils supportent mal cette connivence par crainte de voir leurs enfants leur échapper et l'acceptent d'autant moins que leurs parents ont été plus secourables : la gratitude est un lourd fardeau. Ils préfèrent alors des solutions extrafamiliales aux propositions de garde de leurs proches : des étrangers ne risquent pas de les déposséder. D'autres n'envisagent pas pour leurs enfants de vacances hors de leur contrôle. Certaines femmes enfin accordent, à la rigueur, leur confiance à leurs propres parents mais pas à leurs beaux-parents. Et leur mari s'incline pour préserver la paix de son ménage. Il arrive aussi que l'un des conjoints ayant des difficultés relationnelles historiques avec ses parents et refusant de les voir, l'autre, pour maintenir l'équilibre et ne pas afficher de différence trop criante, renonce à rencontrer les siens avec lesquels pourtant il s'entendait fort bien ou ne les voie plus que de loin en loin... « Pourquoi nous tient-il à distance ? » « Ils comprendront que je ne pouvais pas faire autrement. » Si pénible que soit pour les grands-parents cette attitude, elle révèle la confiance infantile et aveugle que leur enfant met dans leur capacité de pardon. Elle prive du même coup les petits-enfants de leurs deux lignées grand-parentales.

Même si la brouille ne concerne qu'un des grands-parents et que la relation avec les autres est préservée, le petit-enfant ressent la zone de silence qui se crée autour du grand-parent absent ou ignoré comme un tabou, un mystère dangereux. Sans le savoir, il aurait besoin, à propos de ce manque, d'une explication qui mette un terme à ses fantasmes.

☐ Coup de froid

La relation blanche est une autre façon, apparemment moins agressive, de rompre sans rompre avec les grands-parents. Ceux-ci ne sont autorisés à voir le bébé et plus tard les enfants qu'à des heures bien précisées et obligatoirement en présence des parents. Une forme atténuée de cette sorte d'agressivité consiste à rendre transparent l'un des adultes que l'on reçoit. La conversation est normale avec l'un des membres d'un couple, tandis qu'on évite soigneusement de s'adresser à l'autre et qu'on ne lui répond que par monosyllabes. Cette situation désagréable pour celui qui en est victime est normalement ressentie comme une injure par son conjoint. Les rencontres se font rares.

On entend parler de jeunes adultes très jaloux de leur indépendance : peut-être doivent-ils la protéger de parents trop intrusifs ou autoritaires, quitte à fuir au bout du monde. Certains grands-parents ont en effet le génie d'inventer des exigences inacceptables. On ne peut rien partager avec eux. On se tait, ils pérorent. Les enfants s'ennuient et accumulent les bêtises.

La bonne distance

L'harmonie, au moins apparente, règne dans la plupart des familles parce que les grands-parents ont su trouver la bonne distance. Volontiers disponibles, ils ne s'imposent pas. Ils ont appris à désapprendre leur ancien rôle de parents et à se redéfinir clairement à leur nouvelle place. Ils sont à présent en relation avec des adultes sur lesquels ils n'ont aucune autorité. La conversation roule tout naturellement sur le sujet qui passionne tout le monde : le bébé et la vie qui s'organise autour de lui. Échange d'informations, manifestations d'intérêt, preuves multiples que peuvent fournir les grands-parents qu'ils n'ont guère l'intention de prendre le pouvoir sans que cela signifie pour autant qu'ils ne s'impliquent pas auprès du nouveau venu. On ne leur demandera des conseils que lorsqu'on sera absolument certain qu'on a le droit de ne pas les suivre. En somme, garder « la bonne distance » consiste à se comporter avec ses enfants un peu comme on le ferait avec des amis très proches et très aimés, mais dont on respecte l'indépendance et dont on ne dépend pas pour bien vivre.

L'un des moyens efficaces pour maintenir cette bonne distance, c'est d'avoir conservé, indépendamment de la naissance de l'enfant, des investissements personnels en couple et (ou) hors de la famille. Des grands-parents actifs risquent moins de se sentir abandonnés si un vent un peu frais souffle sur les relations. Ils pourront prendre patience et souffriront moins. Visiblement moins disponibles, ils apparaîtront aussi moins quémandeurs donc moins redoutables. Faire respecter son propre rythme de vie et son autonomie est, à long terme, souvent de bonne politique.

3

Le bébé : le garder, apprendre à l'observer

Avoir des petits-enfants

Dans les premières années de sa vie, l'enfant change si vite que chaque jour qui passe fait regretter de ne pas en avoir mieux profité, regret que les jeunes parents, pris dans le tourbillon du quotidien, ressentent vivement : aux grands-parents le loisir de vivre leur émerveillement attendri ou amusé devant le développement psychique des enfants. Leur émotion est en bonne partie liée aux réminiscences de leur propre passé. Ils revivent à leur insu des sentiments très archaïques de leur prime jeunesse. Mais pour qu'une relation s'instaure avec le petit-enfant, il faut d'abord que les grands-parents s'entendent suffisamment bien avec les parents mais ils doivent, aussi et surtout, s'adapter à l'enfant, à son caractère et à son évolution.

Les mères qui travaillent ont de plus en plus recours à l'aide de leurs parents ou de leurs beaux-parents dès qu'elle est matériellement possible. De nombreux petits-enfants sont confiés à leurs grands-parents de façon régulière ou ponctuelle. Les sociologues constatent que la part de garde des grands-parents a nettement augmenté dans les vingt dernières années.

Les jeunes femmes qui doivent reprendre leur travail dès la

fin de leur congé de maternité se voient dans l'obligation de trouver une solution. Il y en a beaucoup, plus ou moins fiables, plus ou moins coûteuses : la nourrice, la crèche, la baby-sitter, la voisine. Celle qui a la préférence de nombreux jeunes parents est de confier le bébé à une grand-mère ou même à un grand-père si on a sous la main cette espèce d'homme qui sait donner un biberon, changer une couche et supporter les décibels. Certains, statistiques à l'appui, disent que ce type d'homme est en augmentation régulière.

Chaque formule présente, selon les cas, avantages et inconvénients. Les places en crèche sont, un peu partout, trop rares pour que les premiers-nés y trouvent rapidement une place Et c'est peut-être un bien sur le plan de la santé : de nombreux pédiatres insistent sur la fréquence des maladies contagieuses que les enfants y attrapent dans leur première année. Les infections pulmonaires, les otites laissent souvent des séquelles durables et handicapantes. Dès lors, une grand-mère disponible et compétente représente la solution idéale. Même si l'on adopte la solution de la crèche, il n'est pas souhaitable qu'un petit enfant vive un trop grand nombre d'heures en collectivité. Cela le fatigue, physiquement, mais surtout psychiquement. S'ils n'habitent pas trop loin de la crèche, les grands-parents peuvent assurer le relais.

Tout se passe généralement très bien, du moins on l'espère, dans la bonne humeur et le bonheur de découvrir le bébé et d'établir avec lui une relation qui a toutes les chances d'être profonde et durable. Au point que l'on peut se demander qui est bénéficiaire dans ces arrangements : les parents que l'on aide ? les grands-parents que l'on comble ? Tout le monde, probablement. Et notamment le tout-petit qui va vivre ses premiers mois entouré de l'amour familial.

Éloge du narcissisme

L'amour – on le sent intuitivement et les psychologues le confirment – est un élément indispensable à la construction psychique de l'enfant. C'est à travers cette relation d'amour et le réseau relationnel qui se tisse autour de lui qu'il va élaborer son *narcissisme.*

On connaît l'histoire de Narcisse : il était si beau que filles et garçons s'éprenaient de lui. Il les repoussait tous. Selon l'une des versions, il vit un jour sa propre image reflétée dans l'eau d'une fontaine et, alors seulement, tomba amoureux. Voulant saisir l'objet de son amour, il se pencha, tomba dans l'eau et se noya. La tentative de fusion avec cet autre qui n'était que lui-même et qu'il pensait seul digne de son amour fut punie par les dieux. Le narcisse, la fleur, aurait brusquement surgi au lieu même de l'événement.

Le *narcissisme* ou amour de soi-même est une notion importante de la psychanalyse. Il est évident qu'un minimum d'amour de soi est indispensable pour pouvoir aimer les autres : se sentir des « atomes crochus » avec quelqu'un, c'est éprouver du plaisir à retrouver dans l'autre certains aspects de soi-même, qui permettent d'accepter mieux ce que l'autre a de différent. L'excès de fascination pour soi-même, en revanche, empêche d'accepter tout ce qui est différent de soi. Le nourrisson de quelques semaines a déjà derrière lui une longue histoire narcissique qui a commencé avant sa conception ! L'enfant à naître – et même à concevoir – existe dans l'imaginaire de ses parents et de ses grands-parents. Il lui faudra affronter cette image de lui, présente dans l'esprit des adultes, et lutter pour tenter d'être reconnu pour lui-même. Cet imaginaire familial a « pris corps » dès que la grossesse a été annoncée. Chacun des parents et des grands-parents a espéré une « merveille » qui lui ressemblerait.

Freud écrit à propos de la naissance, en 1914 dans *Pour introduire le narcissisme*[1] : « L'amour des parents, si touchant, et au fond si enfantin, n'est autre que leur narcissisme qui vient de renaître et qui, malgré sa métamorphose en amour d'objet, manifeste à ne pas s'y tromper son ancienne nature. » Ce sentiment enfantin « qui vient de renaître », c'est celui de tout enfant qui se voit « merveille » dans le regard de ses parents : l'apparition du nouveau tout-petit, même dès la grossesse, rappelle aux deux générations antérieures ce qu'elles ont vécu en tant qu'enfant et parents ; elle réveille l'espoir que, « cette fois-ci », cet enfant restera adorable, digne reflet de ses géniteurs, et que rien ne viendra troubler le plaisir pur de la relation narcissique. Illusion, bien sûr, ce que l'expérience confirme : l'enfant *réel,* celui qui sera bien *là* dans quelques mois, n'apportera pas que du plaisir : les parents seront donc amenés à réviser leur relation à l'enfant, comme leurs propres parents l'ont fait en leur temps. Ils l'aimeront, et même de plus en plus, tout en découvrant, chaque jour, qu'il est *autre*, et parfois si décevant ! Lorsque l'enfant est né, dès les premiers mois de sa vie, que se passe-t-il et comment découvre-t-il, à son tour, l'amour de lui-même dans la relation avec ses ascendants ?

Dans le mythe, Narcisse s'aime en croyant en aimer un autre ; il en meurt. Le petit enfant s'aime lui-même à travers l'adoration qu'il perçoit chez sa mère, dans cette relation d'amour binaire qui les met face à face. Il a besoin de l'approbation de l'autre pour conforter son narcissisme. Ce que la mère donne alors d'adoration à son enfant, c'est l'adoration qu'elle a elle-même connue dans les bras de sa propre mère et ainsi de suite en remontant la chaîne des générations. Il y

1. *La Vie sexuelle.*

a une hérédité de l'émotion de maternage. La grand-mère maternelle, en extase, revit son propre maternage en regardant sa fille donner le sein. Quant à l'enfant, *His Majesty the Baby*, comme disait Freud, il sait que tout est fait pour son bien-être. Il apprend à s'aimer à travers l'amour prodigué par ses parents et les adultes qui s'occupent de lui. Les parents, en projetant sur lui leur narcissisme, lui permettent d'élaborer le sien. Mais chacun souhaite ardemment que l'enfant lui ressemble dans son comportement. Haydée Faimberg résume l'idée en une formule lapidaire : « J'aime, je suis ; je hais, tu es[1]. » Ce qui signifie : j'aime en toi, mon enfant, tout ce qui me ressemble et me fait revivre à travers toi. Je déteste tous les aspects de toi où je ne me reconnais pas et qui te permettent d'exister en dehors de moi.

Si l'enfant désire, et c'est généralement le cas, conserver l'amour de ses parents, force lui est d'essayer de leur ressembler. Cette tentative est, fort heureusement, vouée à l'échec : les deux parents ne sont pas exactement semblables, et sont de sexe différent. La présence du *tiers*, le père en l'occurrence, permet ainsi de sortir du mirage dans lequel l'enfant risquerait de se figer. Chacun des grands-parents des deux lignées s'aime aussi lui-même en aimant l'enfant. L'impossibilité de s'identifier à tous ces personnages à la fois ménage à ce dernier une petite plage d'espace personnel, à l'intérieur duquel il peut se construire une identité autonome.

Serge Leclaire a écrit un ouvrage au titre provocateur : *On tue un enfant*. L'enfant qu'il s'agit de *tuer*, en chacun de nous, c'est précisément l'*enfant merveilleux* que nos géniteurs espéraient en nous et qui n'est pas nous. Il faut faire le deuil de cet idéal inaccessible conçu par l'amour narcissique des parents. L'enfant doit à la fois se construire à partir de cet amour qui lui apporte une sécurité fondamentale et

1. *In* « La télescopie des générations... ».

s'en libérer, pour qu'il ne devienne pas une entrave à son évolution. Conserver l'amour de soi grâce à la relation duelle avec sa mère : il n'y a pas de projet possible, de défi à soi-même, de désir de réussir et d'être heureux, si l'on ne s'aime pas au moins un peu. Mais se libérer de cette relation en miroir pour ne pas vivre selon le modèle que des générations de Narcisse se transmettent sans même le savoir. Le narcissisme grand-parental s'est formé de la même façon que celui de l'enfant et de ses parents – ainsi à chaque génération – mais il a eu le temps de se rassir quelque peu. L'annonce de l'heureux événement lui a donné un coup de jeunesse. La grand-mère maternelle va se trouver, de ce point de vue encore, dans une situation privilégiée : Monique Bydlowski avance l'hypothèse selon laquelle le premier enfant d'une femme serait un *don* fait à sa mère, l'acquittement en quelque sorte d'une *dette de vie*. Ce lien très fort procure à la lignée maternelle le bonheur d'être aux premières loges et à la grand-mère tout particulièrement la possibilité de raviver, avec sa fille, autour du berceau, des souvenirs de maternage, le plus souvent heureux et gratifiants.

Il ne faut pas perdre de vue, cependant, l'ambivalence de ce *don* qui peut toujours, dans l'inconscient de la jeune mère, se retourner en accusation de *vol* portée contre la mère *archaïque*, celle avec qui l'on a été en rivalité œdipienne et qui, déjà victorieuse alors, revient encore triompher en prenant possession de l'enfant. Cette accusation est, bien sûr, non dite et reste d'ailleurs largement inconsciente, mais peut s'exprimer aussi par des gestes de jalousie ou le refus d'être aidée. La « bonne distance » consiste pour la grand-mère à rappeler à sa fille le bonheur qu'elle a éprouvé à la materner, elle, autrefois, à exprimer l'admiration qu'elle ressent pour ses qualités de mère et la belle santé de son enfant, sans surtout s'emparer de l'enfant pour assouvir ses nostalgies. À ce prix, elle profitera du *don* symbolique sans éveiller l'angoisse du *vol*.

On mesure alors à quel point l'enfant peut-être aidé dans l'effort de construction de soi-même par la force et la subtilité des liens qui peuvent se tisser autour de lui, dont il est à la fois le centre et le prétexte. Le rôle des grands-parents dès lors est déterminant. Ils ont revécu une certaine projection narcissique à travers le bonheur de leurs enfants, mais selon des modalités différentes : ils ont dû accepter la perte de leur propre fécondité, tout en se réjouissant de la poursuite de leur descendance. C'est une des conditions nécessaires pour que le petit enfant grandisse au milieu de relations non conflictuelles. Il faut, en effet, que les générations se succèdent et que chacune trouve son espace de vie. Si la grand-mère, toujours « jeune », allante et dynamique, ne s'est pas résignée à la perte de sa fécondité génitale, elle risque de s'imposer de façon indiscrète dans la relation entre sa fille et son petit-enfant. Qui alors est la mère ? Et lui, le bébé, de qui est-il l'enfant ?

Au fil des mois, le bébé va s'affirmer comme une personne, qui est là, et bien là. Il crie, il réclame, il impose des contraintes et des tâches assez lourdes. Les jeunes parents connaissent, après les rêves d'un enfant idéal, un retour au réel : le bébé commence très vite à « tuer l'enfant merveilleux » élaboré par le narcissisme parental. Il y a là, pour les adultes des diverses générations, un deuil à faire aussi, masqué et soulagé par l'amour qu'ils apprennent à ressentir pour l'enfant « surprenant » qu'ils ont en fait et qu'ils n'attendaient peut-être pas. De son côté, le bébé est amené à supporter puis accepter, adopter, par amour de ses proches, certaines règles qui lui sont imposées.

La consolation

Il est très bien, ton bébé. Mais non, il ne louche pas. Pourquoi veux-tu qu'il louche ? Les bébés ont la base du nez large. C'est pour cela qu'on a cette impression. Et regarde ces jolies petites mains. C'est bien de ton côté, ça... Ton mari avait des pattounes de lionceau. L'essentiel, c'est qu'il fasse vite ses nuits. Qu'enfin tu puisses dormir. Ça va venir. Il crie beaucoup ? Ne t'agite pas autour de lui, tranquillise-toi. Et puis tant mieux si c'est un râleur : on ne lui marchera pas sur les pieds ! Ne t'inquiète pas... Regarde : il a souri !

Les grands-parents, quant à eux, ont déjà fait en leur temps l'expérience de la nécessaire rupture narcissique avec l'enfant mis au monde. Ils sont donc plus tolérants que les parents et endurcis à la frustration qu'impose l'enfant dès qu'il affirme sa « différence » ; plus compréhensifs, ils peuvent aider les parents à s'apaiser et l'enfant à négocier la formation de son *moi* et sa marge de manœuvre dans la vie familiale.

Grands-parents et parents : nuances et psychologie

Les relations entre adultes peuvent être plus délicates. La naissance du bébé a pu réactiver des tensions qui existaient, latentes, entre les jeunes adultes et leurs parents ou beaux-parents. Il faut du tact – et une bonne connaissance de soi-même – à la grand-mère maternelle surtout, qui s'est sentie si proche de sa fille pendant la grossesse, puis du bébé, pour savoir s'effacer, ne pas profiter de sa position de conseillère pour « prendre le pouvoir ». La jeune mère se trouve, en effet, dans une situation difficile qui peut l'angoisser : elle doit demander conseil (même si elle a de bonnes connaissances en puériculture) : sa demande par rapport à sa mère la replace dans une position infantile, alors qu'elle vient d'accéder à un statut d'adulte à part entière, responsable d'un bébé... Si la grand-mère abuse de la situation, ne sait pas l'encourager à réussir seule et capte la maternité de sa fille, celle-ci peut être tentée soit de se tourner vers une autre figure maternelle, moins dangereuse : une tante, et pourquoi pas la belle-mère ? Soit, au pire, de régresser et de se soumettre à sa mère, mettant en péril l'avenir de sa famille.

Certaines jeunes femmes, au contraire, peuvent éprouver le besoin de s'assurer que leur mère n'est qu'à elle, essayer de compenser une jalousie enfantine mal digérée et qu'on aurait honte d'exprimer telle quelle : « Tu peux bien donner la priorité à mon bébé, quand même ! » Sous-entendu : « Après tout ce que tu as toujours fait pour mes frères, ma sœur... » Il y a une revanche à prendre et la grand-mère devra faire preuve de fermeté pour ne pas céder à ce qui pourrait vite devenir une occasion de chantage...

Petits chantages discrets

Samedi matin chez Marthe qui garde Alex toute la semaine du matin au soir. Sa fille Valérie téléphone :

– Allô, Maman, Arnaud voudrait qu'on aille dans un grand magasin cet après-midi. Il veut acheter une table. Pourrais-tu me garder Alex ?

– Eh bien, heu, c'est que j'avais l'intention d'aller voir ta grand-mère.

– Va la voir dimanche.

– Nous sommes invités.

– Bon, je vais demander à ma belle-mère.

– Écoute, je peux m'arranger et aller à la maison de retraite le matin.

– Comme tu voudras, merci. Je te l'amène à midi. Tchao !

Marthe est visiblement tiraillée entre ses devoirs de fille et de mère. Mais elle n'hésite pas à changer son programme dès que sa fille parle de confier Alex à l'autre grand-mère. Valérie aurait aussi pu emmener Alex faire ses courses – on voit des bébés dormir dans leur kangourou, sur le ventre de papa... – ou demander à sa belle-mère de lui rendre ce service. Elle préfère recourir une fois

de plus à l'aide de sa mère. N'a-t-elle pas confiance en sa belle-mère ou ne l'aime-t-elle pas beaucoup ?
On peut se demander aussi quels sentiments animent Marthe. Prend-elle plaisir à se sacrifier ? Son petit Alex lui est-il à ce point indispensable ? Ou bien est-elle soucieuse de priver l'autre grand-mère d'un après-midi avec son petit-fils ?

□ À propos de l'abus de pouvoir

Les grands-parents paternels surtout peuvent redouter cette forme de chantage : « Elle tient mon petit-fils en otage », disait une dame à propos de sa belle-fille. Lorsque la merveille de bébé lui était confiée, cette grand-mère, qui avait pourtant élevé quatre enfants sans difficulté majeure, oubliait tout ce qu'elle savait, vivait dans la terreur du « pépin », observait à la lettre les consignes de sa belle-fille, au point d'en perdre le bon sens et de se faire reprocher son manque d'initiative...

Ces formes d'abus de pouvoir sont le fait de certaines femmes pour qui la grossesse, l'accouchement et les premiers mois de l'enfant sont « la grande affaire de la vie ». Ils leur offrent l'occasion autant que la vie professionnelle de prouver leur courage, leur compétence et leur autorité ; leur goût du pouvoir et leur susceptibilité parfois aussi. Les hommes de la famille risquent de peiner à se faire entendre. Ils peuvent s'interposer – bien que cela demande de l'audace ! Un grand-père peut négocier plus facilement avec sa belle-fille. Usant d'un peu de charme, d'un zeste d'autorité et de beaucoup de respect pour la femme de son fils, il peut jouir d'une certaine marge de manœuvre et éviter deux situations extrêmes, pénibles l'une et l'autre : celle des grands-parents exploités, celle des grands-parents privés de voir leur petit-enfant par représailles.

Quant au père de la jeune mère, il peut aussi avoir à défendre son territoire si sa fille adorée exploite beaucoup sa mère, se reposant sur elle en toutes circonstances. Il n'est jamais trop tard pour faire entendre la voix du père. La limite de la toute-puissance maternelle, c'est le père. La limite de la toute-puissance paternelle, c'est la mère.

La situation de l'enfant unique élevé dans une famille monoparentale est un cas à part. La « disparition » d'une des lignées, voulue ou non par le parent qui reste en charge, introduit un désordre dans l'arbre généalogique de l'enfant. D'abord, comme le disait Françoise Dolto, l'enfant risque de se percevoir lui-même comme non désiré par le couple de ses deux parents, alors qu'ils ont pu fantasmer son existence, au moins le temps de sa conception. Il est l'objet d'un amour narcissique d'autant plus fort et exigeant que le parent isolé peut avoir été affectivement blessé – narcissiquement déçu – dans la relation avec l'autre parent de l'enfant. Le parent isolé a souvent tendance à se replier sur sa propre famille, à gommer « l'autre » : la mère célibataire donne évidemment à son fils son nom de jeune fille, donc le nom de son propre père. La mère et ses parents risquent d'enfermer l'enfant dans un univers clos et de lui laisser peu de latitude dans l'élaboration de son identité originale.

Quelle que soit la situation des parents – couple ou « solo » – les grands-parents ont à suivre une ligne de conduite assez simple à concevoir, sinon toujours à appliquer ! Ils doivent accepter la réalité : ils sont en deuxième ligne, derrière les parents. Ils ont des responsabilités, mais ils n'ont plus le pouvoir, qui est aux mains des jeunes adultes. Les grands-parents doivent consentir un certain sacrifice de soi pour rendre service ; ce sacrifice passe notamment par l'acceptation du narcissisme de l'autre famille et par le respect des règles éducatives ou hygiéniques qu'a instaurées la bru – ou le gendre, s'il est le genre d'homme à se mêler de ce qui le regarde. Il faut bien reconnaître que si avisés, prudents et sages que soient des grands-parents, ils ne peuvent pas grand-chose s'ils ont affaire à de jeunes adultes qui, inconscients de leurs efforts, ne tiennent compte que d'eux-mêmes et restent enfermés dans leur propre narcissisme de couple.

Savoir regarder le nourrisson

Certains grands-parents s'ennuient en gardant un petit-enfant en bas âge. C'est peut-être parce qu'ils ne savent pas profiter de tout ce que chaque enfant donne à découvrir dès qu'on prend la peine de l'observer. Dès les premières semaines, l'enfant regarde, écoute, il enregistre. Il essaie de prendre conscience de son corps en remuant ses mains, ses pieds. Après quelques mois, il connaît des mots, des intonations et il y réagit. L'adulte qui s'inquiète des cris parvient à distinguer ceux qui expriment la douleur, la faim, l'angoisse. Il fait donc un effort pour le comprendre. De même, on peut interpréter certains gestes, certaines mimiques : « On dirait qu'il m'a reconnue ! » L'enfant qui dort mérite aussi d'être regardé. Il fait quelques mouvements, on dirait qu'il rêve. Les grands-parents, s'ils savent être attentifs, disposent plus souvent que les parents du temps nécessaire pour regarder avec tendresse. Ils apprennent à connaître le bébé en suivant les acquisitions successives. Les gestes deviennent plus précis, le gazouillage s'enrichit et l'enfant manifeste de plus en plus d'intérêt pour son environnement. Observer n'empêche pas de jouer avec l'enfant ni de lui témoigner de la tendresse. Cette attention particulière est bien différente de la technique de l'observation du bébé selon la méthode décrite par la psychanalyste anglaise Esther Bick, utilisée par certains thérapeutes, au cours de leur formation. Ceux-ci s'efforcent d'observer de la façon la plus neutre possible, en ayant aussi peu que possible de contacts directs avec le nourrisson.

De façon habituelle, on parle tout le temps au bébé en lui disant mille choses qui lui apprendront les phonèmes de sa langue maternelle et probablement plus. Bref, c'est une personne à part entière, avec ses joies, ses peines, ses besoins, son caractère, son identité. Prendre le temps de l'observer procure un vrai bonheur, alors que, emporté par les contraintes quotidiennes, on n'a pas toujours pu faire de même autrefois avec ses propres enfants. Parler à un bébé, répéter son nom à tout propos : autant d'actes très significatifs et fondamentaux, puisqu'ils contribuent à le socialiser, à faire de lui le petit d'homme qu'il va devenir dans les derniers mois de cette période en commençant à se mettre debout.

Les grands-parents ont aussi l'occasion de conduire ou d'aller chercher leurs petits-enfants à la crèche ou à la halte-garderie. Dans les derniers mois de la première année, ils peuvent constater que les nourrissons sur le tapis ne sont pas encore capables de jouer les uns avec les autres. Ils jouent en fait seuls et communiquent beaucoup moins entre eux qu'avec les adultes. Ils s'observent mutuellement et si l'un se rapproche d'un autre, cela sera souvent pour lui arracher un jouet ou le mordre. De retour à la maison, l'heure du bain est un grand moment de plaisir partagé avec le bébé de quelques mois. On l'y voit vers huit à neuf mois explorer son intimité de la main, ce que l'adulte laisse faire mais n'encourage pas. Et le contact de ses mains avec le sexe de l'enfant se limite aux exigences de l'hygiène.

□ L'objet transitionnel

Respecter les consignes des parents est aussi indispensable que d'être conscient que la relation que l'on instaure avec ce petit-enfant est unique, que soi-même on est une personne qui comptera dans sa vie. Rares sont les enfants qui n'ont pas une couche, un objet en peluche dont ils ne peuvent se passer. Cet objet leur permet de mieux supporter le moment où la mère s'absente. Le psychanalyste anglais Winnicott l'a nommé *objet transitionnel*. Il devient un compagnon obligé de tous les instants pendant plusieurs années, indispensable au sentiment de sécurité de l'enfant.

On voit parfois une tétine occuper la place d'objet transitionnel. Son utilisation libère les deux mains mais sera plus tard une gêne à la parole. Son usage est controversé. Certains dentistes ont milité pour le remplacement du pouce par l'embout de caoutchouc, au motif que le pouce risquait de déformer les dents... Malheureusement, l'enfant s'attache à la tétine. Pour jouer, on a souvent besoin de ses deux mains et l'on cesse de sucer son pouce. La tétine, elle, peut rester à sa place sans entraver les activités. L'enfant grandit, sa tétine à la bouche, toujours suçotant. Il vient un moment où il est censé parler, articuler. La tétine est alors une nuisance ! Il n'y renonce pas plus facilement que plus tard au chewing-gum ou à la cigarette dont on a pu dire qu'ils étaient eux aussi des objets transitionnels, comme s'ils permettaient de supporter l'absence de Maman ! Mais si les parents sont partisans de la tétine, les grands-parents n'auront guère voix au chapitre et se contenteront éventuellement d'une demande souriante : « Je n'ai pas compris ce que tu dis. Retire ta tétine et répète, veux-tu ? »

□ Les apprentissages précoces

Dans le courant de la première année de sa vie, l'enfant a déjà acquis de nombreuses compétences intellectuelles et motrices. À la fin de la première année, il comprend très probablement une bonne partie de ce qu'on lui dit. Notamment, il saisit parfaitement les intentions de l'adulte à son égard !

Il est permis d'interdire

Ce matin-là, Albert devait garder son petit-fils, Victor, âgé de huit mois. Encore couché, il essayait de lire son journal tandis que Victor rampait à côté de lui sur le lit, pour attraper une lampe de chevet en cuivre. Quand il s'en rapprochait trop, Albert, qui craignait à la fois la chute du bébé et celle de la lampe, attrapait Victor par les deux pieds et le ramenait vers lui, de son côté du lit. La troisième fois, il s'aperçut que l'enfant avait prudemment changé de manœuvre : il s'était arrêté à l'endroit où il craignait de se faire contrecarrer, avait jeté un œil sur son grand-père pour s'assurer qu'il était bien dans sa lecture, puis avait repris sa reptation tout doucement dans l'espoir d'arriver enfin à la lampe. Albert se dit *in petto* : « Toi, mon bonhomme, tu es beaucoup plus malin que tu n'en as l'air. » Il décida alors de se lever et mit Victor par terre au milieu de ses cubes. Si le bébé s'éloignait un peu, Albert, pour l'attirer à lui, construisait une colonne avec quelques cubes. Victor se précipitait alors pour tout faire tomber avec jubilation. Et le jeu recommençait. Brusquement, l'enfant abandonna ce jeu pour ramper vers une prise de courant. Au moment où il allait mettre un doigt dedans, Albert bloqua sa main et accompagna son geste d'un « non » énergique. (Les prises de courant de cette maison n'étaient pas encore protégées.) Hurlements. Le grand-père attrape alors Victor pleurant et le porte jusque devant ses cubes, le dos tourné à la prise de courant. Mais le bébé se retourne aussitôt pour ramper vers la même prise. Un non énergique n'ayant pas arrêté le geste de l'enfant, une petite tape sur la main l'empêche d'y enfoncer son doigt. Nouveaux cris et même réaction du grand-père accompagnée à nouveau d'un : « Non, tu ne dois pas. » N'écoutant que son courage, ou son entêtement, Victor recommence une troisième fois, mais s'arrête devant la prise de courant et se met à pleurer sans essayer d'y mettre le doigt. Albert le prend alors dans ses bras, l'embrasse, le console et le félicite de s'être arrêté à temps. Les jeux ont repris et Victor a encore détruit plusieurs tours de cubes, puis joué avec des petites voitures. Le grand-père prétend que, chez lui, Victor n'a plus jamais essayé de mettre ses doigts dans une prise de courant.

– Le grand-père aurait mieux fait de changer ses prises de courant ou de mettre des cache-prise. Mais le geste de l'enfant était de toute façon dangereux.
– Est-il pensable qu'un enfant de huit mois intériorise un interdit en trois expériences seulement ? La sanction a-t-elle été utile ? Si le grand-père dit vrai, il aura rendu service à son petit-fils en le protégeant d'un geste dangereux et en lui donnant dès cet âge la notion de l'interdit.
– Est-il indispensable qu'il fasse part aux parents de cet épisode ? Ce n'est envisageable que s'ils entretiennent de bonnes relations et sont à peu près du même avis sur l'éducation.

Peu d'auteurs parlent des grands-parents à propos de la construction psychique du petit enfant. Cette omission date de Freud qui a lui-même évité de les évoquer dans l'élaboration de ses théories psychanalytiques. Les études psychologiques, centrées sur la relation mère-enfant, ont volontiers négligé les autres facteurs d'environnement. Ces travaux oublient que les grands-parents, même disparus, même peu connus, sont là et bien là, lorsque l'enfant paraît. D'abord, parce que les grands-parents des deux lignées forment les quatre branches maîtresses de l'arbre généalogique de l'enfant, arbre qui lui donne l'armature de son identité. Ensuite, parce qu'ils sont les parents des jeunes parents et que ceux-ci, même s'ils prennent le contre-pied de l'éducation qu'ils ont reçue, la reflètent et continuent à la vivre. Il faut dire aussi que, dès les premiers semestres, les grands-parents peuvent contribuer à l'élaboration de la structure mentale du petit-enfant par leur présence, leurs manifestations de tendresse, voire les interdits qu'ils posent. Enfin, mais depuis peu, les relations privilégiées qui existent entre les jeunes mères et leurs propres mères commencent à être reconnues comme déterminantes dans la vie psychique des nourrissons.

4

Vers l'âge de raison

Les acquisitions motrices évoluent vite. Sachant se mettre debout depuis longtemps, l'enfant acquiert la marche sans appui entre douze et quinze mois en moyenne et la finesse de ses gestes s'accroît de jour en jour. Pendant ce temps, le gazouillage devient de plus en plus élaboré mais, en dehors de quelques mots, il est rare qu'il se transforme en vrai langage avant deux ans ou plus. Repérer, dans ses jeux, les associations d'idées dont il est déjà capable est facile pour quiconque prend plaisir à regarder l'enfant jouer. Il a déjà une conscience aiguë de ce qui se passe autour de lui et entretient des relations affectives fortes et différenciées avec son entourage. Son caractère se manifeste déjà bien, ainsi que ses exigences. Il commence à jouer sa partie dans le concert, de moins en moins conforme aux désirs de sa famille.

Les mères ont le plus souvent repris leur travail et les grands-parents, s'ils travaillent aussi, n'ont pas la possibilité d'assurer la garde des petits-enfants de la famille. Mais beaucoup d'entre eux auront le désir de participer et de profiter de la présence des bébés quelques heures par jour. Ils vont ainsi pouvoir limiter le temps passé en crèche par leurs petits-enfants. La crèche est alors un très précieux mode de garde et d'éveil des tout-petits. Bien des pédiatres, hostiles comme on l'a vu, à la crèche pendant la première année de la vie d'un bébé, y sont très favorables ensuite. Ils insistent sur l'intérêt du contact avec d'autres enfants du même groupe d'âge, dès la deuxième année de la vie. La crèche reprend alors son intérêt pour favoriser la socialisation et le développement des apprentissages. Les bébés de crèche deviennent en général plus rapidement autonomes. Le savoir-faire des auxiliaires de puériculture et les bénéfices et contraintes de la vie en groupe procurent à beaucoup d'enfants une expérience formatrice qui peut devenir un avantage par la suite : selon certaines statistiques, les enfants qui ont été assez longtemps en crèche ont un début de scolarité plus facile que les autres – on ne remarque plus de différence au bout de la première année de maternelle. Mais si les parents travaillent au loin, les journées de crèche risquent d'être fatigantes pour un enfant d'un an, plus encore qu'elles ne l'étaient pour le nourrisson : il est plus actif et soumis à une contrainte sociale. Il n'est pas souhaitable que l'enfant reste de huit heures du matin jusqu'à six heures du soir à la crèche. Un relais de quelques heures avant le retour des parents sera le bienvenu. Il continuera à l'être quand l'enfant ira en classe vers trois ans. Les grands-parents pourront aussi, quelquefois, trouver un arrangement pour s'occuper d'un enfant malade. S'occuper de ses petits-enfants, à partir de leur deuxième année demande beaucoup plus de soin et d'attention. Cela ne consiste plus seulement à les nourrir et à les changer, mais aussi et surtout à les aider à apprendre, à faciliter leurs gestes maladroits. La surveillance de tous les instants, parfois fatigante si l'enfant est inventif, n'empêche pas de lui témoigner de la tendresse en lui parlant, en le prenant dans les bras et en jouant avec lui. Il réclamera vite qu'on lui raconte ou lise des histoires ou des contes de fées.

L'autonomie et ses dangers

Dès que la motricité du bébé devient suffisante, il va en user de plus en plus sans se rendre compte des dangers de ses initiatives. Découvrir un objet nouveau, c'est l'étudier avec la bouche autant qu'avec les doigts et les yeux, avant de le mettre par terre, pour le retrouver plus tard. Que de trésors à découvrir dans le placard sous l'évier de la cuisine : eau de Javel, acétone, soude caustique pour déboucher les lavabos. Grimper sur une chaise, se mettre debout, escalader les balcons : le bonheur ! Il vaudrait mieux, avant que le bébé sache marcher, avoir mis hors de portée tout ce qui est dangereux et prévoir des systèmes de fermeture des portes et fenêtres d'une efficacité garantie.

C'est donc une surveillance de tous les instants, ponctuée de « non » et de précautions vitales, même si celles-ci peuvent paraître obsessionnelles. Les premiers apprentissages comportent donc une bonne part d'interdits. Le « non » est indispensable. L'enfant de deux ans passe aussi son temps à dire « non » chaque fois qu'on lui demande quelque chose. Bien sûr, il répète un mot qu'il a cent fois entendu ; mais surtout, l'âge de deux ans correspond à l'une des phases d'opposition de la plupart des enfants. D'autres apprentissages ne présentent que des risques plus limités : quand l'enfant commence à manger seul à la cuiller, il en met plus en dehors de sa bouche que dedans. Apprendre à un bébé à descendre les escaliers demande un peu de patience. Assez vite, il a compris que pour y arriver, il suffit de se mettre dans la bonne position, à plat ventre, les jambes vers le bas. La participation des grands-parents à des apprentissages tels que celui de la parole et, plus tard, de la propreté semble faire partie de la mission de gardiennage qu'ils ont acceptée. Le dialogue avec les parents est souvent utile pour éviter que les adultes n'aient des comportements contradictoires qui troubleraient l'enfant.

Au moment de claquer la portière, une maman disait : mains sur le ventre ! L'enfant obéissait et elle pouvait fermer en toute sécurité. Elle a été surprise et choquée d'entendre la maîtresse de maternelle dire : « Laissez-le vivre, c'est à vous de faire attention ! » La mère n'a pas osé répondre, mais a gardé son habitude, à juste titre. Il est évident que la sécurité des mains de l'enfant est prioritaire. Il est même indispensable de lui donner des réflexes tels que de mettre les mains sur le ventre quand il monte en voiture. Il le fait automatiquement, quel que soit l'adulte présent. Et ainsi ne se fait jamais écraser les doigts. Il est bien évident que si tous les adultes de l'entourage proche imposent la même discipline, la sécurité deviendra très grande. L'enfant est-il brimé, comme le prétendait la maîtresse ? Rien de moins sûr. Il est possible qu'un enfant pleure pour tenter de refuser un interdit qui vise à sa sécurité. Est-ce là une raison suffisante pour y renoncer ? Ces interdits n'ont d'autre but que son intérêt et il serait lâche d'abdiquer au nom d'une quelconque démagogie. L'enfant ressent rapidement que le monde est plein de dangers et ces consignes lui paraissent plutôt traduire l'intérêt dont il est l'objet. Les grands-parents sont volontiers plus prudents que les parents, soucieux de rendre en bon état ce qui leur a été confié.

Au fur et à mesure de sa croissance, tout ce qui tient au narcissisme et à l'amour continue à évoluer, mais les problèmes relationnels s'accompagnent maintenant d'autres émotions et difficultés. Au cours de sa deuxième année de vie, le bébé prend conscience à la fois de sa personne et de sa volonté. En même temps, il apprend dans ses jeux à partager des activités avec d'autres enfants ou avec des adultes. Il prend visiblement plaisir à ces échanges dont il demande la répétition. Mais sa persévérance n'est pas encore très longue et il se désintéresse brusquement d'une activité pour passer à une autre. La logique de ces changements échappe aux adultes. Certains enfants, à la moindre contrariété, peuvent faire un « caprice » : hurler, se rouler par terre, donner des coups. Ils n'arrivent plus à se maîtriser. Le calme de l'adulte est la meilleure réponse à cette colère, même s'il doit maintenir l'enfant tout en lui parlant avec douceur et fermeté pour l'empêcher de se faire mal. Toute manifestation de colère de la part de l'adulte lui ferait perdre son crédit. Et l'on repère facilement que les enfants ne se mettent en colère qu'avec certains adultes et supportent mieux la frustration imposée par ceux dont le comportement est plus calme et raisonnable. On peut aussi tenter de comprendre la situation émotionnelle de l'enfant, qui, loin de faire un caprice, veut peut-être découvrir autre chose que ce que les parents lui proposent, faire l'épreuve de son autonomie. Cette empathie avec l'enfant peut permettre à l'adulte d'éviter un choc frontal. Il lui faut pour cela ne pas s'identifier à l'enfant-en-colère pour pouvoir comprendre l'enfant-en-recherche. Cette démarche est difficile pour de jeunes adultes, encore très proches de leur enfance et de ses conflits ; elle l'est moins pour les grands-parents qui ont plus de recul.

Vouloir apaiser l'enfant avec une sucrerie serait voué à l'échec et préparerait le caprice suivant. Les grands-parents peuvent-ils dans certains cas punir ? Probablement oui, mais avec l'accord des parents et le plus rarement possible. En effet, la récompense est plus efficace que la punition. Quelle que soit la nature de la récompense : baiser ou compliment, friandise ou jouet, l'enfant sent que l'adulte l'aime davantage parce qu'il a bien agi. Il obéira mieux aux ordres ultérieurs de l'adulte parce qu'il l'aime aussi davantage. La punition risque au contraire de diminuer l'amour de l'enfant et donc sa bonne volonté à se soumettre. Les grands-parents d'autre part auront comme les autres adultes autour de l'enfant à s'adapter à ses réactions qui évoluent très vite. L'enfant voudra toujours montrer qu'il est grand et c'est ainsi qu'il devient injurieux de l'appeler « bébé » après deux ans et demi. On s'expose à une réponse du genre : « Moi, pas bébé, moi Kevin. »

Nommer ses grands-parents

« Maman » et « Papa » viennent de la lallation, c'est-à-dire des premiers sons formés par l'enfant : « Mmm » et « Pppp ». L'immense majorité des enfants de langue française utilisent ces dénominations depuis toujours. On constate très peu de variations individuelles, mis à part quelques « coquetteries familiales » ou coutumes régionales.

La dénomination des grands-parents, en revanche, n'a rien de fixé. Elle est du domaine de l'imaginaire individuel ou bien de la tradition. On y retrouve souvent le *m* et le *p*, comme dans Mamy, Mémé, Mémère ou les équivalents masculins, toutes les graphies étant possibles puisqu'il s'agit d'une tradition orale. On peut noter quelques variations liées à la classe sociale : Grand-Père, Bon-Papa se trouvent davantage dans la bourgeoisie, ainsi que des surnoms d'origine anglo-saxonne, comme Daddy pour les grands-pères ou Granny pour leurs épouses.

Il y a aussi les arrière-grands-parents à nommer. Tout se complique puisque l'enfant doit pouvoir désigner chacun par un nom différent. Dans certaines familles, en montant d'un cran dans la « hiérarchie », l'aïeul change de nom, comme si le surnom désignait une fonction plutôt qu'une personne. Mamy devient Grand-Mamy et laisse sa fille accéder au titre de Mamy, à moins que celle-ci n'ait entre-temps opté pour « Minoujava ». En effet, certains grands-parents s'inventent des surnoms : Pacha, Boubah, Kikou... D'autres se trouvent trop jeunes pour accepter un surnom qui les enfermerait dans une classe d'âge et se font appeler par leur prénom.

Quelle que soit la décision des grands-parents, elle est soumise à l'approbation de l'aîné des petits-enfants qui l'accepte souvent sans discuter. Parfois, butant sur la prononciation, il refuse une difficulté qu'il estime inutile et trouve un autre nom. Alors, le rire des adultes, leur connivence autour de la trouvaille entérinent le nouveau nom. Voilà l'aïeul baptisé à vie. Les petits-enfants à venir, eux, n'auront qu'à s'incliner. C'est inscrit dans le folklore familial.

Toute dénomination a une fonction symbolique puisque le nom représente la personne. « Papa », « Maman » sont des noms très inscrits dans le présent de l'enfant et qui l'associent à tous les autres enfants qu'il connaît et qui appellent leurs parents de la même façon. Il n'y a pas, à ce niveau, de différence entre tous les enfants d'une classe. À l'inverse, le surnom donné aux grands-parents symbolise la succession des générations. Il est très souvent marqué d'une particularité qui affirme l'appartenance de l'enfant à son groupe familial et plus encore si tous les enfants d'un cousinage appellent des mêmes surnoms leurs grands-parents communs.

L'enfant, dès avant son premier anniversaire, mais surtout après, va être soumis aux efforts que son entourage déploie pour lui apprendre les premiers éléments de la vie sociale. Ce qu'il réalise le mieux de ce point de vue passe par son désir d'imiter les adultes dans des processus dits d'*identification*. En même temps, sa vie émotionnelle est très intense, pris qu'il est dans les tourments de la problématique œdipienne. Il est habituel de décrire ces deux processus dans la triade mère-père-enfant. Mais c'est méconnaître l'importance de tous ceux qui vont compter pour l'enfant par leur présence et leur tendresse, tant les grands-parents que d'autres personnes telles que le personnel de crèche par exemple.

Le complexe d'Œdipe

Freud décrit sous ce nom l'amour passionnel que le petit garçon de trois à cinq ans éprouve pour sa mère et la jalousie qu'il ressent vis-à-vis de son père, malgré l'amour admiratif qu'il lui voue. Ses sentiments pour son père sont donc contradictoires et il se sent coupable de l'amour qui le met en rivalité avec l'homme adulte aimé de sa mère, ce qui l'amène à craindre une punition qui le priverait du plaisir que lui donne déjà son pénis et qui serait l'amputation de celui-ci. Cette crainte est connue sous le nom de complexe de castration. Dans la mythologie, Œdipe tue son père Laïos et épouse sa mère Jocaste, ignorant qui est ce roi qu'il a tué et qu'il remplace dans le lit de la reine. Sa punition n'en sera pas moins terrible. On y reviendra.

□ Le petit Hans

Un an environ avant de publier son analyse du complexe d'Œdipe, Freud a dévoilé l'histoire du petit Hans, âgé de trois ans : ce fut la première psychanalyse d'enfant publiée. Ce jeune garçon souffrait d'une insupportable phobie des chevaux qui étaient presque aussi nombreux dans les rues de Vienne il y a cent ans qu'on peut y voir aujourd'hui d'automobiles. Il avait grand-peur de sortir dans la rue et d'être mordu.

Freud a rapidement compris que Hans imaginait sa mère dotée d'un « faire-pipi » aussi gros que celui d'un cheval. Or cette phobie était survenue après la naissance de sa petite sœur. Et la vue de la petite fille toute nue n'arrivait pas à le persuader du contraire : il affirmait de façon répétitive qu'elle aurait bientôt, elle aussi, un « faire-pipi » immense.

Ses parents l'acceptaient souvent la nuit dans leur lit

quand il avait des cauchemars et sa peur des chevaux n'en était que renforcée puisqu'elle était liée aussi à la terreur que son père ne le punisse de son amour pour sa mère en lui coupant son « faire-pipi » à lui. « Faire-pipi » avec lequel il jouait beaucoup, malgré les interdits et les menaces.

Dans le cours de son analyse, Hans imaginera une solution élégante pour se débarrasser de la présence redoutable de ce père : le marier à sa grand-mère. On verra alors les symptômes disparaître, ce dernier fantasme marquant aussi la fin du travail psychanalytique. Hans a intuitivement compris l'amour œdipien de son père et lui propose de le concrétiser de façon satisfaisante pour l'un et l'autre : son père va enfin pouvoir épouser sa propre mère, tandis que Hans pourra aimer tranquillement la sienne sans craindre au quotidien la vengeance paternelle. Dans ce fantasme mégalomaniaque, le petit garçon prétend trouver la solution au problème familial mieux que les adultes ne l'ont fait : grâce à lui, tout s'arrange. Mieux, il identifie son père à lui-même et lui prête les mêmes sentiments de désir pour sa propre mère. Son angoisse s'apaise, les symptômes disparaissent puisqu'il n'est plus un intrus dans la sexualité parentale : à chacun sa mère !

La lecture de ce beau texte, publié dans *Cinq psychanalyses*, est intéressante à plus d'un titre. On trouve le résumé, dans cette histoire, de ce que seront bien des développements ultérieurs de la pensée de Freud. On a du mal aujourd'hui à envisager la force des tabous qui interdisaient à l'époque d'instruire les enfants de la différence des sexes, même en face d'une pathologie aussi grave que celle du « petit Hans ». Quand le petit garçon dit que le « faire-pipi » de sa petite sœur grandira plus tard, ses parents ne réagissent pas. Ils savent pourtant que les convictions de l'enfant sur l'anatomie féminine sont liées de près à sa phobie.

Dans l'observation quotidienne, pour des raisons différentes chez la fille et chez le garçon, les pulsions amoureuses vers le parent de sexe opposé sont conflictuelles. L'environnement familial s'y oppose : la tendresse que le père et la mère se témoignent l'un à l'autre montre assez clairement aux petits jaloux que, dans l'amour, l'adulte s'impose. Mais l'attirance des jeunes enfants pour des adultes du sexe opposé ne se limite pas forcément aux parents et peut s'adresser à d'autres personnes proches. L'attachement passionné d'un petit garçon à sa grand-mère ou d'une petite fille à son grand-père est assez fréquent. D'autres adultes, souvent présents près de l'enfant, peuvent aussi se trouver la cible d'une telle passion. Et certains enfants semblent même partager leur amour entre plusieurs adultes.

□ Le refoulement

L'amour œdipien est trop conflictuel pour être facilement vécu. Il existe heureusement un mécanisme mental tout à fait normal grâce auquel l'individu évite d'être obsédé par ses pulsions et fait l'économie d'une partie de sa souffrance. On l'a appelé *refoulement*. Les émotions, les souvenirs ainsi évacués du conscient ne disparaissent pas pour autant complètement, mais restent quelque part dans l'inconscient. Ils peuvent être plus ou moins facilement évoqués.

L'*amnésie infantile* recouvre de son voile la plupart des événements survenus dans les premières années de la vie. Le peu qui surnage ne correspond pas, et de loin, à des faits importants : un visage, une odeur dans une pièce qu'on entrevoit à peine, une impression de peur. Il est souvent très difficile ou même impossible de faire resurgir de l'inconscient ces émotions de l'enfance et Freud pensait que le refoulement des émotions œdipiennes était si intense qu'il engloutissait du même coup tous les souvenirs de l'enfance. Ce phénomène d'amnésie infantile est d'autant plus intéressant qu'il se trouve en contradiction apparente avec l'importance des acquisitions de l'enfant dans ses six ou sept premières années. Un enfant de cet âge est bien socialisé, ses mécanismes mentaux et logiques sont acquis ou en voie de l'être. Françoise Dolto disait qu'à six ans, un enfant est fabriqué : il ne se souvient de rien, mais il est fait. Le paradoxe de l'amnésie infantile est de recouvrir et dissimuler au conscient la quasi-totalité des événements de l'enfance tandis que les apprentissages, les mécanismes logiques et les acquisitions intellectuelles de la même période sont définitivement acquis. La tradition populaire a placé l'âge de raison à sept ans. Le législateur français a fixé à six ans la scolarité obligatoire. L'un et l'autre disent, à un an près, la même chose, c'est-à-dire que vers cet âge-là, l'enfant n'est plus vraiment un enfant. Mais il est loin d'être déjà un adulte.

Ainsi, quand Freud a revu le « petit Hans » à la fin de son adolescence, celui-ci avait lu le récit de sa maladie et de son analyse que Freud avait publié mais tout cela lui semblait étranger à lui-même. À peine une lueur d'hésitation l'empêchait-elle d'affirmer qu'il ne s'agissait pas de lui. L'analyse n'avait pas échappé à l'amnésie infantile. Les processus mentaux par lesquels l'esprit refoule un centre d'intérêt pour s'attacher à un autre et y revenir ultérieurement dureront toute la vie. Ces refoulements ultérieurs libèrent l'esprit de façon transitoire pour lui permettre d'évoluer et de s'attacher à d'autres centres d'intérêt. Ils favorisent le désir d'apprendre.

On appelle résolution du *complexe d'Œdipe* le fait que le petit garçon finit par accepter, grâce au refoulement, la non-réciprocité de son amour sexuel pour sa mère et cesse d'être jaloux de son père. L'état psychique auquel il parvient lui permet de vivre plus sereinement son amour pour ses deux parents et éloigne les fantasmes de castration. L'enfant peut surtout accepter sa place dans sa famille, celle d'un fils parmi d'autres enfants : tant qu'il était fils unique, il pouvait se croire investi du pouvoir magique de « faire des parents ».

La naissance des cadets l'oblige à penser que le processus lui échappe et à redéfinir plus modestement son rôle. Il se situe alors clairement dans sa famille et plus tard dans son arbre généalogique, donc dans son identité. Il sait « qui est qui » et « par rapport à qui ». Vincent de Gaulejac, dans *L'Histoire en héritage*, compare en les opposant la clarté rationnelle, l'ordre qui s'instaurent dans un arbre généalogique bien compris, et le désordre, l'indifférenciation et finalement la violence passionnelle qui règnent dans l'esprit de l'enfant lorsqu'il ignore la règle de succession des générations et de répartition des fonctions dans la famille. Cela lui permet de mieux comprendre l'interdit de l'inceste, non seulement avec le parent du sexe opposé mais aussi avec les membres de sa fratrie. Or, cet interdit est, pour les anthropologues, l'une des caractéristiques culturelles essentielles de l'être humain. Et ce dans toutes les sociétés. On peut dire que renoncer à son amour œdipien et prendre sa place – et rien que sa place – dans l'ensemble de la famille, c'est accéder à la société humaine.

La vieille dame et son petit frère

Une dame de quatre-vingts ans ramène sa petite-fille de trois ans de l'école. Un petit garçon l'apostrophe et lui demande :
– Il a quel âge, ton petit frère ?
– Ce n'est pas mon petit frère et il s'appelle Charlotte.
On pourrait dire que ce petit garçon avait mal résolu son complexe d'Œdipe puisqu'il confondait les générations. Son cas devait être plus compliqué puisque la différence des sexes lui échappait aussi.

□ Œdipe et les grands-parents

Ce que vivent les parents avec leur enfant jaloux est un écho lointain des émois amoureux qu'ils ont normalement éprouvés, eux aussi, dans leur enfance mais dont ils ne se souviennent pas. La naissance d'un petit-enfant peut faire resurgir chez l'un des grands-parents aussi de nouvelles pulsions dont un petit-enfant de sexe opposé peut être la cible ; l'attirance peut également s'exercer vers le gendre ou la bru. Il est rare que des manifestations de tendresse excessive viennent trahir ces tendances, souvent modérées. De façon plus habituelle, les grands-parents représentent pour l'enfant un havre de paix où les passions s'apaisent. Mais si les grands-parents sont très présents dans sa vie, l'amour que l'enfant leur portera ne sera pas forcément indemne de toute tendance œdipienne. Lorsque l'un des parents s'absente longuement et que l'autre vient vivre chez les grands-parents, la cohabitation de l'enfant avec trois adultes favorise, dans son esprit, une confusion des générations.

□ La jalousie

La jalousie qu'éprouvent tous les enfants à la venue du suivant est normale. Elle peut être considérée comme un signe de l'amour œdipien : il faut désormais partager l'amour des parents avec le nouveau-venu. L'enfant jaloux souffre et ses grands-parents peuvent, parfois mieux que les parents, lui apporter des consolations et des dérivatifs.

Gros poupard pour petit Œdipe

Arthur s'est remis à faire pipi dans sa culotte dès que sa mère a été enceinte de trois jours. Il est redevenu propre, mais il est resté grognon, sans cause apparente, pendant plusieurs semaines. Il avait presque trois ans quand Matthias est né. Dès qu'il a vu le bébé, il a recommencé à être énurétique. Il a refusé énergiquement de manger pendant deux jours et on l'a surpris, secouant le berceau avec fureur. Comme s'il n'était pas content d'avoir un petit frère.
Mamy lui a alors apporté un gros « poupard », presque de la dimension du bébé. Elle lui a expliqué qu'un « poupard », c'était une poupée spéciale pour garçon et que celui-là s'appelait Oscar.

Arthur l'a beaucoup aimé, embrassé, cajolé, voulait même lui donner le sein comme il voyait sa mère le faire. Mais Oscar-le-poupard en a vu aussi de toutes les couleurs. Arthur l'injuriait : paresseux, Oscar-caca, salopard ; il le battait, le piétinait. Il a même réussi un jour à le projeter au travers de la fenêtre, surprenant un peu le passant qui l'a vu tomber juste devant son nez.
Le poupard était le réceptacle des sentiments contradictoires d'amour et de haine qu'Arthur éprouvait pour son petit frère. Bien joué, Mamy.

L'identification

Bien des identifications sont liées au complexe d'Œdipe ou au narcissisme comme dans le cas du petit garçon qui dit à son père : « Quand je serai grand et que tu seras redevenu petit, je pourrai me marier avec Maman. » La rivalité œdipienne est claire. Le désir identificatoire ne l'est pas moins puisque l'enfant s'imagine grand comme son père, tandis qu'il flatte son narcissisme en gagnant tout à coup de nombreux centimètres pour réaliser son désir, tandis qu'il élimine tranquillement son rival œdipien en l'identifiant à ce qu'il est lui-même, un enfant. Le mot d'*identification* devrait être réservé aux cas où, comme ici, l'enfant se prend pour l'adulte. Dans d'autres cas, il se contente d'imiter, mais comment faire la différence ? L'enfant s'identifie en principe à un adulte de même sexe que lui s'il le voit fréquemment. Il y a plus de femmes que d'hommes qui s'occupent habituellement des enfants, si bien que les petites filles auront souvent plusieurs adultes comme modèles identificatoires, à l'inverse des petits garçons qui devront le plus souvent se contenter d'un grand-père et d'un père.

L'intériorisation de l'interdit

L'identification à un adulte montre souvent que l'enfant l'admire : il *incorpore* une partie de l'*autre* pour le faire sien, c'est-à-dire qu'il assimile certains traits de caractère ou certaines attitudes de l'autre et les ressent comme siens. Ce processus s'exerce le plus souvent sur un adulte de même sexe, ce qui fait penser que l'enfant sait très tôt à quel sexe il appartient. Les grands-parents sont des cibles identificatoires privilégiées à chaque fois que le conflit œdipien est trop intense et retient un petit garçon de s'identifier à son père. Il préfère alors s'identifier à ses grands-pères qu'il peut aimer de façon plus sereine. Tous les processus d'identification flattent le narcissisme de ceux que l'enfant prend pour modèle. Le désir d'être aimé de son entourage stimule donc les processus d'identification de l'enfant.

Les mécanismes d'identification sont très importants en matière d'apprentissage. Tout en jouant, l'enfant apprend à faire comme l'adulte proche de lui. Le jeune enfant est très drôle quand il l'imite, saisissant avec humour le côté un peu cocasse d'un geste, d'une attitude. Plus grand, il va vouloir participer davantage à la vie : il joue à balayer, à taper du marteau. Il est aussi ravi de s'asseoir sur une voiture « à pieds » qui le transporte rapidement dans toute la maison. Lui aussi a une vraie voiture ! Certaines identifications permettent souvent à l'enfant de manifester son identité sexuelle.

Ce qui ne veut pas dire qu'une petite fille qui demande une panoplie de cow-boy pour ses quatre ans ou un petit garçon qui coiffe amoureusement des poupées soient l'un et l'autre destinés à l'homosexualité. Cela montre seulement la possibilité d'identifications très diverses, notamment sur des adultes du sexe opposé. De telles identifications peuvent faire peur et l'entourage les contrarie parce qu'il croit y déceler, bien à tort, des « orientations contre nature ». La reconnaissance d'une certaine bisexualité qui existe en chacun de nous serait probablement une meilleure façon d'envisager le problème.

Affaire de gènes ou de culture ?

Le biologiste Jean Rostand s'interroge, dans *L'Homme*, sur les rôles respectifs des hormones et de l'éducation dans la différenciation sexuelle :

« Éducation familiale et scolaire, relations avec les parents et avec les étrangers, habillement, coiffure, jeux, suggestion collective, tradition affective ou culturelle : tout diffère pour le petit garçon et pour la petite fille. Ils ne respirent pas la même atmosphère, ils n'habitent pas le même univers...

En fin de compte, les poupées et les soldats de plomb n'auraient-ils pas presque autant de responsabilité que les hormones dans la différenciation psychique de l'homme et de la femme ? »

Les capacités d'identification des enfants vont également leur permettre de développer, au fil de leur croissance, leur personnalité sociale. Les séjours chez les grands-parents vont donner la possibilité de vivre dans un autre foyer que celui des parents. Chaque maison a ses règles, implicites pour ceux qui l'habitent : l'enfant peut alors développer ses facultés d'observation et d'analyse ; il a aussi l'occasion de multiplier et de diversifier ses modèles identificatoires. L'observation d'enfants de trois ou quatre ans montre comment ils adoptent, presque intuitivement, les habitudes d'une autre maison. Ils apprennent ainsi que ce qui se passe chez leurs parents est un peu différent dans l'un et l'autre des foyers de leurs grands-parents. Il existe forcément un petit écart entre ce qui est autorisé et défendu. Il est souhaitable que ces différences existent, si elles ne sont ni trop importantes, ni génératrices de conflits graves entre les adultes.

5

Les grands enfants et les adolescents : échanger et encadrer

L'âge d'or des grands-parents : les grands enfants

□ Des grands-parents vedettes

Les grands-parents s'occupent maintenant d'enfants déjà raisonnables et autonomes, qui aiment souvent la compagnie des adultes qui s'occupent d'eux. Leurs connaissances sont déjà très vastes et la communication avec eux est facile et agréable : c'est l'âge d'or des grands-parents qui profitent au mieux de leurs petits-enfants pendant cette période qui va en gros du début de la grande école aux premières années du collège. Marie-Claude Mietkiewicz a interrogé un grand nombre d'enfants à partir de dessins qu'ils avaient faits de leurs grands-parents. Dans l'étude qu'elle a publiée [1], ceux-ci apparaissent comme les adultes les plus disponibles pour jouer avec eux. Après les enseignants, ce sont aussi eux qui leur apprennent le plus. Ils ont des activités très diverses : sports, promenades et courses, cuisine, jardinage, et bricolage, entre autres. Lorsque les parents sont vraiment trop sévères, les séjours chez les grands-parents sont une bouffée d'oxygène, avec un système éducatif moins rigide.

1. « Les fonctions éducatives des grands-parents... ».

Il n'y a pas d'opposition avec l'éducation parentale mais un certain assouplissement. S'il est possible de discuter avec les parents sur les problèmes d'éducation, on pourra aussi quelquefois leur faire entendre qu'on obtient souvent un meilleur résultat en laissant au cheval la bride sur le cou. Certains enfants se bloquent quand on les soumet à des règles trop sévères. Changer de cadre de vie de loin en loin leur est bénéfique.

Les grands-parents vont ainsi accompagner l'enfant le long de cette période que les psychanalystes appellent la *période de latence*. C'est une période de la vie où le conflit œdipien est en sommeil et où les enfants sont plus disponibles aux sollicitations intellectuelles. Beaucoup, par identification, veulent de plus en plus faire « comme les grands » et manifestent une assez grande soif d'apprendre. Les adultes de leur côté ont un autre langage : « Elle est entrée à la grande école. Ça devient sérieux ! » Les grands-parents vont pouvoir jouer pleinement leur rôle d'« éducateurs en second », aider à des acquisitions et à une meilleure intelligence de l'environnement. Leurs réponses aux questions embarrassantes de tous ordres éviteront que ne se creusent des gouffres d'incompréhension entre les adultes et les enfants. Les grands-parents qui évitent de mentir ou de pratiquer la langue de bois rendent toujours un grand service en donnant une réponse sommaire mais suffisante. Si les parents ont tendance à trop couver l'enfant et à limiter son autonomie, les grands-parents peuvent lui offrir la possibilité d'élargir son champ d'investigation.

□ Des grands-parents conteurs

Depuis qu'il parle, l'enfant adore qu'on lui raconte des histoires, des contes de fées, ou qu'on lui lise les livres dont il aime à regarder les images. Il les sait parfois par cœur, mais est très friand de jouir encore de leur lecture. Même quand il commence à savoir lire, il est toujours aussi demandeur : « Dis, Grand-Mère, raconte-moi l'histoire du corbeau ! » En fait, en entrant à la grande école, l'enfant commence à sortir petit à petit d'un monde dominé par la magie. C'est ainsi que les enfants croient au Père Noël en grande section de maternelle. L'année suivante, au cours préparatoire, la plupart d'entre eux n'y croient plus. Cela ne les empêchera pas de profiter des différents Pères Noël qui, chez les parents et les grands-parents, leur apportent des cadeaux. Ils hésitent parfois à avouer leurs doutes, par prudence. Mais ils ne disent pas aux plus petits que ce n'est pas vrai. Le Père Noël, c'est l'exception. Un mensonge que l'on peut faire aux enfants sans leur faire de mal !

Écouter des histoires ? L'image de l'enfant qui écoute, un pouce dans la bouche et une main dans les cheveux, tandis que l'aïeule tricote à la fois son histoire et l'écharpe fait partie de l'album des clichés familiaux. De quelles histoires parle-t-on ? L'enfant devient amateur de vraies histoires, de celles qui sont arrivées à la famille, dans la région où il vit. Ces « contes et légendes » reliés à la famille de l'enfant par le récit des grands-parents font partie de ce que les « anciens » peuvent transmettre. Mais ils peuvent aussi raconter leur propre histoire, les souvenirs « de quand ils étaient petits »... et, enfin, parler des parents de l'enfant, de leur apport à la légende familiale – beaux exploits et grosses sottises – qui permettent au petit de mener sa propre enquête. Il découvre par exemple que ses parents ont été jeunes, qu'ils ont fait des bêtises et qu'on les a punis.

Ces récits vont avoir une incidence sur les processus d'identification. Que ce soit volontaire ou inconscient, les adultes vont ainsi continuer à véhiculer leurs valeurs. À cet âge, l'enfant risque moins d'oublier. L'amnésie infantile a cessé d'enfouir la plupart des souvenirs. Au travers de ces récits, il va faire siens les mythes et légendes de sa famille, et mélanger ses propres souvenirs et ce qu'on lui a raconté pour élaborer ce que les psychanalystes appellent *son roman familial.* L'enfant aime interroger ses grands-parents en tant que témoins de l'époque de sa naissance. Il touche au plus près, en posant ces questions, ce qu'il peut ressentir comme un tabou, à savoir l'enquête sur la réalité sexuelle : comment diable fait-on les bébés ? Et l'enquête sur ses propres origines : suis-je bien l'enfant de ces gens-là et non un enfant trouvé, un fils de prince peut-être ? Dans les dernières années de cette période de latence, quand ils lisent vraiment bien, certains enfants demandent moins d'histoires et préfèrent les lire tout seuls.

Ils commencent à avoir une perception critique très vive de leur entourage. Un auteur américain, Kornhaber[1], a étudié les dessins d'enfants de six à douze ans représentant leurs grands-parents. Ils sont souvent très amusants, quelquefois humoristiques ou caricaturaux, accentuant par exemple la barbe du grand-père qui ne se rase pas très souvent et qui pique. Ces graphismes ne sont riches que si les anciens ont une véritable existence dans l'esprit des enfants parce qu'ils les voient souvent et s'en occupent. Les dessins sont au contraire pauvres et tristes quand l'enfant ne voit presque jamais ses grands-parents.

L'enfant a aussi tendance, jusqu'à la pré-adolescence, à se représenter son père comme un dieu. Or il le voit témoigner du respect à un monsieur plus âgé – son grand-père. Il peut même deviner chez son père une crainte, une appréhension de la réaction du vieux monsieur, ce qui l'amène à relativiser l'autorité paternelle. Alain de Mijolla dit à ce propos que « les grands-parents sont les seuls à pouvoir imposer silence et respect aux parents tout-puissants de

1. *Grands-parents – petits-enfants : le lien vital.*

l'enfant, les seuls à raconter les hauts faits ou les bêtises de ces mêmes parents, rappelant que ceux-ci furent jadis des enfants et nourrissant ainsi l'enquête que chacun de nous mène sur ses origines[1] ».

Consulter les bons auteurs

Le jeune Sacha, sept ans, fut très déçu de la réponse de son père quand il lui demanda :
– Dieu existe-t-il ?
– Il y a des gens qui y croient, d'autres non. Personne ne sait.
– Mais toi, Papa, tu le sais ?
– Non, je ne sais pas.
– Bon, je vais demander à Papy.

□ Les jeux, l'ordinateur, les activités extrascolaires

Il existe bien quelques enfants qui jouent tout seuls. La plupart demandent aux grands-parents de jouer avec eux. Le ballon, le ping-pong, la marelle quand on est dehors et à la maison les jeux de société auxquels il est difficile de se soustraire si l'on possède un certain sens moral grand-parental. Certains préfèrent aider l'enfant à fabriquer des objets ou des personnages en pâte à modeler, ou à dessiner sur une ardoise ou du papier. Si les enfants sont plusieurs, on peut souvent les laisser jouer seuls, en surveillant du coin de l'œil. On voit alors le plaisir qu'ils ont dans l'échange physique ou verbal. Le fort désir de gagner à certains jeux montre déjà l'esprit de compétition très vif de certains. Garçons et filles n'aiment pas toujours jouer ensemble, mais ils le font plus en famille qu'à l'école, surtout pour les jeux de société. Les jeux évoluent bien sûr avec l'âge de l'enfant. Ils ont aussi considérablement changé avec l'apparition des

1. *Les Visiteurs du moi.*

nouvelles techniques, ce qui peut poser à certains grands-parents quelques problèmes d'adaptation.

Certaines publicités montrent une Mamy surfant sur Internet : une très vieille dame – de celles que l'on associerait plutôt à la confection de délicieuses confitures traditionnelles – hilare devant un ordinateur sophistiqué. Une telle image ne devrait pas surprendre : les grands-mères actuelles ont utilisé l'informatique dans leur vie professionnelle. Pourtant, celle-ci offre une signification forte : elle montre d'abord que le monde moderne ne permet pas que l'on s'arrête avant d'être mort ou presque, et que les grands-parents ont le choix entre continuer le combat de la modernité ou risquer de se retrouver sur la touche. Les plus courtois des petits-enfants font à leurs grands-parents l'honneur de les croire encore capables de jouer avec eux sur l'ordinateur et sont alors de remarquables professeurs. Or, en acceptant que leurs petits-enfants les initient au monde qui est le leur, les adultes plus âgés perdent le statut de supériorité que les générations précédentes plaçaient dans les valeurs de l'expérience et des connaissances acquises par le grand âge. Valeurs qui n'ont plus guère la cote, il faut bien le dire. Ils y gagnent, en revanche, de partager avec les jeunes l'excitation des découvertes ; ils courent aussi la chance de pouvoir restaurer dans l'esprit de leurs descendants ces valeurs de l'âge, en démontrant qu'elles ne sont pas incompatibles avec l'acceptation de la nouveauté. À condition de ne pas oublier leur position d'éducateurs en second, ils peuvent espérer transmettre ainsi les connaissances et les valeurs qui exprimeront le mieux la place spécifique qu'ils ont occupée dans leur siècle.

Certains de ces jeux informatiques stimulent la mémoire, les réactions rapides, le goût de la décision. Ils n'ont pas leur équivalent dans les jeux classiques. D'autres, répétitifs, sont attirants par leur côté obsessionnel qui rassure mais ne sont guère éducatifs. Les adultes ont donc tendance à critiquer les jeux sur ordinateur de façon un peu systématique en les accusant de stériliser l'imaginaire et d'inciter à la violence. La mise en scène d'un monde virtuel risque aussi d'éloigner l'enfant de la réalité pour le faire vivre dans des chimères. Ce que faisaient déjà, mieux vaut l'avouer, nos bons vieux contes de fées. Serge Tisseron pense que des enfants agressés en permanence dans leur vie auront tendance à se réparer dans des jeux répétitifs. Tandis que ceux qui s'épanouissent dans un monde rassurant seront davantage tentés par des jeux stimulants et enrichissants.

Les enfants de ce groupe d'âge deviennent aussi grands consommateurs d'innombrables activités extrascolaires encadrées. Cours de danse ou de ping-pong, clubs de karaté ou de peinture, académies de guitare électrique ou de théâtre : les enfants inscrits, il faut les y conduire chaque semaine. Et sans oublier la psychothérapie, l'orthophonie et autres rééducations. Oui, il faut les conduire. Et aller les rechercher. Ou se geler à attendre dans la voiture si c'est un peu loin. Papy-taxi ou Mamy-métro. Usage intensif assuré. La plupart de ces activités apportent à l'enfant une autre ouverture que celle de l'école. Cette ouverture est indispensable à tous mais elle peut être particulièrement utile à l'enfant précoce ou surdoué. En effet, le pousser comme le souhaitent certains parents à sauter des classes et à prendre de l'avance risque de le mettre dans une situation difficile : intellectuellement il sera à son aise avec des condisciples de deux ou trois ans plus âgés que lui. Affectivement, il a généralement son âge réel et il ne peut pas se faire de vrais camarades dans sa classe. Il est préférable, plutôt que de chercher à augmenter son avance, de lui proposer une autre activité extrascolaire, sportive ou culturelle, qui lui permette d'occuper son temps libre. Encore faut-il laisser à cet enfant, comme aux autres, l'indispensable liberté de rêver et le temps de jouer comme il le désire.

Après l'âge d'or, la traversée du désert : l'adolescence

Un enfant jusque-là rieur et bon élève se met à grandir vite, à changer de formes et de caractère. Il n'est plus le même. Il devient songeur et renfrogné. Ses centres d'intérêt évoluent brusquement. Les hormones ont parlé. C'est l'adolescence. Pendant plusieurs années, l'adolescent va évoluer par à-coups imprévisibles, passant d'une attitude à l'autre. Les grands-parents se souviennent souvent mieux de l'adolescence de leurs propres enfants que de ce que fut la leur. Mais les adolescents actuels sont quelque peu différents. Il est préférable d'essayer de les comprendre mieux avant de les juger.

□ Révolte et loyauté

Tout l'effort éducatif des douze premières années de la vie tendait à façonner un individu assez bien adapté socialement. L'enfant y a contribué largement par les processus d'identification. Devenu adolescent, il ressent comme un carcan ce qu'il a acquis. Il se croit déjà papillon et veut faire éclater la chrysalide. Le rejet des identifications, des valeurs et quelquefois aussi d'une partie des transmissions intellectuelles lui semble une urgence.

Cette volonté de rejet est parfois forte si parents et grands-parents sont ligués pour maintenir les jeunes dans une tradition sociale. Ceux-ci, les garçons surtout, « doivent » faire les mêmes études ou au moins le même type d'études que père et grands-pères sous peine de « déshonorer la famille ».

Certaines professions héréditaires augmentent cette pression. Un grand-père qui a laissé sa ferme à son fils voit en son petit-fils le successeur tout désigné pour continuer son œuvre. Et certains anciens envisagent encore mal l'avenir de la jeune fille ailleurs qu'au foyer. Les jeunes gens ne se sentent pas reconnus dans le droit d'exister pour eux-mêmes et de suivre une voie qui leur soit propre. On peut difficilement condamner *a priori* ces réactions d'hostilité des jeunes. Sur le plan identitaire, moral et culturel, ils se sentent coulés dans un moule destiné à produire ce qu'ils perçoivent comme des quasi-robots au service de la lignée et de la société.

Malgré le refus du moule ou du « carcan », les adolescents restent profondément fidèles à leur lignée, mais aménagent à leur manière la façon dont ils choisiront de ressembler aux modèles. Quand on leur demande comment ils se vivent par rapport à leur famille, ils témoignent le plus souvent d'une grande loyauté. Ceux-là mêmes qui voient assez peu leurs grands-parents affirment leur attachement à leurs aïeuls. Ils évoquent volontiers des activités ou les caractères des uns et des autres. Et témoignent éventuellement de leur tendresse et de la peur de les perdre. Rares sont ceux qui se disent aliénés par une éducation trop orientée vers un idéal familial auquel ils n'adhèrent pas.

Loyauté de la mémoire

Géry mourut en héros à la bataille de Charleroi, en 1914. Fils de cheminot, il avait fait de bonnes études et avait obtenu son diplôme d'ingénieur de l'école des Arts et Métiers. Il travaillait « aux Chemins de fer », quand on l'envoya au front.

Avant la bataille, il eut le temps de dire à ses camarades qu'il avait deux enfants, une toute petite fille et un grand garçon de cinq ans, Jean, qui ferait comme lui, plus tard, et serait ingénieur aux Chemins de fer.

Dix ans plus tard, l'un des camarades de Géry, qui avait survécu à la guerre et était devenu chef de la gare du Nord, écrivit à la veuve de Géry et lui proposa de donner une situation au petit Jean.

Elle ne fut pas surprise. Elle était elle-même fille de cheminot et savait ce que solidarité veut dire. De Lille, elle prit le train, avec Jean, bien sûr, et la petite Marie-Madeleine, aussi, car ils ne se séparaient jamais.

Pendant tout le trajet, Jean resta silencieux, immobile. À Creil, il éclata en sanglots. Et avoua :

– Je ne veux pas être chef de gare. Je veux être historien.

– Tu aurais pu le dire plus tôt, quand même, et nous éviter d'acheter des billets pour rien, a dit Marie-Madeleine.

Il devint historien, professeur et spécialiste des conflits du XXe siècle.

Soixante ans plus tard, Marie-Madeleine confiait à sa propre fille : « Si notre père avait pu lire les livres de son fils, il aurait compris pourquoi il était mort. »

Loyal à la mémoire de son père, Jean ne l'avait pas été aux Chemins de fer.

Quant à la veuve, elle faillit refuser la Légion d'honneur décernée à son mari quelques années après sa mort, trouvant cette récompense trop tardive. Mais elle l'a gardée toute sa vie à côté d'elle dans sa table de nuit, empêchant ses petits-enfants de jouer avec la croix. Et au retour des cendres en 1925, elle a tenu à ce que son Géry soit enterré au cimetière militaire. « Les tombes seront toujours entretenues et il sera avec ses camarades. »

□ Le groupe des copains

Les grands-parents, tout comme les parents d'aujourd'hui, seraient à la rigueur prêts à se trouver abandonnés par des adolescents qui préfèrent maintenant à toute autre compagnie celle de l'élu(e) de leur cœur. Ils comprennent moins bien l'attachement de leur petit chéri à la bande de copains qui lui tient lieu de tout. À la période de latence, malgré les classes mixtes, garçons et filles vivaient ensemble, mais les uns comme les autres préféraient, sauf exceptions, jouer avec des camarades de même sexe. Ils forment maintenant de petites bandes où on les distingue difficilement les uns des autres tant leurs vêtements et leur allure se confondent. Il est de bon ton, chez certains, d'avoir l'air sale, le pantalon tailladé et effrangé. L'intimité de ces jeunes ne s'accompagne pas forcément de relations sexuelles entre eux. Si filles et garçons cherchent tant à se ressembler, peut-être est-ce pour vivre une relation à mi-distance entre l'homo et l'hétérosexualité avec plusieurs partenaires à la fois. Le choix d'un partenaire et la réalisation sexuelle peuvent n'arriver qu'à un stade ultérieur. Ces bandes de copains ne sont pas anodines. Elles peuvent favoriser des comportements de « délinquance scolaire » (absentéisme et désintérêt scolaire), la consommation d'alcool et les fumeries en tous genres. En tout cas, même sans passage à la délinquance, elles manifestent souvent une augmentation de l'influence des camarades du groupe d'âge sur l'individu aux dépens d'une intégration plus diversifiée et plus harmonieuse.

D'autres jeunes ont un copain ou une copine, partenaire attitré, du moins pour un temps. Des groupes d'amis des deux partenaires entourent le couple. Ce type de relations, plus classique, semble être généralement adopté par des adolescents mieux intégrés dans la vie sociale, encore qu'ils demeurent souvent, de façon presque exclusive, attachés à leur groupe d'âge. On peut encore remarquer que depuis quelques années ces diverses manifestations de l'adolescence apparaissent de plus en plus précocement.

□ Les grands-parents et les adolescents

Les grands-parents voient beaucoup moins leurs petits-enfants adolescents que dans la période précédente. Ils en souffrent d'autant plus qu'ils prenaient davantage plaisir à les recevoir ou à les accompagner. Mais cette prise d'autonomie est aussi naturelle et souhaitable. Et pourtant, les grands-parents gardent un rôle irremplaçable pendant cette période. Les jeunes ont souvent des problèmes relationnels importants avec leurs parents, obligés de s'opposer à certains désirs qui leur semblent inacceptables. Une reviviscence des tendances œdipiennes rend parfois, à l'insu de tous, les problèmes plus ardus. Même si les parents sont ouverts et raisonnables, évitent la langue de bois, acceptent une discussion franche, leur tâche est malaisée et leurs décisions souvent mal comprises par leurs enfants. Les grands-parents ont le privilège d'être en position de « non-autorité ». Leur « pouvoir » n'est qu'affectif et moral. Ils peuvent donc servir de confidents, à condition de savoir tenir leur langue. S'ils sont assez disponibles, ils pourront, d'une manière ou d'une autre, favoriser le travail scolaire. Grand-Mère parle couramment allemand et veut bien servir de répétiteur. On peut en profiter pour raconter un peu sa vie, demander conseil sans en avoir l'air.

Le réveil des rivalités œdipiennes peut s'opposer au jeu des identifications sur le parent de même sexe. Parmi les modèles possibles, nombreux à cet âge, se trouvent les grands-parents puisqu'ils sont, à la fois, importants et en dehors du champ de la jalousie. Ils peuvent avoir plus facilement une influence dans la mesure où ils sont ouverts au dialogue. La pratique de la vérité, le refus de se réfugier derrière de prétendues croyances permettent de conserver la confiance des adolescents. L'estime qu'on leur témoigne conforte la validité des acquisitions éthiques de leur enfance.

Le dialogue privilégié qu'entretiennent certains grands-parents avec leurs « grands-petits-enfants » peut se montrer très fructueux mais il est délicat à mener. Avec des nuances, il faut parler vrai, au risque de ne pas plaire. Mais il faut aussi éviter la discorde : la place symbolique des grands-parents est au niveau de la continuité des générations et non au niveau de la rupture. Il peut donc être utile, avant de répondre, de connaître la position des parents et d'essayer ensuite d'en comprendre les motivations. Quitte à refuser ensuite de prendre parti. Dans l'immédiat, un adolescent pourrait être heureux d'avoir réussi à faire s'opposer les deux générations qui le précèdent, mais son bonheur serait de courte durée et déstructurant. Il est difficile aussi de se retenir, dans un bon climat de confiance, d'essayer de transmettre ce qui tient à cœur. Là encore il y a danger : le prosélytisme des grands-parents pour une religion, une théorie politique ou une morale les fait passer pour des « raseurs ». Il vaut mieux une discussion franche, d'égal à égal. De nombreux jeunes trouvent d'ailleurs que ce sont les personnes plus âgées qui les comprennent le mieux. Les aïeuls permettent ainsi de maintenir l'idée d'une famille possible dans les pires périodes de crise.

Un ou plusieurs modèles ?

Jean Onimus disait que nous passons notre temps à répéter ce que nous avons lu et entendu, que l'homme d'un seul livre est un esclave, puisqu'il subit l'influence d'un « maître » qu'il ne peut contester. De même, si l'on n'a qu'un seul modèle identificatoire, on risque d'en être prisonnier ; avec plusieurs, on n'est assujetti à aucun.

Les grands idéologues – les vrais, les totalitaires qui rendent compte de la totalité du monde par une idée – servent de modèle identificatoire – et leur œuvre de « livre unique » – à quantité de « suiveurs ». Ceux-ci se construisent selon un mode « binaire » : ceux qui ne sont pas de mon avis sont contre moi.

Il reste une bonne question à se poser : ces gens sont-ils devenus paranoïaques parce qu'ils n'ont rencontré qu'un seul modèle ou se sont-ils fixés sur un modèle unique parce qu'ils étaient paranoïaques ?

□ Les difficultés

La difficulté la plus grande est probablement de se trouver en contact avec un adolescent muet, comme dans cet exemple.

« Pain perdu »

« (*Un jeune garçon assis devant un ordinateur. Une femme âgée derrière lui. Elle lui parle, cherchant à établir un contact.*)
Elle : Mon chéri, c'est l'heure de ton goûter, arrête un peu ta machine, tu vas te brûler les yeux, tu en auras besoin de tes yeux, il y en a des choses à voir, [...] seulement il faut apprendre à regarder. Allez viens, je t'ai fait du pain perdu, c'est bon le pain perdu, avec de vieux croûtons comme moi on fait un vrai gâteau, juste un peu d'œuf et de sucre. Ta machine, elle peut attendre, même les guerriers se reposent. Tous ces chiffres, ces lettres et ces lumières qui bougent, c'est peut-être très intéressant tu me diras...
[...]
(*L'enfant pousse un cri d'impatience. Elle se tait.*)
Excuse-moi.
(*Elle disparaît un long moment. Il soupire d'aise. Elle revient. Il soupire de mécontentement.*)
Mange, mon petit Jacques.
(*Il mange avec voracité tout en restant plongé dans son travail.*)
Tu aimes ?
(*Grognement d'approbation.*)
Moi, quand j'avais ton âge, le pain perdu c'était une fête, comme les crêpes. Je t'en ferai, si tu veux. Demain. Après tu vas reprendre ton école, et moi je vais attendre les prochaines vacances. Tu chantais de si belles chansons. Tu n'as plus rien à me raconter ? Moi, j'en ai plein des histoires, viens on va faire un tour. On marche et on se parle, on se tait ensemble, on se repose, on se regarde, on est bien. On respire le même air... Un jour, peut-être, tu en auras assez de ton écran. Dans la rue, dans un parc, en voyant une vieille

dame, tu te diras : Elle ressemble à Mamie, où elle est Mamie ? Je serai là, mon chéri, dans le creux de ton cœur, dans la couleur du ciel, l'odeur de la pluie, mais si, ça a une odeur, la pluie. Mon petit Jacques. (*Joyeuse.*) Je vais te refaire du pain perdu. »

L'auteur de ce texte inédit, Alain Golomb, l'écrivit pour deux acteurs d'une troupe d'amateurs. Lors des répétitions, le jeune acteur qui tenait le rôle muet du « petit-fils » ressentit un malaise qui allait s'aggravant ; malgré les efforts du metteur en scène, il était « bloqué », disait-il, incapable de donner corps à son personnage silencieux. Il finit par dire qu'il se sentait trop coupable vis-à-vis de sa propre grand-mère pour pouvoir jouer ce rôle de petit-fils, trop proche de lui. On interrompit les répétitions.

Les grands-parents éprouvent des difficultés à rester des interlocuteurs valables sans participer pleinement à l'évolution des techniques. Certaines bonnes histoires du passé semblent obsolètes à des jeunes qui ne pensent plus qu'à leur écran. « Mamie ferait mieux de kiffer le surf sur le Net plutôt que de rabâcher ses vieilles histoires. Ses confitures sont bien cools mais globalement, j'aime mieux le MacDo. Mais quand même, pour les maths, Papy touche sa bille et Mamie sait la fermer quand je lui raconte ma life. » Les adolescents ne demandent pas aux aïeuls d'approuver tout ce qu'ils font. Leur opinion n'est recevable que dans la mesure où ils se gardent du « jeunisme » de notre société et savent éviter toute démagogie en parlant vrai. Ils ont leur âge et doivent l'assumer. Que pourraient transmettre des grands-parents trop faibles, complices des pires bêtises et mentant éventuellement aux parents pour protéger les enfants et leur éviter des sanctions ? Indignes de respect, ils perdraient toute crédibilité. Il n'est même pas sûr qu'on les en aime davantage. À quatre ans, certes, on préfère les papy gâteaux. À quinze ans, on les méprise.

Grave ou bénigne, la crise de l'adolescence devrait se

terminer aux alentours de la vingtième année. Il n'est pas tellement fréquent que les jeunes soient vraiment adultes à cet âge. Ceux qui poursuivent des études prolongées le sont moins, d'habitude, que ceux qui ont dû, très jeunes, se soumettre aux règles du monde du travail, du moins si le mot d'adulte est synonyme de *responsable* et *autonome*. À l'inverse de l'adolescent, le jeune adulte redevient capable de s'intéresser aux hobbies ou passions de ses grands-parents. La naissance de son premier enfant sera susceptible de modifier singulièrement ses comportements. Les parents, devenus grands-parents, se révèlent bien utiles, on le sait. Et il garde généralement sa tendresse à ceux qu'il vient de faire arrière-grands-parents.

Ils ont parlé de leurs grands-parents

La situation morale des grands-parents reste souvent importante pendant et après l'adolescence. La figure la plus considérable dans la vie d'un homme peut être celle de son grand-père plutôt que celle de son père. La rivalité œdipienne est probablement à l'origine de ce phénomène, comme les circonstances de la vie. L'atteste l'exemple de trois hommes, célèbres dans des domaines différents – la philosophie, la littérature, les sciences : Jean-Paul Sartre, Louis-Ferdinand Céline et François Jacob, prix Nobel de médecine. Ces hommes, à eux trois, sont des témoins de l'ensemble du XXe siècle.

Sartre dans *Les Mots* évoque son père qui a eu « la bonne idée de mourir » alors que lui-même était trop jeune pour en concevoir chagrin ou culpabilité. Il décrit surtout son grand-père Karl, professeur d'allemand entouré de livres. C'est à ce grand-père qu'il doit sa familiarité avec l'écriture.

« Entre la première révolution russe et le premier conflit

mondial [...] un homme du XIXe siècle imposait à son petit-fils les idées en cours sous Louis-Philippe. Ainsi, dit-on, s'expliquent les routines paysannes : les pères vont aux champs, laissant les fils aux mains des grands-parents. Je prenais le départ avec un handicap de quatre-vingts ans. Faut-il m'en plaindre ? Je ne sais pas. Dans nos sociétés en mouvement, les retards donnent quelquefois de l'avance. »

Dans la préface de *Guignol's Band*, Céline parle aussi de sa dette vis-à-vis de son grand-père, également professeur :

« Faut que je vous avoue mon grand-père, Auguste Destouches par son nom, qu'en faisait lui de la rhétorique, qu'était même professeur pour ça au lycée du Havre et brillant vers 1855.

C'est dire que je me méfie atroce ! Si j'ai l'inclinaison innée ! Je possède tous ses écrits de grand-père, ses liasses, ses brouillons, des pleins tiroirs ! Ah ! Redoutables ! Il faisait les discours du Préfet, je vous assure dans un sacré style !... C'est mon ancêtre ! Si je la connais un peu la langue, et pas d'hier comme tant et tant ! Je le dis tout de suite ! Dans les finesses ! »

Aussi bien l'un que l'autre reconnaissent la dette mais ont repris leur liberté, non sans une certaine violence intellectuelle et morale – dont l'œuvre et le style de chacun témoignent. On ne peut mieux dire la continuité et la rupture, à la fois, qu'à travers ces deux textes.

La Statue intérieure que François Jacob nous décrit dans son livre est celle de son grand-père maternel, le général Franck. Il l'évoque à cheval, dans un bel uniforme, présidant une prise d'armes aussi bien qu'assis à côté de lui, lui apprenant patiemment la calligraphie pour corriger sa mauvaise écriture.

Il n'a osé renoncer à préparer Polytechnique qu'après la mort du général. Admirant aussi beaucoup un oncle Henri, chirurgien, il décide alors de s'orienter de ce côté, mais ses études à peine commencées, il part rejoindre de Gaulle dès la fin juin 1940. Médecin adjudant, c'est comme s'il soignait les blessés que son grand-père aurait commandés. Après guerre, il fait les études de médecine bâclées dont « bénéficiaient » les anciens combattants. Diplômé, il s'est senti ensuite indigne de faire de la médecine civile en en sachant si peu. Entré à l'Institut Pasteur sous la protection d'André Lwoff, il est devenu chercheur et prix Nobel en 1965. Écrivant ce livre une vingtaine d'années plus tard, il dit : « Et puis, comment ne pas voir que tous ces personnages de ma vie passée ont joué le plus grand rôle, et d'autant plus grand qu'il était plus précoce, dans l'élaboration de cette image secrète qui, au plus profond de moi, dirige mes goûts, mes désirs, mes décisions. »

Les descendants des grands hommes

Il faut noter qu'aucun de ces grands-pères, figures identificatoires, n'était lui-même célèbre. Nous ne les connaissons que par le témoignage de leurs petits-enfants qui l'ont été.

À l'inverse, il est rare, sinon exceptionnel, de trouver chez les descendants de femmes ou d'hommes célèbres des personnages remarquables. Dans bien des familles, une dégringolade sociale, et parfois morale, suit, en quelques décennies, la période de gloire due à un seul homme. Parfois, ses enfants marchent, plus modestement, sur ses traces, rarement ses petits-enfants.

On peut s'interroger sur le frein à l'épanouissement personnel, l'effet de sidération créé par un aïeul qu'il n'est pas imaginable d'égaler. On peut probablement aussi bien aliéner son petit-fils en passant souvent à la télévision qu'en lui destinant l'entreprise familiale.

6
L'éducation des petits-enfants

Questions d'identité

Éduquer un enfant, ce n'est pas seulement lui apprendre à bien se tenir à table, à dire bonjour et à ne pas mentir. C'est aussi et d'abord instituer en lui une identité, une conscience de soi qui lui rendront possibles les acquisitions ultérieures. À ce titre, les grands-parents sont éducateurs : symboliquement, ils représentent déjà pour l'enfant l'un des socles sur lesquels il construira sa personnalité. Ils sont sa généalogie. Ils jouent donc un rôle indiscutable dans la formation de l'identité de l'enfant qui est capable, très tôt, de prendre conscience de la place qu'il occupe dans la famille et des relations qui unissent les adultes entre eux.

Bien avant de savoir parler, le jeune enfant sait comment s'appellent les personnes importantes de son environnement. Il est fondamental pour lui qu'on l'appelle par son nom ou par son surnom (si tout le monde l'emploie), de façon que lui-même puisse aussi se repérer comme ayant un nom qui n'est qu'à lui, premier repère de son identité sociale. En s'adressant ainsi à un enfant d'un an et en se posant devant lui comme un interlocuteur qui a aussi un nom, on est déjà éducateur : il est utile que chacun des adultes affirme son identité, en parlant en son nom propre :

je. L'utilisation de l'indéfini *on* dans des phrases comme : « On n'est pas du tout content de ce qu'il a fait, le bébé », n'amène que confusion dans l'esprit de l'enfant. Ce « on » veut-il dire : « tes parents et moi » ou bien « ma femme et moi » ? Celui qui parle ainsi abandonne son identité propre et ne prend pas la responsabilité de ce qu'il a à dire. L'enfant n'est pas non plus nommé ; il est chosifié sous une appellation générique et il apparaît à la troisième personne, comme s'il n'était pas là.

Pour que l'enfant puisse comprendre comment il se situe dans sa famille, il faut qu'il sache quelles relations unissent les adultes entre eux. Il sait très tôt qui sont ses parents et il est prêt à comprendre vite et bien qui est l'enfant de qui parmi les grandes personnes à condition qu'on ne lui rende pas la tâche trop difficile et surtout qu'on ne brouille pas dans son esprit l'ordre de succession des générations. Un père qui appelle son épouse « Maman » pour simplifier risque d'entretenir un doute : Maman est-elle la mère de Papa ? « Va rejoindre ta Maman » est plus clair pour l'enfant. Le *ta*, adjectif possessif, désigne bien la personne et sa relation avec l'enfant sans induire de fantasme perturbant sur la nature du lien entre Maman et Papa. Toutes les relations familiales peuvent être ainsi précisées.

La position des grands-parents qui se font appeler par leur prénom est, de ce point de vue, discutable si certains de leurs petits-enfants se repèrent mal dans leur famille. Tous les enfants n'ont pas la lucidité généalogique de cette petite fille de deux ans et demi dont le grand-père était très velu. Elle lui a dit un jour en lui caressant le bras : « Charles, tu es un grand-père à plumes. » Vingt-cinq ans plus tard, le sobriquet lui est resté.

Une position d'éducateur en seconde ligne

En dehors de cette fonction identitaire qu'ils remplissent naturellement par leur existence et leur discours, le rôle des grands-parents va beaucoup varier selon les responsabilités qui leur seront confiées et qu'ils accepteront. Quelles qu'en soient les raisons, certains grands-parents n'auront pas l'occasion de voir leurs petits-enfants en dehors de la présence de leurs parents. On peut dire alors que leur rôle actif comme éducateurs sera quasiment nul : pourront-ils même discuter avec leurs enfants, dans l'après-coup, de telle ou telle attitude ? Mais s'ils s'occupent de leurs petits-enfants de façon régulière plusieurs heures par semaine, il semble déjà plus difficile d'imaginer qu'ils n'aient pas à conseiller ou à s'opposer. Et s'ils prennent en charge leurs petits-enfants pendant plusieurs semaines de suite, il devient franchement inconcevable qu'ils n'aient pas en même temps un rôle d'éducateurs à jouer.

Sont-ils pour autant libres dans leur action ? Sûrement pas. Même s'ils ont la responsabilité de leurs petits-enfants pendant une longue période, leur rôle éducatif est délégué. Ils sont éducateurs en seconde ligne, aident mais n'ont pas à prendre seuls de décisions importantes. Habitués depuis toujours à ce que leurs enfants obéissent, les grands-parents doivent maintenant se soumettre à leurs consignes. C'est facile s'il n'est question que du nombre de mesurettes de lait. Protéger la queue du chat est déjà plus périlleux : il va falloir arbitrer ! Quand on en sera à contrôler les devoirs ou à transmettre les immortels principes de la tenue à table, il faudra manier la prudence et se référer, à la moindre difficulté, à l'opinion des parents, seuls responsables de la politique éducative. Mais seulement dans l'après-coup. Jamais devant les enfants. Et le grand-père qui profite de la moindre incartade pour entamer un long discours rigoriste sera vite surnommé « Papy-la-morale » par ses petits-enfants.

Les parents sont contents de confier leurs enfants et heureux de cette aide, mais ils ne peuvent qu'être déçus si les grands-parents autorisent tout ce qu'ils défendent ou donnent toutes les sucreries possibles dans l'unique but de se faire aimer. Certains profitent de la charge qui leur est confiée pour s'autoriser à transmettre des valeurs différentes de celles des parents. Dénoncer par exemple l'« excessive sévérité » d'une mère pour s'attirer les bonnes grâces de l'enfant. Bafouer ainsi l'autorité des parents ne peut, à terme, qu'engendrer des brouilles familiales. Plus encore si à la transgression, s'ajoute l'injonction : « Tu ne le diras pas à ta mère. »

En effet, comme le dit Maurice Berger[1], « si on te demande un secret, c'est que ce n'est pas bon pour toi ». Celui qui demande le secret à l'enfant lui avoue implicitement sa culpabilité et introduit une complicité de mauvais aloi avec lui. Alors que, s'il se contente d'« oublier » la consigne, il ne fait que montrer une autre manière de vivre (la relativité des règlements) sans induire de notion de faute ou de dimension perverse. Les enfants sont subtils, ils sentent très bien la différence et savent être discrets. On peut parier que si les grands-parents ont un peu oublié l'heure du coucher et laissé les enfants jouer plus tard que la consigne donnée, ils courent peu de risques d'être « vendus » par leurs petits-enfants qui ont bien trop l'art de profiter de tout ce qui peut leur être agréable sans une once de culpabilité.

Quand les grands-parents racontent le séjour que leurs petits-enfants ont fait chez eux, les parents réagissent, posent

1. *Mes parents se séparent, comprendre ce que ressent l'enfant.*

des questions. Ils montreront ainsi quelle part d'autorité ils ont réellement déléguée. Les désaccords exprimés mettront en évidence les opinions éducatives des uns et des autres. Cette discussion permettra souvent de rapprocher les positions, en sachant toutefois que les parents doivent avoir le dernier mot. Les grands-parents doivent s'incliner devant l'autorité dont leurs enfants sont seuls détenteurs.

Les grands-parents qui ont la chance de voir souvent leurs petits-enfants auront l'occasion de jouer pleinement leur rôle éducatif : ils vont transmettre les chansons qu'ils ont apprises autrefois, raconter des histoires, participer à certains apprentissages. Les enfants demandent implicitement aux adultes, pour tous les gestes de la vie courante, qu'ils leur apprennent ce qu'il faut savoir pour pouvoir se passer d'eux. « Apprends-moi à faire tout seul », disait Maria Montessori. Il est important que les adultes comprennent ce désir comme légitime et lui donnent satisfaction. À six ans, l'enfant a déjà compris de nombreux mécanismes logiques, il sait souvent un peu lire, compter et écrire. Il a souvent de remarquables talents de dessinateur : inventivité, qualité du graphisme, drôlerie, tout y est. Ces aptitudes se perdent ensuite : la plupart des adultes affirment ne pas savoir dessiner et n'ont aucun souvenir des chefs-d'œuvre de leurs cinq ans.

Sens moral

Alice, quatre ans et demi, casse un bol. Sa grand-mère la prend dans les bras tout en ramassant les morceaux et la petite lui dit d'un ton rassurant :

– C'est pas grave.

– Qu'est-ce qui est grave, alors ? demande l'aïeule.

– Faire du mal à la petite sœur et déchirer les livres.

L'autorité, c'est territorial

Dans l'expérience quotidienne où les trois générations passent un moment ensemble, les enfants ont souvent un comportement très habile. Ils utilisent les adultes, en cherchant le point sur lequel ils vont s'opposer. Ils en profiteront pour faire ce qu'ils veulent pendant ce temps-là.

Les parents peuvent donc proposer aux grands-parents, pour contrer cette attitude, de se conformer à une règle simple : « Charbonnier est maître chez soi » ; le petit-enfant chez ses grands-parents leur obéit et les parents s'abstiennent d'intervenir, dans toute la mesure du possible. Inversement, les grands-parents s'interdisent tout commentaire quand ils sont chez leurs enfants.

Ce contrat peut rendre la vie familiale plus facile et se montre efficace au plan éducatif en invitant les enfants à s'adapter aux divers lieux de vie qui leur sont proposés. Il amène aussi les adultes à prendre conscience de leurs différences de points de vue et à les confronter. Un tel échange, hors de la présence des enfants bien sûr, est de nature à mettre en évidence certaines tendances et à clarifier les positions de chacun par rapport à l'exercice de l'autorité.

Certaines de ces positions apparaissent facilement : les grands-parents, par exemple, détiennent historiquement l'autorité sur leur enfant dans le couple des jeunes adultes. Ils peuvent être tentés de se croire revenus au bon vieux temps. Une grand-mère qui rassemble tout « son petit monde » autour d'elle risque de traiter les adultes comme des enfants. La gamme des intrusions possibles est étendue : « À table. N'oubliez pas de vous laver les mains ! » est un peu infantilisant et peut agacer. « Ah, non, vous finissez ce que vous avez dans votre assiette ! » allume déjà le conflit. C'est l'exercice d'une contrainte autoritaire. Adressée à un petit-enfant, l'injonction est déjà de l'ordre de ce qui se discute ; à la belle-fille, c'est intolérable et d'autant plus si c'est la grand-mère qui remplit elle-même les assiettes de toute la famille. De cela aussi, il faudra discuter si l'on veut respecter le contrat de bon usage de l'autorité.

N'exercer son autorité donc que sur les petits-enfants. Encore faut-il bien distinguer ce qui relève du règlement intérieur de la maison des grands-parents et ce qui relève de la loi. Là non plus, ce n'est pas si simple. Une règle d'or cependant : sur les grands principes, les parents ont la haute main sur l'enfant. Le grand-père a toujours dit le bénédicité avant le repas ; un de ses fils est un robuste agnostique qui a épousé une musulmane ; ils élèvent leur petite fille hors de toute religion. Le grand-père est en droit d'attendre un silence respectueux de toute la petite famille pendant la prière, mais il ne peut pas exiger de participation active. Ses enfants adultes ne sont plus sous sa domination. Ils sont ses invités.

Les jeunes adultes ne sont pas non plus forcément à leur aise. Ils sont souvent très ambivalents vis-à-vis de l'autorité parentale. Ils peuvent manifester une attitude régressive qui déplaît autant à leur conjoint qu'à eux-mêmes quand ils en prennent conscience. Les moments de docilité peuvent alterner avec des moments de révolte. Cette alternance est parfois visible : quand la grand-mère veut arranger le col de son grand fils... Les conjoints s'amusent volontiers de ces dissonances, mais le rire vire facilement au jaune en ces matières.

La grand-mère et le MacDo

Elle raconte : Mon fils Marc habite près de Clermont, tout seul dans une grande maison qu'il voulait « de famille » avant son divorce. Elle est perdue dans la montagne, très isolée. Son ex-femme et son petit garçon, Fabrice, habitent Paris. Aux petites

vacances, je conduis Fabrice chez son père et dans la journée, pendant qu'il travaille, je m'occupe du petit. J'essaie de donner à cette maison un peu de chaleur en « l'habitant le plus possible » et je cuisine. Un jour, j'avais préparé du potage, une excellente volaille, une tarte aux pommes. J'avais laissé exprès certaines portes ouvertes pour que de bonnes odeurs de cuisine accueillent mon fils à son retour. J'avais dressé une table que Fabrice avait décorée des fleurs que nous avions cueillies dans la journée.
Quand Marc est entré, il a tout de suite pris le petit dans ses bras et lui a demandé : « Alors, mon Fabrice, qu'est-ce que tu préfères, la pizzeria ou le MacDo ? » Je suis entrée dans la cuisine, furieuse. J'ai commencé à bousculer les casseroles à grand bruit comme font souvent les femmes pour manifester leur colère. Marc m'a rejointe : « Qu'est-ce qui se passe, ma petite maman ? » Je lui ai répondu : « Tu as perdu ton nez, tu ne sens pas la cuisine, tu as perdu tes yeux : la table est mise. – Oh, je te demande pardon, Maman, dit-il. Viens, on va demander à Fabrice ce qu'il préfère. »
D'habitude, je m'incline toujours devant l'autorité parentale. Mais là, j'ai pensé que c'était trop. J'ai retenu mon fils par la manche et lui ai dit : « D'abord, on ne demande rien à Fabrice, ensuite, on se met à table. Et quand il sera couché, on discutera. »
Fabrice a montré avec fierté les fleurs qu'il avait cueillies. Le dîner s'est fort bien passé. Son père est monté le coucher pendant que je rangeais la cuisine. Marc est ensuite redescendu et s'est excusé de sa maladresse. Je lui ai dit que ce n'était pas parce qu'il avait mijoté une idée dans sa voiture qu'il fallait ne pas sentir ce qu'avait mijoté sa mère. Il m'a dit, plus tard dans la soirée, combien il se sentait coupable vis-à-vis de son fils dont il ne pouvait pas s'occuper et qui lui manquait beaucoup. J'ai aussi pensé : « S'il se remarie et fait la même chose à une belle-mère de Fabrice, cela peut être très lourd de conséquences. Mais je n'ai pas cru bon de le lui dire. »
Cette grand-mère se trouvait, à la demande de son fils, en position de maîtresse de maison. Il lui avait donc, d'une certaine façon, délégué son pouvoir territorial.

□ Lois et règles

Les lois sont des principes importants qu'il n'est pas question de transgresser. Il est tout aussi défendu de tirer les cheveux de sa sœur que de regarder au travers du trou d'une serrure, de mentir ou de voler. La gravité de la faute varie. Mais tout cela est mal, où qu'on se trouve.

Les règles, au contraire, changent d'un lieu à l'autre et relèvent d'un code lié au lieu ou à l'adulte présent. Maman ne veut pas qu'on prenne seul son petit déjeuner. Elle tient à servir elle-même le chocolat. Chez Mamy, on a le droit de se servir soi-même, si on se lève trop tard et qu'on se retrouve tout seul à table. Chez elle, on peut aussi mettre de la confiture sur les tartines beurrées. À la maison, c'est soit l'un, soit l'autre. Pour la politesse, c'est l'inverse. Papy a l'air très fâché si on oublie de venir l'embrasser le matin tandis que Papa n'y fait même pas attention. Ces petites différences favorisent le développement de l'enfant en lui montrant le caractère relatif de certains choix. Mais il vaut mieux que la plupart des interdits soient identiques, pour que l'enfant s'y retrouve plus facilement et n'ait pas l'impression que les adultes sont en désaccord.

□ Changer de bocal

Chaque cellule familiale repose sur un grand nombre de règles non dites, d'usages qui facilitent la vie. La place de certains objets est immuable comme peut l'être l'habitude de se mettre à table pour le dîner à huit heures du soir précises. C'est le changement de ces habitudes qui crée l'impression de dépaysement lorsqu'on est hors de « son bocal ». Bien des grands-parents trouvent ainsi plus facile de s'occuper des petits-enfants en les prenant chez eux que de se déplacer eux-mêmes. Leurs petits-enfants feront l'effort de s'adapter à leur maison. Eux n'en sont que plus à l'aise, sur leur territoire, pour organiser la vie collective. Changer d'horaires et manger autre chose, c'est déjà tout un programme. L'une des spécialités des grands-mères consiste à éduquer ou rééduquer le goût des petits-enfants : poisson grillé, ratatouille et haricots verts remplaceront le steak haché-frites-ketchup. Ce travail sur les habitudes alimentaires relève de l'autorité territoriale. (Un enfant bien élevé mange ce qu'on met dans son assiette, ou en tout cas devrait !) Les grands-mères prennent le temps de corriger les erreurs diététiques à la mode, responsables de tant d'obésités. Elles transmettent des savoir-faire familiaux. D'une pierre trois coups. Dès qu'ils sont sortis de leurs langes, les enfants savent très bien que les règles ne sont pas exactement les mêmes dans leurs différents lieux de vie. Et ils peuvent fort bien s'en arranger.

Gamine et la Duchesse

Ma grand-mère maternelle était américaine, « Granny », dont j'avais fait « Gamine ». C'était une grand-mère en or. Elle était veuve et je crois que j'étais sa consolation. Elle me passait tout, partageait tout avec moi, vivait à mon heure. Mes grands-parents paternels étaient moins familiers. Aimants, bien sûr, mais moins « faciles », si l'on peut dire. Entre mes deux lignées, j'ai appris les nuances du « chez moi » et du « pas chez moi ». Un jour, chez Bonne-Maman – j'avais cinq ans –, j'ai poussé la porte de la salle de bains. Elle était dans la baignoire et elle a crié : « Non, non ! » en serrant ses bras contre sa poitrine... J'en suis restée toute pétrifiée : si ça avait été Gamine, elle m'aurait dit de venir la rejoindre dans l'eau ! Quand j'ai appris le mot « pudeur », c'est cette image-là qui m'est revenue et, en même temps, un coup de froid au cœur.
Bon-Papa m'appelait « Duchesse Anne ». C'était bien mon prénom, mais pourquoi Duchesse ? C'est par lui que j'ai connu Anne de Bretagne et su que j'étais belle comme une reine. C'est lui aussi qui m'a expliqué comment on servait le vin et les alcools : empau-

mer ceux qu'il faut chambrer, tenir par la tige du verre ceux qu'il faut servir frappés. Je ne peux pas poser des verres sur une table sans penser à lui. Bon-Papa est mort très tôt. J'ai appris à aimer Bonne-Maman.

□ Parents absents ou présents

Le comportement de l'enfant est souvent très différent selon le cadre où il évolue. Tel, insupportable en classe, est doux comme un agneau à la maison ; ou l'inverse. De même, lors des séjours chez les grands-parents, quand les parents ne sont pas là : il se comportera en fonction des sentiments qu'il éprouve vis-à-vis de ses aïeuls et de l'atmosphère qui règne dans leur maison. On dit de certains enfants qu'ils sont « bons à l'exportation » parce qu'ils ont hors de chez eux une attitude exemplaire. L'absence de leurs parents les rend parfaits, ou presque.

Tout le monde a eu l'occasion de constater le changement d'attitude des enfants à l'arrivée des parents. Outre leur excitation, il est visible qu'ils se trouvent dans ce que Bettelheim appelait l'*entre-deux* (le bain et le dîner, l'éducatrice de jour et celle de la nuit...), situation toujours génératrice d'une certaine inquiétude. Les grands-parents qui ne s'étaient occupés que d'eux se trouvent monopolisés par leurs propres enfants. Les petits-enfants le ressentent comme une forme d'abandon. Ils se sentent exclus de la conversation où l'on parle d'eux comme s'ils n'étaient pas là, au milieu des souvenirs de voyage. Il leur faut bien tenter d'exister. Il faut dire aussi que, dans cet entre-deux, l'autorité est vacillante : les grands-parents qui l'exerçaient jusque-là sont tentés de s'effacer devant les parents. Sur le territoire des grands-parents, les parents ont parfois tendance à régresser à une position infantile de soumission à l'autorité des parents et n'osent pas reprendre la main aussi vite qu'ils l'auraient fait chez eux. La révolte contre cette autorité est de même nature. Il arrive que les jeunes parents ne soient pas très contents que leurs bambins se soient si vite et si facilement habitués aux légumes à la vapeur de la belle-mère. Et que par réaction ils aient la faiblesse de sortir un paquet de chips sur lequel les enfants se jetteront en délaissant les épinards à la crème de Grand-Maman.

Si les grands-parents viennent, de façon ponctuelle, au domicile des parents, ils n'ont rien d'autre à faire que de se comporter en invités courtois. Même s'ils ont, chez eux la veille, réprimandé leurs petits-enfants, pour une raison ou pour une autre, ils ne doivent pas réagir à la répétition de la même bêtise en présence des parents. Si les parents ne remarquent rien, les grands-parents s'exposent à un sourire narquois, mais peu importe. Il est évident que toute intervention qui paraîtrait faire la leçon aux parents serait malvenue. Et pourtant, quelle tentation ! Il est difficile de reconnaître à son propre enfant l'autorité parentale. Les tiraillements entre adultes, en présence des enfants, sont aussi peu éducatifs que possible. Discuter ensuite entre grandes personnes de ce que pourrait être une bonne attitude commune est, en revanche, souvent productif. Les enfants comprennent vite que les adultes se sont mis d'accord. Contrairement à ce que l'on pourrait croire, cette bonne entente les rassure plus qu'elle ne les ennuie.

□ Savoir dire non

Les grands-parents sont en général bienveillants et cherchent à faire plaisir de mille et une manières. Il est tentant d'en profiter pour obtenir encore plus, notamment ce qui a été refusé par les parents. Se soumettre à tous les désirs et acheter n'importe quoi, du moment que l'enfant est content, est une politique que suivent certains grands-parents. Mais l'escalade des demandes n'a guère de cesse. Le « non » n'est pas de nature à susciter la reconnaissance. Certains enfants dépités peuvent manifester leur déplaisir. Et alors ?

Grand-Père, tu ne le diras pas à Papa, dis !

Il y a les petites bêtises : renverser son verre, se chamailler avec sa sœur ; les insolences qui méritent déjà une réprimande ou une punition en cas de récidive ; et puis l'inadmissible : désobéir délibérément, mentir, voler.
Grand-Père a remarqué une diminution d'argent insolite dans son porte-monnaie. Or son petit-fils Franck, neuf ans, un garçon un peu difficile, arbore un nouveau jouet. Grand-Père dit devant Franck qu'il lui manque de l'argent et s'aperçoit que l'enfant a rougi. À la question : « C'est un nouveau jouet que tu as là ? », Franck répond avec aplomb en rougissant encore plus qu'il l'a apporté avec lui. Grand-Père ne dit rien, mais décide de surveiller avec soin son porte-monnaie et dit à sa femme d'en faire autant. Quelques jours plus tard Mamy constate la disparition de dix euros. Pressé de questions, Franck nie avec force, rougit beaucoup, se coupe et finit par avouer. S'ensuit une forte réprimande. Il est consigné dans sa chambre jusqu'à nouvel ordre. Et le gosse de répondre : « Oui, Grand-Père, mais tu ne le diras pas à Papa, dis. – Je ne sais pas si j'ai le droit. Je vais réfléchir. »
– Si le grand-père dénonce le vol, il est possible mais pas certain que sa relation avec le garçon soit momentanément ternie. En revanche, il consolide l'autorité paternelle.
– S'il se tait et s'il sévit de façon plus énergique que ne l'aurait fait le père, il traite à sa manière un délit commis sur son territoire et ne risque pas d'altérer la relation avec son petit-fils.
– La seule attitude inacceptable serait de se taire et de se contenter d'une faible réprimande. Ce serait une forme de complicité et d'encouragement.

Quand les grands-parents redeviennent parents

Il y a les drames, les accidents. Deux ou trois orphelins encore jeunes : qui va s'en occuper ? Une mère célibataire sans ressources : que faire ? Tout le monde se tourne vers les grands-parents qui vont d'un seul coup voir leur vie tranquille bouleversée et devoir assumer des charges financières imprévues. Si les deux parents sont morts, les grands-parents qui prennent les enfants en charge vont être totalement responsables de la fratrie qu'on essaie de ne pas séparer. Mais est-il judicieux de confier des enfants à une grand-mère qu'ils détestent cordialement, si une autre solution est possible ? L'adaptation des enfants à d'autres règles de vie sera forcément difficile parce qu'ils ont l'impression, en s'y soumettant, de trahir la mémoire de leurs parents. On peut leur faciliter la transition vers une nouvelle tutelle en les consultant dès qu'ils ont l'âge de raison.

Les grands-parents pourront-ils de leur côté se démarquer du style éducatif qu'ils avaient vingt-cinq ans plus tôt et tenir compte des habitudes de ces enfants dont ils viennent d'accepter la charge ? La période d'adaptation sera d'autant plus délicate que l'intimité des grands-parents et de leurs petits-enfants était moins grande. La bonne volonté des uns et des autres permet souvent à cette nouvelle famille de trouver son harmonie. Les grands-parents deviennent la cible privilégiée de l'amour œdipien et des processus d'identification. Il en résulte un certain désordre générationnel, atténué si ces grands-parents ont la sagesse d'évoquer souvent la mémoire des parents et s'interrogent à haute voix sur ce qu'ils auraient pensé ou décidé dans tel ou tel cas. En s'affirmant comme « parents de remplacement », ils auront toutes les chances d'agir au mieux. Il arrive aussi qu'une grand-mère seule, ou plus rarement un grand-père, ait à assumer la charge d'orphelins. Ce qui nécessite encore plus de doigté et d'équilibre.

La jeune femme en difficulté, seule avec son enfant, accepte avec reconnaissance le soutien de ses parents. Elle aura le plus souvent une activité à l'extérieur : études ou travail ; et même parfois envie de sortir. Sa mère va donc assumer une part du rôle maternel. Les relations entre les « deux mères » de l'enfant vont en être modifiées puisqu'elles doivent collaborer à son éducation. Elles sont parfois conflictuelles, la jeune mère pouvant reprocher à sa mère de la déposséder de toute initiative. À l'inverse, elle peut être aussi très contente de confier son enfant et de retrouver sa liberté. Le grand-père occupe dans ce cas la fonction paternelle, souvent avec beaucoup de fierté après de violentes protestations initiales. Qu'en est-il pour l'enfant ? Il est, lui aussi, confronté à un désordre généalogique, ses grands-parents maternels étant aussi de fait ses parents. C'est la situation que décrit Jean-Paul Sartre dans *Les Mots*. Il se demandait si sa mère était bien sa mère ou si elle n'était pas plutôt sa sœur. Il dit à ce propos qu'il n'a pas l'œdipe de tout le monde et que, dans son œuvre, c'est la relation entre frère et sœur qui est chargée de tendresse et de désir.

Élevé par sa mère et ses grands-parents maternels, l'enfant est privé symboliquement de lignée paternelle, soit que le père ait complètement disparu, soit que la mère ne veuille plus entendre parler de lui. L'enfant a alors deux mères et un grand-père-père. Ce dernier, s'il n'a pas d'autre petit-enfant par un fils, se trouve heureux de voir son nom ainsi transmis et n'aura guère tendance à rappeler à son petit-fils que son vrai père, ce n'est pas lui : il laisse alors l'enfant dans une ignorance dangereuse qui risque de l'amener un jour à fantasmer qu'il est né d'une relation incestueuse entre le père et la fille.

Il arrive aussi que les parents, après avoir divorcé, installent les enfants chez une grand-mère ou un couple grand-parental et se fassent de plus en plus lointains. La situation, pénible, est difficile à gérer. Les grands-parents sont sans pouvoir légal comme dépourvus de toute aide des parents et ceux-ci conservent parfois pour eux les allocations familiales. Les enfants finissent par se lasser de réclamer des parents qui ne viennent jamais, mais restent malheureux et souvent difficiles. Ils se refusent à imaginer que leurs parents les aient, de fait, abandonnés. Quelle que soit la cause pour laquelle les parents sont absents, les grands-parents ont le devoir moral constant de maintenir ou de restaurer, dans l'esprit des enfants, la valeur de l'imago parentale. Il est facile d'imaginer comme cela peut être difficile si ces parents se sont rendus coupables de méfaits graves qui les ont dévalorisés dans l'esprit des grands-parents. Qu'importe ! Ces enfants doivent respecter leurs parents.

Si des grands-parents ou des oncles et tantes peuvent accueillir l'enfant et peuvent assumer la situation, l'enfant retrouvera une famille et les points de repère qui lui permettront de continuer à se développer. En l'absence de grands-parents ou d'autres solutions familiales ou amicales, on confie l'enfant à un internat ou à une famille d'accueil. Il aura grand besoin alors d'utiliser tous ses acquis antérieurs pour « tricoter sa résilience » comme le dit Boris Cyrulnik et se construire une vie à partir de son *Merveilleux malheur.*

Vie commune et partage

◻ Vivre ensemble

Les grands-parents remplacent parfois les parents chez eux pendant quelques jours ou quelques semaines. C'est plus souvent l'inverse ; et les petits-enfants auront à s'adapter à un autre lieu et à ses règles. L'enfant viendra seul ou avec un copain. Les deux solutions présentent leurs avantages. Un enfant seul s'ennuie parfois. À deux, ils jouent ensemble et les grands-parents n'ont guère qu'à surveiller de loin. Autant de tranquillité pour eux mais aussi de frustration, s'ils espéraient un tête-à-tête avec leur petit-enfant. L'enfant seul, en effet, est généralement heureux qu'on s'occupe de lui et très demandeur d'activités partagées.

Si les grands-parents ont un type d'habitat très différent de celui des parents, ils pourront faire bénéficier les enfants de toutes sortes de découvertes. Les petits campagnards pourront apprendre à connaître les ressources culturelles de la grande ville : théâtres, cirques, musées, zoos. Les petits citadins profiteront des joies de la campagne et même des courses d'escargots les jours de pluie. Ils apprendront aussi à faire pousser des radis et auront la joie de les manger si leurs vacances sont assez longues. Faire pousser des légumes, les cueillir pour le repas du soir, ou voir la chatte mettre au monde ses petits sont autant de leçons de vie.

L'observation montre les temps qui rythment la nature : il faut bien patienter entre le semis et la cueillette, ou entre la naissance et le sevrage. Rien ne peut abolir ces attentes qui montrent à l'enfant que l'on ne peut pas obtenir tout, tout de suite, et qu'il faut savoir prendre le temps de le désirer. De ce point de vue très important – la relation au temps –, les grands-parents des villes ne sont pas forcément en reste sur ceux des champs. Flâner au hasard des quartiers d'une ville, regarder autour de soi, sentir une ville vivre et écouter ses bruits est tout aussi intéressant si l'on décide de prendre le temps d'en profiter.

Encore faut-il que les grands-parents eux-mêmes soient prêts à transmettre ces savoirs et y prennent plaisir. De toute façon, les voir, vivre avec eux à un autre rythme, rencontrer leurs amis, partager leurs menus, forcément différents, c'est pour l'enfant l'occasion de comprendre que tout un monde existe hors de lui et de sa bulle familiale. Comme le racontait un jeune grand-père : « Quand Flora m'interroge sur mon enfance, quand elle me demande comment c'était chez nous, quand j'étais petit, si mes grands-parents parlaient aussi français, et comment c'était quand ils étaient petits... et quand elle demande s'ils ont connu La Fontaine, le monsieur qui a écrit sa fable, je vois naître dans son esprit le début d'un commencement de sens de l'Histoire. »

L'enfant arrive généralement chez les grands-parents avec son doudou et son jouet préféré. Ce sont des objets qui le rassurent alors qu'il a quitté son milieu habituel. On posera très vite ses affaires sur le lit qui lui est attribué. De cette façon, il peut investir les lieux de ses grands-parents pour s'y sentir chez lui. À partir de ce point d'ancrage, il se sentira assez fort pour partir à la découverte. Très vite, d'ailleurs, le nouveau devient familier et il découvre ou redécouvre les jouets qui sont chez Mamy pour lui et aussi, parfois, pour ses frères, sœurs et cousins. Il comprend ainsi que l'on peut profiter de quelque chose sans le posséder, en jouir et en laisser la jouissance aux autres. Il aura probablement du mal, lors du départ, à abandonner tel ou tel de ces jouets, devenu le préféré. Les adultes doivent lui expliquer qu'il le retrouvera à son prochain séjour. Ils montrent par là que certains renoncements sont nécessaires dans la vie sociale. Il faut bien s'être quittés pour pouvoir se retrouver. Si un enfant vient systématiquement chez ses grands-parents avec ses jouets préférés et son meilleur copain du moment, il transporte avec lui sa bulle sécuritaire. Il ne prend pas de « risque », mais il rate une découverte.

□ L'enfant unique

Il peut très mal supporter le fait d'être privé de sa mère et pleurer tous les soirs au moment du coucher chez ses grands-parents. D'autres enfants peuvent aussi, mais plus rarement, mal réagir à la privation de la maman. Les uns et les autres trouvent généralement en quelques jours suffisamment de tendresse de la part de la grand-mère pour accepter de s'adapter à cette vie nouvelle. À l'inverse, certains enfants uniques, très couvés, presque étouffés par leur mère, sont ravis de trouver un peu d'autonomie, de liberté chez leurs grands-parents. Pas une larme, apprend, le lendemain matin, la mère dépitée. Autre avantage des grands-parents pour l'enfant unique : ils peuvent accueillir en même temps que lui leurs autres petits-enfants. Un cousinage vaut bien une nombreuse fratrie pour aider un enfant un peu gâté, « égocentrique », à faire l'expérience de l'échange. Expérience fondamentale pour ses relations futures, affectives et professionnelles.

□ Les cousins

La présence de jouets peut signifier aussi que d'autres enfants viennent chez les grands-parents : les cousins. C'est une grande joie de jouer avec eux. Ce sont des amis différents de ceux de la classe. On ne les perdra jamais de vue puisqu'ils sont « de la famille ». Le cousin n'est pas un copain : c'est un familier qui n'est pas quotidien. L'enfant jeune sait qu'un cousin n'est pas non plus comme un frère. Ils n'ont pas les mêmes parents. Ils ont certains grands-parents en commun mais ne les appellent pas forcément du même nom. Et pourtant c'est bien la même personne que le cousin Paul appelle Bonne-Maman et moi Mamy. Les cousins ont d'autres souvenirs mais aussi les mêmes. Bref, ce sont d'autres pièces du même puzzle. Cette relation est tellement privilégiée que dans les familles recomposées modernes, on appellera volontiers « cousins » des enfants avec qui on n'a aucun lien de sang, mais avec qui l'on partage un couple de grands-parents dont l'un des deux est « faux » (second mari ou troisième épouse). Quoi qu'il en soit, le vœu des aïeuls qui invitent chez eux ces cousins, vrais ou faux, est de les voir sceller entre eux des liens solides qui se perpétueront et enrichiront leur attachement à la maison familiale et aux grands-parents.

Ces liens solides n'excluent pas la chamaillerie ni même de franches disputes. Et les grands-parents s'interrogent. Ils sont frères, ou cousins, ou frère et sœur et ils se disputent. Pire, ils ont l'air de se détester. Comment est-ce possible ? Puisque je les aime de la même façon, et autant les uns que les autres.

Les grands-parents sont confrontés à cette question lancinante si la tension persiste entre les enfants ou les adolescents. Cette situation est certainement pénible et génératrice d'inquiétude : on a peur que « tout cela tourne mal », psychologiquement mais aussi physiquement : on craint le mauvais coup, celui qui blesse gravement même si « ce n'était pas exprès ». Et comment mesurer si « je te déteste » signifie vraiment quelque chose ? L'aversion entre deux frères – qui peut mener jusqu'au fratricide – a toujours paru aux hommes un malheur et a inspiré d'inoubliables récits légendaires.

La tolérance à ce type de situation est variable : certains peuvent garder des souvenirs douloureux de conflits lourds de conséquences ; d'autres ont fait partie d'une fratrie nombreuse et turbulente où l'agressivité était perçue comme normale. Ils n'en sont pas autrement émus. La gestion de ces conflits par les grands-parents sera donc surtout fonction de la façon dont eux-mêmes vivent la dispute : danger grave pour la bonne harmonie de la famille ou accident assez banal. Elle dépendra aussi de la manière dont ils usent habituellement de leur autorité.

Il reste que souvent les disputes entre enfants d'une même fratrie signifient plus le désir d'agresser les parents qu'un véritable antagonisme entre les frères et sœurs : on voit alors la bonne entente se restaurer dès l'instant où le parent indirectement visé a quitté la pièce. Les grands-parents n'ont pas de raison de souffrir de ces disputes-prétextes. En revanche, celles auxquelles ils assistent sont plus rares, mais généralement révélatrices d'un conflit authentique. Entre cousins, les affrontements peuvent être le reflet des antagonismes et des aversions ou jalousies qui divisent la fratrie des parents.

◻ Les cadeaux

Les grands-parents ont souvent envie de gâter leurs petits-enfants et de leur donner ce qui leur fera plaisir. Dans quelle mesure faut-il céder à ce désir partagé ? Les cadeaux sont, par nature, ambigus. Celui qui donne se fait plaisir, en faisant plaisir à celui qui reçoit : une vraie collusion des narcissismes. Faut-il pour autant y renoncer ? Les cadeaux ont leur place dans la fête, ils sont aussi souvent un témoignage d'amour. Mais certains utilisent les cadeaux, non pour faire plaisir ou récompenser, mais pour acheter l'amour, le silence ou la soumission de celui qui reçoit. Ces cadeaux pervertis n'ont pas leur place dans une relation entre un petit-enfant et un de ses grands-parents : mieux vaut passer du temps ensemble à jouer et à bavarder pour constituer un vécu chargé d'amour. Quand vous arrivez, est-ce qu'il vous regarde dans les yeux avant de vous sauter au cou ou est-ce qu'il inspecte avidement vos mains ? Le cadeau, ou plutôt l'abus de cadeaux, peut constituer comme un court-circuit à la relation. Être une bonne grand-mère ou un bon grand-père, n'est-ce pas faire coïncider souci éducatif et tendresse ?

7

Bien-traitance et transmission

De nombreuses idées et théories circulent dans le public sur les façons d'élever les enfants. Du rôle des grands-parents, il n'est guère question. Et pourtant, qu'ils voient leurs petits-enfants ponctuellement ou de façon plus régulière, leur influence est souvent considérable. Ils ont, on l'a vu, certaines actions éducatives à mener. Ils ont aussi un rôle important de transmission de souvenirs et de valeurs morales. Entre ces deux aspects de leur action, la limite est très souvent imprécise.

De l'éducation à la transmission

Si l'on se réfère à l'étymologie, « éduquer » un enfant, c'est le conduire « hors » de l'état d'enfance, le pousser – ou le tirer ! – vers l'état d'adulte. Le verbe traduit une intention dynamique. Transmettre, c'est faire passer quelque chose – objet, message ou ordre – d'une personne à une autre susceptible de le transmettre à son tour.

L'éducation vise à faire sortir le bébé de l'état primitif pour l'adapter aux exigences de la société et l'amener à devenir un adulte autonome. Elle instaure en lui une tension, qu'il doit apprendre à « gérer », entre ses pulsions brutes d'abord, les manifestations de son caractère ensuite, et ce que la société exige de lui. Sa liberté ultérieure, son équilibre, ses possibilités de réalisation de soi dépendront de l'habileté et de l'assurance avec lesquelles il aura négocié les rapports entre ces forces et opérera ses choix. La transmission a aussi pour but de civiliser l'enfant, de le faire entrer dans une société humaine particulière. Les « gardiens de la transmission » vont lui proposer des goûts, des habitudes, des objets symboliques, des croyances, des valeurs ou des modes de pensée caractéristiques de sa lignée familiale.

L'on sent bien qu'entre les deux actions, il peut exister des contradictions, des conflits d'intérêts... L'éducation d'un enfant le projette dans l'avenir, l'individualise ; la transmission le rend tributaire d'un passé, fait de lui un héritier, lui assigne une place dans un groupe. Il est vrai que certaines éducations traditionalistes tentent de maintenir l'enfant dans le révolu et qu'on peut aussi transmettre à un petit-enfant le goût de l'innovation, caractéristique de la lignée !

Cette tension fait vibrer le lien entre l'appartenance au passé et l'invention du présent. Elle est comparable à l'opposition entre le géotropisme de la racine et la pulsion de l'arbre vers le ciel. C'est aussi la rivalité entre l'éducation, qui tente de donner son meilleur potentiel personnel et social à l'enfant, et la transmission, qui tente plutôt de l'attacher davantage à sa lignée familiale et à son milieu social. Les plus entreprenants des adultes éprouvent de la même façon le besoin d'un ancrage familial et amical, réassurance souvent indispensable à leur dynamisme. La bien-traitance ne serait-elle pas l'effort de tous les adultes qui entourent un enfant pour lui donner à la fois l'impulsion éducative et l'appartenance sécuritaire à un groupe familial ?

□ La bien-traitance : une gestuelle et un partage d'émotions

Certains comportements des grands-parents n'ont pas à proprement parler de fonction éducative et font plutôt partie de cette « bien-traitance » qui aide l'enfant à bénéficier autant que possible de tout ce qui lui est donné et favorise son développement. Les gestes maternels, spontanément doux et enveloppants, permettent au nourrisson de se sentir en sécurité. Il n'est pas besoin de l'apprendre aux grands-mères, mais les hommes trouvent parfois difficile de tenir correctement un bébé. Bien soutenir la tête, arrondir le bras où il se love permet à l'enfant de se décontracter. S'il est manipulé comme un objet, il se raidit et perd confiance. Ces sensations agréables et tranquilles du tout-petit sont de bonnes bases pour lui permettre de devenir ensuite un enfant rapidement autonome. De même, le petit enfant a peur du vide et peur de tomber. Les gestes appropriés le rassurent tandis que d'autres le terrorisent et compromettent sa confiance dans son entourage.

Il faut aussi savoir que le nourrisson s'ennuie quand il est longtemps seul. *In utero*, il pouvait jouer avec ses mains, son cordon, son sexe, son placenta. Ayant perdu l'aisance motrice liée à l'environnement aquatique, il n'est même plus capable dans les premières semaines de réunir ses mains l'une à l'autre, ce que Geneviève Haag a appelé l'« auto-agrippement ». Quand il est éveillé et n'entend aucun bruit, que personne ne vient le voir, il ne peut rien faire d'autre que de regarder de façon monotone un environnement immobile. Un petit enfant est heureux d'avoir de la compagnie, qu'on lui parle et qu'on manifeste sa présence par des déplacements, des paroles ou des chansons. On peut d'ailleurs noter qu'à l'inverse des petits Occidentaux, les enfants africains ne sont jamais seuls. La mère ou une sœur aînée les prend sur son dos. Le bébé participe ainsi à toutes les activités de celle qui le porte, à moins qu'il ne s'endorme. Satisfaire les besoins élémentaires d'un nourrisson ne suffit pas. Encore faut-il être à l'écoute de ce qu'il réclame en tant que personne et notamment de son désir de contacts corporels.

Ces interactions très précoces entre l'adulte et l'enfant le stimulent, lui permettent de s'intéresser plus rapidement à son environnement. Certains pensent que parler à un petit enfant, lui raconter des histoires ou ce qu'on a sur le cœur, c'est un peu comme parler tout seul. C'est faux, ne serait-ce qu'en raison du plaisir que l'enfant éprouve quand il écoute. On sait qu'un enfant isolé dont on ne s'occupe que pour assurer des soins minimaux court le risque de devenir psychotique. Il lui sera plus difficile, en effet, d'établir ensuite des liens avec autrui.

Plus tard, les grands-parents peuvent aider un enfant à surmonter une expérience traumatisante. Il pleure parce qu'il s'est fait mal ou parce qu'il a eu peur ; il réagit mal à une remontrance qu'il n'a pas comprise. S'il reste isolé dans sa détresse et n'arrive à s'exprimer qu'en pleurant dans son coin, il ne peut pas surmonter sa douleur comme il le ferait si on l'aidait à la comprendre en la formulant. Et le souvenir de ce chagrin s'enkyste dans sa mémoire ; il ne le relie à aucune autre expérience qui lui permette de le comprendre, donc de le surmonter. C'est un corps étranger. S'il peut au contraire être pris dans les bras pour raconter ses misères, l'enfant pourra aussi incorporer sa douleur à l'ensemble de ses expériences. Le traumatisme est *introjecté :* l'enfant peut réfléchir et le comparer à d'autres événements de sa vie ; ce qui lui permettra d'évoluer et de mieux se connaître. Le contact corporel est d'autant plus important que l'enfant est plus petit et que ses facultés d'élocution et de compréhension sont plus faibles. Le refuge dans le giron de la grand-mère comme le son de sa voix lui font comprendre la consolation qu'elle veut lui donner si la signification des mots lui échappe encore. À défaut, l'enfant cherchera un contact chaud et doux ; il ira se blottir entre les pattes de son chien ou tout contre son chat, trouvant là quelque réconfort.

Le jeune enfant qui parle couramment, si on lui en donne le droit et l'occasion, exprimera son chagrin, sa colère, sa hargne. Nicole Fabre [1] dit que tout adulte qui veut bien en prendre le temps peut alors l'aider en acceptant d'écouter cette émotion et ce chagrin, c'est-à-dire de les accepter « sans hiérarchie » ; l'enfant met sur le même plan tous ses objets de deuil, de colère ou de ressentiment : la brouille avec le copain, la mort du hamster, celle du grand-père, la mauvaise note en calcul et la grosse colère de papa. Il n'est possible de l'aider que si l'on reconnaît sa souffrance – quel qu'en soit le sujet à cet instant-là – et qu'on le laisse l'exprimer, en cherchant même avec lui les mots pour la dire. Compatir, accompagner sa douleur ou sa colère, sont les premiers actes qui vont lui permettre de comprendre ce qui lui arrive, d'y réfléchir, d'affiner sa perception de l'événement, donc de prendre une première distance par rapport à ce traumatisme... Il commence seulement alors à être capable d'accepter, progressivement, le discours éducatif : certaines causes de chagrin sont moins « graves » que d'autres, peut-être serait-il bon de s'interroger sur la responsabilité qu'on a soi-même dans la brouille, dans la remontrance... Travail de « thérapeute », ou plutôt première étape de tout travail thérapeutique, dont Nicole Fabre dit que tout adulte attentif – et l'on pense alors aux grands-parents – peut l'assumer.

L'enfant est aussi très à l'écoute des émotions de ses parents, de ses grands-parents. S'il les voit pleurer sans comprendre pourquoi, son imagination se met en branle et il peut s'inventer une légende explicative, souvent marquée du

1. *La vérité sort de la bouche des enfants.*

sceau de sa culpabilité : je suis le centre de leur univers ; s'ils ont tant de chagrin, ce ne peut être que de ma faute. Cette culpabilité risque de parasiter son intelligence et ses facultés d'attention. Il n'en dira rien même s'il en a conscience. Il peut aussi ressentir cette douleur des adultes, incompréhensible pour lui, comme un tabou, un secret indicible qui jette un voile de tristesse sur toute sa vie. Nicole Fabre raconte l'histoire de ce petit garçon qui voyait sa tristesse s'alourdir d'année en année : « Tu te rends compte, maintenant que j'ai six ans, si je suis triste... » Chagrin inexprimable pour lui, dont il faudra l'aider, en thérapie prolongée, à trouver la cause. Si les adultes sont capables de verbaliser leur émotion, un commentaire même succinct peut suffire à satisfaire la curiosité légitime de l'enfant et à le rassurer.

Le retour

L'analysante se souvient qu'elle avait une petite douzaine d'années lorsque le Congo belge a pris son indépendance. Elle se revoit, assise à une table, regardant dans un hebdomadaire (*Paris-Match*) les trois clichés d'une scène saisie à l'improviste.
Sur le premier, une foule assez morne, contenue par des barrières métalliques, regardait des brancardiers rapatrier des blessés, des moribonds, chacun cherchant à reconnaître le sien. Au premier plan, deux femmes : l'une, petite, d'un certain âge et assez grosse, serrant ses deux mains sur son cœur ; l'autre, une longue, mince et blonde jeune femme, en grand deuil, le visage à demi dissimulé sous de larges lunettes noires.
La deuxième photo est bouleversante : la grosse dame a reconnu un enfant sur l'un des brancards. Elle tend les bras par-dessus les barrières, on dirait que son corps va basculer en avant, elle hurle, tout son visage est comme exorbité. La blonde a seulement tourné la tête, impassible ; elle la regarde.
Troisième image : l'enfant a été porté au-dessus des barrières. Sa grand-mère l'a saisi et serré contre elle, convulsivement. Son visage exprime une sorte de panique. Elle n'a pas encore compris tout

son bonheur. La foule autour d'elle crie, applaudit, rit et s'embrasse. La blonde n'a pas bougé. Du bout des doigts posés sur la tempe, elle rajuste ses lunettes.

L'analysante fond alors en larmes, sanglote à perdre haleine. Puis elle se souvient que sa grand-mère, penchée sur son épaule, lui a dit d'une voix changée : « Tu vois, pour celle-là, il est revenu. » L'enfant savait-elle déjà, au moment des événements du Congo belge, que sa grand-mère avait elle-même, en 1945, pendant des mois, attendu tous les jours devant l'hôtel Lutetia, à Paris, le retour de son frère déporté, pendu à Mauthausen trois ans plus tôt ? « Tu vois, pour celle-là, il est revenu », c'est pour la patiente exactement toute la douleur qu'éprouvait sa grand-mère en regardant ces photos. Elle ajoute que le torrent qui la roule et la submerge lorsqu'elle vient d'évoquer cette scène est l'expression, pour elle, du deuil infaisable et du chagrin transmis. Peut-être la présence de sa grand-mère qui regardait les photos par-dessus son épaule a-t-elle permis que ces images prennent un sens inoubliable, une force inusable ? Peut-être est-ce dans la rencontre fortuite, la communion improvisée dans une émotion, que se transmettent le vécu et l'indicible ?

L'analysante pense que, grâce à sa grand-mère et au message transmis par ces photos, elle qui a vécu jusqu'à présent une vie confortable dans un pays préservé, sur un continent pacifié, sait que le monstre prêt à vous dévorer n'est jamais très loin, qu'il en dévore tous les jours d'autres en ce moment même et que la liberté d'être heureux n'a pas de prix.

□ Ouvrir l'esprit des enfants

Les compliments sont aussi très utiles. Quand l'enfant vient faire admirer ce qu'il a réussi à faire seul (même s'il a été un peu aidé), les compliments, les encouragements vont favoriser la tentative suivante. Plus encore que les parents, les grands-parents peuvent manifester leur fierté et leur enthousiasme devant ces chefs-d'œuvre. Ces encouragements favoriseront le désir de l'enfant de faire seul, c'est-à-dire d'être plus autonome. La reconnaissance de ses mérites par les adultes lui permet de s'aimer davantage et augmente sa confiance en lui-même.

L'amour, la bienveillance, l'ouverture au dialogue des adultes vont permettre toutes sortes d'autres acquisitions utiles à la vie sociale. Si le petit d'homme se sent reconnu comme un individu à part entière par son entourage, il peut lui paraître normal d'accepter les usages de son environnement. Ainsi en est-il de certaines règles de politesse, ou de manières d'agir dans la vie courante comme la tenue à table. En s'y soumettant, l'enfant fait « comme les grands » et il le fait avec plaisir.

Les grands-parents, en multipliant les signes de bienveillance, doivent assumer le risque de se faire accuser d'être gâteux devant cet enfant. Est-ce si grave ? Non, puisque ces gestes d'amour lui permettent d'être heureux. Si on le reconnaît comme une personne, il a confiance en lui-même. Si l'on prend son raisonnement en considération, il découvre le plaisir de réfléchir. Il se rend compte que l'on a besoin des autres pour bien penser puisqu'on a accepté l'échange de la discussion avec lui. C'est peut-être aussi la base de la démocratie.

De même, quand leur petit-enfant est scolarisé, les grands-parents peuvent exercer une influence majeure. On dit – à juste titre si l'on se réfère aux statistiques – que la réussite scolaire dépend en grande partie de l'héritage social que reçoit l'enfant. L'affirmation mérite d'être nuancée : des enfants d'origine peu favorisée peuvent réussir brillamment leurs études tout autant que leur vie grâce à un milieu qui a favorisé leur éveil intellectuel. Un grand-père qui parle de « ce qu'il sait », de ce qu'il a vu, qui fait part de ses observations, ouvre l'esprit de son petit-enfant à la curiosité, lui donne l'accès à la réussite. Même si rien dans son discours ne vient confirmer ce que l'enfant apprend à l'école. C'est un « autre univers » que celui de l'école, mais peu importe : cela prouve à l'enfant que tout un monde existe, qu'il y est relié par la parole de gens qu'il aime et qui l'aiment. Sa curiosité lui donne la possibilité d'y accéder, comme à la connaissance intellectuelle : la démarche est la même. Le grand-père qui « raconte sa guerre » transforme l'Histoire « froide » des livres en une histoire dont on peut comprendre qu'elle a été « chaude ». Par des mots, des récits porteurs d'émotion, il peut donner envie d'en savoir plus à l'enfant qui sera moins tenté de mépriser la connaissance au profit du « plaisir de vivre ».

Qui dit formation à la réflexion est à la limite de la transmission de contenus et de messages de réflexion. On touche ici à la difficulté qui existe à séparer de façon nette éducation et transmission. Ce sont deux démarches intimement liées en pratique. Si j'apprends à ma petite-fille à tenir sa cuillère « comme il faut », je l'éduque à l'autonomie, à la propreté et à la vie sociale en lui enseignant un geste. Personne ne viendra me reprocher cette initiative pédagogique. Mais ce faisant, je lui transmets aussi le début des habitudes de table auxquelles ma famille a toujours attaché un peu plus d'importance que les autres. Si cette petite-fille me demande un livre quelques années plus tard, mon choix ne peut pas être neutre, dépourvu de contenu éducatif, voire idéologique.

La transmission

□ Liberté et aliénation

L'éducation idéale prépare l'enfant à trouver sa place dans la société telle qu'elle sera demain. La transmission lui inculque le respect des valeurs du passé et de la tradition. C'est en cela qu'elle risque de devenir, à la limite, anti-éducative et aliénante. « Ne te promène pas pieds nus, ça donne des crises d'asthme » révèle une « croyance » familiale, peut-être vérifiée chez certains membres de la tribu, asthmatiques et sensibles au froid. Cent fois répétée, elle les a aussi conditionnés à « faire une crise » quand ils ont les pieds nus. Le froid, dans cette famille, est toujours désigné comme responsable de l'asthme ; c'est admis comme un dogme. Un nouvel arrivant, étranger à la famille (un gendre, par exemple !), face à cette pure transmission pourra manifester une attitude critique devant ce qu'il considérera comme une superstition résolument obscurantiste et dépourvue de tout fondement observable.

Le bac

Mes grands-parents eurent deux enfants, ma mère et mon oncle qui eut à son tour trois fils. Petits, nous avons souvent entendu notre grand-père dire : « Quand on est intelligent, on n'a pas besoin d'avoir son bac pour réussir dans la vie. » Il avait fait fortune dans le commerce avec pour seul bagage scolaire le certificat d'études. Dans la famille, il tenait une place dominante, d'autant plus que nos autres grands-parents étaient relativement absents et que nos propres parents invoquaient souvent son autorité.
L'aîné de mes cousins, assez brillant élève, décida un mois avant le bac de ne pas se présenter. Personne ne s'y opposa ! Les deux autres s'arrêtèrent au BEPC. Quant à moi, en revenant au soir du premier jour de l'examen, j'ai dérapé à mobylette dans un virage, sans raison apparente. Si bien que j'ai dû terminer les épreuves le lendemain avec des béquilles. Est-ce le prix que j'ai dû payer pour faire des études ?

L'attachement extrême à certaines idées ou croyances transmises, comme aux biens matériels, peut parfois se montrer très nocif. C'est le cas si la fidélité à l'héritage paralyse le débat intérieur alors qu'une décision importante doit être prise. Certains meurent pour des idées auxquelles ils n'ont jamais pris la peine de réfléchir par souci de loyauté à leurs ancêtres. Tels ceux qui sont restés terrés chez eux pour ne pas quitter des meubles de famille, alors que les bourreaux étaient à leur porte.

Il peut se trouver que l'un des grands-parents dans une famille se montre nocif dans tout ce qu'il peut transmettre sur le plan moral, intellectuel ou même matériel. C'est à juste titre que les parents protégeront leurs enfants contre cette pathologie mentale.

□ La transmission des valeurs et des souvenirs

Cependant, il semble bien légitime que les grands-parents qui aiment leur petit-enfant aient aussi le souhait de transmettre quelque chose d'eux-mêmes, de leur famille et des valeurs auxquelles ils sont attachés. C'est à l'enfant tout petit qu'ils veulent commencer à apprendre la comptine de leur enfance. Et aussi à lui faire partager l'amour des fleurs, de la beauté, de l'art.

Souvent dernier échelon visible de la chaîne des générations, les grands-parents en sont la mémoire. Ils savent dire qui est sur cette vieille photo et, à cette occasion, vont pouvoir raconter l'histoire, parler de la maison derrière les personnages et rappeler le nom du chien. Il n'y a plus qu'eux pour évoquer les épisodes intéressants de la vie de leurs parents, de leurs aïeuls, d'histoires plus anciennes encore concernant les ancêtres. On a parfois un peu de mal à s'y repérer, dans tous ces noms oubliés mais si vivants dans leur bouche. Ils évoquent l'Histoire telle qu'ils l'ont vécue au quotidien ou même encore telle qu'ils l'ont entendu raconter ; et cette histoire qui fut « chaude » pour eux, est transmise vivante à ceux qui les écoutent. À la génération suivante, elle sera froide et peut être oubliée. Jusqu'à ce qu'une arrière-petite-fille découvre dans une malle du grenier une lettre écrite du Tonkin, interroge l'arrière-grand-mère et ressuscite par la mémoire un jeune mort de vingt-cinq ans qu'on avait oublié. Ils ont été témoins aussi des grandes avancées technologiques et des modifications qu'elles ont entraînées dans les habitudes les plus courantes. Ils peuvent étonner leurs petits-enfants en leur affirmant qu'on n'a pas toujours eu un portable collé à l'oreille. Quant aux recettes du clafoutis aux cerises et du pâté de lièvre, ce sont celles de la trisaïeule.

L'ensemble de ces souvenirs, de ces habitudes, de ces goûts que partagent des individus les fait membres de la famille. Gaulejac raconte la surprise d'une personne rendant visite à un oncle qu'elle n'avait jamais vu. Elle reconnaissait les photos aux murs, des fauteuils dont elle possédait un exemplaire, un portrait qu'elle avait vu autrefois chez sa grand-mère. Elle s'est sentie tout de suite proche de lui : il était bien de la famille. Chez eux, pourtant, les liens étaient distendus, puisqu'elle ne le connaissait même pas.

Les habitudes alimentaires font partie de ce qui se transmet le mieux. Il y a des familles où l'on ne mange pas de poisson, d'autres où les menus sont très monotones. Ailleurs au contraire, on aime bien varier les aliments. Les rituels alimentaires familiaux peuvent être aussi quantitatifs. Il est ainsi possible de rencontrer dans la rue une famille où tous, grands-parents, parents et enfants, rivalisent d'obésité. Tout comme ils peuvent être tous très maigres. Comme si, dans la constitution des couples, l'affinité autour des habitudes alimentaires pouvait être un facteur de choix.

Sur ce point, comme sur beaucoup d'autres, ayant eu deux familles grand-parentales dont les habitudes sont souvent différentes, chacun est amené à faire un choix, à se rapprocher de l'une des familles pour s'éloigner de l'autre et donc la trahir. À la mort d'un aïeul, ce n'est pas seulement la personne que l'on pleure, c'est aussi tout le passé qu'elle emporte avec elle et dont on est sûr qu'une grande partie est restée inexplorée. « Je n'ai jamais osé lui poser cette question qui me tracasse périodiquement. Maintenant, c'est trop tard. » C'est vrai aussi, sous d'autres latitudes. Léopold Sédar Senghor disait : « Un vieillard qui meurt, c'est une bibliothèque qui brûle. » Or toute culture familiale est en grande partie de tradition orale.

Il vaudrait donc mieux résister à la tentation d'abolir la distance qu'impose la différence d'âge et ne pas se placer dans une trop grande proximité égalitaire avec ses petits-enfants : il pourrait advenir qu'on ne soit plus vraiment en mesure de transmettre grand-chose. On partagerait avec eux leur quotidien ; on ne leur servirait plus de racine. Les adultes ne méritent pas plus le respect en raison de leur taille que de leur calvitie ou de leurs maladies de vieillards. De la petite enfance à la fin de l'adolescence, les jeunes ont besoin d'amour, de tendresse et ensuite, de plus en plus, d'avoir en face d'eux des adultes dignes d'être des modèles identificatoires par leurs qualités, la vérité de leurs discours et leur mémoire du passé. L'amour, la confiance et le respect mutuel pourront ainsi se poursuivre jusqu'au terme fixé par le destin.

◻ Les instances du moi se transmettent

Le désir de transmission des grands-parents est autant lié à la tendresse qu'ils éprouvent pour leurs petits-enfants qu'au désir de survivre dans l'esprit des jeunes comme représentants d'une tradition familiale. Ils ont, au cours de leur vie, surmonté bien des difficultés et ont réussi à se forger une personnalité telle qu'ils résistent facilement à bien des tentations. Ils désirent transmettre leur force de caractère. De leur côté, les enfants s'identifient au parent ou à un autre adulte de même sexe et aiment l'imiter, par jeu et pour s'en faire aimer. Ils acceptent ainsi d'assimiler les interdits. C'est le début de la constitution de ce que Freud a appelé le *surmoi*. Il convient d'insister sur l'importance de la tendresse, de l'amour échangés entre l'adulte et l'enfant qui permettent à celui-ci d'intérioriser les contraintes au lieu de les éprouver comme une blessure narcissique destructrice. Le *surmoi* s'oppose aux pulsions, aux désirs et à l'appétit de vivre du petit enfant que Freud a nommé le *ça*. Le *moi* apparaîtra comme un compromis entre les exigences du ça et celles du surmoi. Il se forme lentement au cours de l'enfance et de l'adolescence. On peut remarquer que le *surmoi* de chacun des parents s'est jadis constitué de la même façon : les adultes portent en eux leurs parents et il n'est donc pas abusif d'évoquer les quatre grands-parents comme étant aussi présents dans la formation du *surmoi* de l'enfant. Il y a une hérédité des *surmoi*, non pas génétique, mais éducationnelle.

Ainsi les grands-parents qui partagent une partie de la vie de l'enfant lui donnent aussi à voir comment ils se comportent ou réagissent, avec sagesse ou colère, dureté ou charité, bref comment ils négocient avec leur propre *surmoi*. Et ils lui transmettent, par processus d'identification, des aspects de leur *moi* au quotidien, souvent bien différents des excellents conseils par ailleurs prodigués. Ces transmissions se feront en partie pendant la petite enfance et leur origine sera ensuite masquée par l'amnésie infantile. L'enfant se soumettra à certaines règles sans savoir comment il les a apprises ni qui lui en a donné la connaissance. Mais si le discours des grands-parents n'a pas été confirmé par leur exemple, il restera lettre morte, sans pouvoir de transmission. À la limite, on transmet mieux des attitudes sans discours que des discours sans attitude. Les grands-parents, sans toujours le savoir, enseignent ce qu'ils sont. Telle cette grand-mère qui vit avec joie, chantonne, et se réjouit de la minute qui passe, du soleil et ne ronchonne guère. Ou ce grand-père bricoleur qui passe sa vie dans son atelier sous les yeux admiratifs d'un petit-fils qui n'est jamais si content que quand l'aïeul lui permet de l'aider et le laisse participer à l'élaboration de son travail.

Surmoi de grand-mère

Marie-Jeanne était veuve de la guerre de 1914-1918. Veuve de héros, veuve admirable et très jeune veuve. Elle était d'une grande beauté et refusa tous les prétendants avec beaucoup de froideur et de dignité. La « chose » était déjà bien assez répréhensible avec un mari qu'on adorait pour ne pas aller la commettre avec des indifférents. Comme elle devait travailler, elle confia sa fille, la petite Marguerite, aux religieuses d'un couvent qui sauraient l'élever avec rigueur, en épouse et mère chrétienne.
Marguerite se maria, fut heureuse en ménage et éleva sa petite Laurence dans la pudeur et une certaine méfiance des « réalités ».
Marguerite vieillit doucement, vivant chez sa fille et participant à l'éducation de sa petite-fille Margaux. Elle avait pris beaucoup de distance avec les nonnettes et leur « éducation de ténèbres », comme elle disait.
Un jour, Margaux supplia sa mère d'accueillir un jeune Nicolas de ses amis « pour deux nuits ». Oui, à condition qu'il couche sur le canapé du salon. Laurence était très ferme là-dessus, Margaux était trop jeune pour... Le deuxième matin, le canapé du salon était vide et Laurence, furieuse, s'apprêtait à déclencher un cataclysme, quand la grand-mère, Marguerite, lui dit : « Ne fais pas ta pudibonde. Ce gamin lui apprend à faire l'amour et d'après ce que j'ai entendu à travers la cloison, il est bon prof. Je ne vois pas quel meilleur service il pourrait lui rendre. »
Laurence a tout de suite pensé à sa grand-mère Marie-Jeanne, qui était en train de se retourner dans sa tombe. Le surmoi d'une grand-mère ressemble à certaines rivières qui coulent tantôt sous terre, tantôt à la surface.

□ Transmettre des objets

Donner à un enfant ou à un adolescent un objet familial, quelle que soit sa valeur vénale, peut être très chargé de signification symbolique. Telle cette petite table à ouvrage qui provient de la grand-mère de l'actuelle propriétaire. La donatrice aimait bien la vie. La légende raconte que la table lui servait plus à dissimuler des lettres d'amour que des aiguilles à coudre. Et une trace brune sur le plateau provient d'une cigarette oubliée là un peu trop longtemps. Ce n'est pas sans intention que la grand-mère l'avait destinée à la seule de ses petites-filles qui, à vingt-cinq ans, n'était pas mariée et ne savait pas coudre.

Cyrulnik explique que lui et son chien n'ont pas du tout la même perception de l'armoire normande qui se trouve dans son bureau. Son chien la trouve odorante, certes, mais impénétrable et pour tout dire insignifiante ; à la limite, il est difficile de savoir s'il l'a vue. En revanche, pour le maître, c'est un meuble chargé d'histoire, il est ancien, authentique, normand et surtout, il a appartenu à une chère vieille tante. C'est donc bien autre chose qu'une armoire : c'est un objet chargé de mémoire, de culture et d'affectivité. L'un des caractères spécifiques de l'être humain est de donner du sens au monde qui l'entoure.

□ Transmettre, seulement avec l'accord des parents

Certes, tout discours tenu au petit-enfant peut être « mal pris » par l'un ou l'autre des parents, interprété comme une prise de pouvoir, un abus d'influence, un coup de force éducatif. Et parfois à juste titre. Il faut que les adultes puissent échanger leurs points de vue et que les grands-parents acceptent de s'incliner devant l'autorité des parents. Ils n'ont pas pour autant à renoncer à leur opinion : un enfant peut être aimé également par des gens qui n'étaient pas d'accord entre eux, sa personnalité plus tard n'en sera que plus riche ! Bien sûr, l'endoctrinement politique d'un enfant ne semble pas souhaitable. Mais si un adolescent assiste à une discussion politique entre adultes et que la discussion reste courtoise, il peut bénéficier de cet échange pour relativiser ses propres opinions et, s'il arrive à parler, intervenir dans le débat. Il apprendra ainsi à formuler une opinion et à la défendre, ce qui sera formateur pour lui. Une éducation réussie suppose des tensions, des forces de sens contraire que l'individu doit négocier à tout instant, mais en toute connaissance de cause, et il doit assumer, quand il le faut, les inévitables contradictions et dilemmes qu'il rencontre. Un enfant apprend la diversité du monde et la place qu'il y occupe à travers les différences et les divergences qui traversent sa propre famille, à condition qu'elles ne la déchirent pas. Une tension, par définition, n'est pas une rupture. Certains parents peuvent limiter l'influence des grands-parents pour de mesquines raisons de jalousie. Ils éprouvent la peur de « perdre » leurs enfants si les grands-parents sont trop présents. À ces derniers d'être diplomates et prudents.

Principaux représentants de la lignée et de la famille élargie, les grands-parents ont l'avantage de ne pas avoir à brandir l'autorité dans leurs relations avec leurs petits-enfants. Ils participent, même sans le vouloir, à leur éducation, mais leur rôle est plutôt en cette matière lié à la façon dont ils peuvent s'ingénier, tant par le geste que par la parole, à traiter aussi bien et affectueusement que possible ces enfants qui leur sont confiés par moments. Ils ont la possibilité, surtout dans la petite et grande enfance, de transmettre toutes sortes de notions, de traditions et de souvenirs qui donnent aux jeunes la possibilité de se sentir faire partie d'une famille. Ils peuvent aussi avoir une action importante pour aider leurs petits-enfants à se structurer, moralement et intellectuellement. Ceux-ci, devenus adolescents, pourront même écouter un avis d'un aïeul et en tenir compte plus facilement que de celui d'un parent. Le conseil sans le pouvoir, quel bonheur !

8

Nuages, brouilles et ruptures

Faire face à l'agressivité

Les grands-parents peuvent tenir leur rôle auprès de leurs petits-enfants à condition d'entretenir avec le couple parental des relations suffisamment harmonieuses. Constater les progrès et suivre le développement des enfants est un bonheur pour la plupart des grands-parents. Mais il leur faut se montrer prudents et réservés même en situation normale : la bonne entente entre les générations est un bien précieux et fragile. Comme dans toute relation humaine, il faut ménager la susceptibilité des uns et des autres. Aucune famille ne peut se prétendre à l'abri de certaines situations désagréables : mieux les connaître pourra souvent aider à mieux les aborder.

Être grand-parent, ce n'est pas seulement avoir des petits-enfants ; c'est aussi entretenir une relation avec de jeunes adultes qu'on a élevés et qui sont parents à leur tour. C'est donc faire face à une transformation de la famille qu'on a fondée, qui s'est développée de son propre mouvement, en s'augmentant de « pièces rapportées » (gendre ou belle-fille) qu'on a rarement choisies. Dans cette famille élargie, les rapports de force, les alliances, les équilibres ne sont évidemment plus les mêmes. Certains grands-parents ont ainsi quelques difficultés à admettre que leurs enfants sont devenus adultes, responsables et qu'ils sont à leur tour parents. Tandis que ces derniers peuvent devenir blessants à force d'affirmer leur indépendance. Lorsque des nuages surviennent dans la relation entre grands-parents et parents, les petits-enfants en sont rarement responsables, bien que ce soit souvent en apparence à leur propos que naissent les différends. Les vraies raisons sont plutôt liées à l'affrontement des caractères, ou à de vieux règlements de comptes.

Le bestiaire ou l'histoire naturelle de l'agressivité

Le buffle fonce tête baissée sur la cible : il a vu quelque chose qui bougeait dans un coin ; ça lui déclenche une grosse colère.
Le lion affirme : on va voir une bonne fois pour toutes qui commande ici ; rugissement et coup de patte.
Le chat : s'il vous plaît, ne fermez pas derrière moi les portes de sortie honorable ; traitez-moi avec diplomatie, laissez-moi quitter le terrain de jeu à mon aise, sinon je risque de devenir très dangereux.
Pour le crocodile, la vengeance est un plat qui se mange froid ; attendez Noël, vous verrez ce que vous trouverez sous l'arbre.
Si vous avez marché sur la queue du serpent, sans même vous en apercevoir, il vous a piqué puis il a disparu : « Qu'est-ce qui lui a pris, à ta mère ? Elle m'insulte et après elle redevient tout sucre, tout miel : je ne pouvais plus rien dire. »
Le roquet vous aboie aux chausses, grogne, n'est jamais content, décourage les avances.
La fourmi rouge est discrète : vous ne vous apercevez de votre crise d'urticaire qu'une heure plus tard.
Ces animaux symboliques ont leurs équivalents dans les familles. Selon son âge, son caractère et sa place dans la lignée, chacun a tout loisir d'exprimer son agressivité pour défendre un territoire à géométrie variable contre un réel ou hypothétique agresseur. L'essentiel pour certains n'est-il pas de se battre ? Tous les prétextes leur sont bons. Les occasions sont innombrables, les motifs beaucoup moins nombreux.

Parents et grands-parents n'ont pas le même âge

Les familles réunissent des individus dont l'âge varie maintenant de la conception à cent ans. On y a parfois du mal à se comprendre et à se supporter, ne serait-ce qu'en raison des différences de rythme de vie : heures de repas, nombre d'heures de sommeil, fragilités diverses. On peut remarquer que les écarts d'âge sont moindres dans les relations de travail. Et encore plus limités dans les groupes d'amis qui se forment essentiellement par génération. C'est là que l'on se sent le plus à l'aise et sans contrainte.

Grands-parents et parents peuvent, à chaque occasion de rencontre, craindre pour leur autonomie. Depuis leur départ du foyer familial, les jeunes gens ont pris progressivement leur indépendance à tous points de vue. La naissance de leurs propres enfants les rapproche brusquement de leurs parents. Ceux-ci sont souvent heureux de les aider, de garder les petits, de « dépanner » financièrement, en offrant le superflu et parfois un peu du nécessaire. Cette nouvelle proximité risque de réactiver des conflits anciens et d'en faire apparaître de nouveaux qui ne sont souvent que les anciens habillés au goût du jour. Et s'il est bien agréable de recevoir de l'aide, la reconnaissance est souvent difficile à vivre. Tout comme l'absence de témoignages de gratitude. Chacun se retient, aussi longtemps qu'il peut. Et puis survient une petite phrase du genre : « J'adore ton mari. Si seulement il pouvait éviter de se racler sa gorge toutes les trois phrases ! » Et *in petto :* « Et dire merci, de loin en loin. » Cette escarmouche peut faire démarrer un épisode de la « guéguerre » familiale, où tout le monde joue sa partie, y compris les enfants qui « adorent » les scènes entre adultes, à condition que leurs deux parents soient dans le même camp.

Œdipe toujours

Dans la problématique œdipienne, toute belle-mère peut en secret estimer que sa belle-fille lui a « volé » son fils et la belle-fille être jalouse de la relation privilégiée qui existe entre son mari et sa mère. Ces sentiments n'empêchent pas forcément une réelle bonne entente dans la complicité féminine. Les beaux-pères peuvent être de même jaloux de leurs gendres, en bons pères œdipiens, et parfois de leur fils parce que la belle-fille est ravissante. Ces rivalités cachées entre adultes empoisonnent quelquefois tout d'un coup le climat familial, à l'occasion d'un incident qui sert de détonateur, et aussi de révélateur, puisque jusque-là tout était dans le non-dit.

Conséquence de la rivalité entre belle-mère et belle-fille – les statistiques le prouvent –, les grands-parents maternels ont des contacts plus fréquents avec leurs petits-enfants que les grands-parents paternels. Les rapprochements géographiques se font surtout entre les parents de la mère et le jeune couple. La complicité mère-fille est l'un des piliers de la relation entre générations, tandis que les fils deviennent souvent lointains pour leurs parents dès qu'ils vivent en couple, souvent pour ne pas affronter les réticences de leur épouse. Il arrive même que pour éviter toute forme de conflit, le jeune couple rompe à demi avec les parents des deux côtés. En cédant à cette facilité pour éviter les conflits œdipiens, ils privent les grands-parents de leurs petits-enfants et ces derniers de ce que des gens mûrs peuvent leur apporter d'amour et d'ouverture du fait de leur expérience différente de la vie.

La « mimite »

J'aime bien l'accent chantant de ma belle-mère. C'est une paysanne savoyarde. Elle a sa petite maison, ses poules, ses lapins,

tout ça c'est très bien. Mais il y a souvent un mouton ou deux qui entrent dans la maison si on n'y fait pas attention : et ça, franchement, c'est dégoûtant ! Comme confort, c'est tout juste s'il y a une douche dans un coin. Moi, je n'y coucherais pas une nuit. On ne peut pas faire autrement que de lui confier les enfants de temps en temps pour des petites vacances.
Je ne comprends vraiment pas pourquoi ils aiment tant y aller. Il n'y a rien à faire dans ce bled. Et elle est sévère, la vieille dame : les mains lavées, les repas à l'heure, pas de télévision sauf une heure quelquefois quand ils ont repéré une émission pour enfants. Moi, je suis plus tolérante. Pendant qu'ils **sont** à baver devant l'écran, au moins j'ai la paix. Et elle confisque leurs game-boys ; elle dit que cela rend les enfants idiots. Elle ne s'est pas regardée.
Quand ils en reviennent, ils sont insupportables : chez Mimi, le clafoutis aux cerises, il est bon ! Pourquoi tu ne nous en fais jamais ? Chez Mimi ceci, chez Mimi cela. Et ils n'obéissent plus. Elle doit leur laisser faire tout ce qu'ils veulent. Moi, j'appelle cela la « mimite » et j'aimerais bien qu'ils n'y retournent jamais. Mais mon mari insiste.

Ces sentiments sont, du côté masculin, rarement exprimés. On laisse volontiers les femmes avoir des mots entre elles, sans s'en mêler, prudemment. Les rivalités masculines se jouent plutôt par idées et techniques interposées : football, politique et mérites comparés des voitures. Les discussions peuvent même être violentes : la famille est un marigot où il n'y a pas assez de place pour plusieurs crocodiles mâles.

Le narcissisme

Le narcissisme est un autre ressort essentiel du comportement. Les grands-parents ont parfois du mal à supporter que leur propre jeunesse les abandonne, à reconnaître que leur force n'est plus la même. Ils s'accrochent de façon identitaire aux tâches qu'ils ont toujours assumées, même si elles sont devenues trop lourdes pour eux.

Le gigot

– Maman, je t'en prie, reste assise. Ariane va le faire.
– Tu ne vas tout de même pas m'empêcher de m'occuper de mon gigot. Et Ariane ne sait pas où je range mes affaires.
Ariane la suit, mais revient aussitôt et en se rasseyant :
– J'ai été virée.
Alors le père qui voudrait bien reprendre avec son fils sa conversation sur l'abstention aux élections :
– Laisse-la donc. Sa cuisine, c'est à elle.
– Oui, mais enfin, Papa, elle va encore être crevée.
– Si cela doit se passer comme ça, il vaudrait peut-être mieux qu'on ne revienne pas, dit Ariane.
Retour de la mère, un peu échevelée et brandissant le gigot.
– Il m'a donné du mal à découper, et puis je ne tiens plus bien debout avec ma sciatique. Servez-vous bien, Ariane, c'est ma spécialité. Donnez du saignant à votre mari. C'est ce qu'il préfère.
– Et vous, qu'est-ce que vous prenez ?
– Laissez, je n'ai pas faim.

Les plus âgés conservent les traditions, les habitudes, les valeurs. L'image qu'ils ont élaborée de leur famille est comme une image narcissique du couple fondateur à laquelle leurs enfants adhèrent, du moins dans leur prime jeunesse. Ils en contestent souvent, à l'adolescence, certains aspects, mais il leur en reste forcément quelque chose. Même d'origine sociale et régionale voisine, les beaux-enfants sont étrangers à cette culture. Ils ne peuvent pas non plus faire partager à leurs partenaires leur propre vécu, dont ils ne sont que partiellement conscients. Ils portent sur leur nouvelle famille un regard d'étranger qui, même bienveillant, contraint celle-ci à se remettre en question si elle ne veut pas paraître rejeter le nouveau venu. Telle cette famille où le naturisme va de soi. Parents et enfants des deux sexes vivent très à l'aise depuis toujours. L'arrivée d'une belle-fille change la donne et le petit frère, un brin provocateur, jaloux peut-être aussi de la conquête du frère aîné, fait comme s'il allait de soi que la nouvelle belle-sœur, de la famille maintenant, adopte les mêmes habitudes. Le grand frère n'est pas absolument sûr de vouloir à ce point imposer ce mode de vie à son épouse. Mais s'il ne le fait pas, il la place en position d'étrangère. L'occasion est belle, pour les deux frères, de se disputer allégrement.

Le problème devient encore plus délicat si le nouvel arrivant est d'un milieu très éloigné sur le plan culturel, social ou racial et peut donner une sensation de blessure narcissique aux gardiens de la tradition familiale. Les « bons usages », tenue à table et formules de politesse, relèvent à la fois de la coutume et de la bonne éducation. Dans certaines familles, ils revêtent une valeur identitaire. Une grand-mère peut être tentée de reprendre vertement le gendre en feignant de s'adresser au petit-fils : « On ne sauce pas son assiette, ici. Tu veux que je t'aide ? » Le gamin repose son pain, le père fait de même, tout confus, et la mère, furieuse, prend la défense de son mari contre les préjugés sociaux de sa propre mère.

Les jeunes adultes vivent un conflit entre les enseignements de leurs parents, marqués du sceau de leur narcissisme, et leur propre rejet de ces valeurs héritées. Ce refus peut être motivé par une souffrance ancienne, subie à un moment ou à un autre de leur enfance, à cause de l'intransigeance parentale – à l'occasion d'une remontrance publique, par exemple ; ils peuvent aussi avoir souffert à travers leur tendresse pour un camarade moins « bien élevé » et durement critiqué, et prendre en grippe les valeurs sociales de leurs parents. Ces rejets sont souvent conscients, mais paraissent impossibles à formuler autrement qu'à chaud, au moment de la crise, quand la colère emporte les barrières. La plupart du temps, on serre les dents : « Tu connais ma mère... »

□ Narcisse et le dictateur

Le narcissisme n'est pas en soi critiquable : comment vivre et être heureux si l'on n'est pas en bons termes avec soi-même ? Quand il est associé à la volonté de pouvoir, il risque de générer de graves conflits. D'autant que la notion de dynastie familiale dominée par la haute figure du patriarche – ou de la matriarche – s'efface actuellement au profit de la famille nucléaire où chaque jeune couple est maître chez soi.

Maison à vendre

Ils ont parfois demandé aux parents la permission de venir en juillet quelques jours avec des amis. La réponse de la grand-mère a toujours été la même : « Une fois, j'ai prêté la maison et je l'ai retrouvée en pagaille. On ne m'y reprendra plus. Quand vous êtes tous là, vous faites gentiment ce que je vous demande et la maison tourne. Pas question que vous y veniez sans moi. » On changeait de chambre à chaque séjour : elle prétendait qu'elle tirait au sort pour ne pas faire de jaloux.
Au moment où il aurait fallu que l'un des enfants reprenne cette maison, personne n'en a voulu malgré tous les bons souvenirs. Personne ne s'y sentait vraiment chez soi.

Certains grands-parents nostalgiques peuvent, dictateurs déchus, faire surgir des conflits d'autorité. Ils ont du mal à reconnaître à leurs enfants le statut d'adultes et à les respecter en tant que parents dignes de confiance. Un père âgé qui ne respecte pas le père en son fils l'infantilise, ce que la bru supporte encore plus mal que le fils. De même, une mère abusive peut tenter d'effacer son gendre pour maintenir un lien puissant avec sa propre fille qu'elle traite en éternelle mineure malgré ses quarante ans et ses quatre enfants. Ces abus d'autorité d'origine narcissique infligent une souffrance au conjoint du maltraité : comment supporter de voir le partenaire sur qui l'on compte, en qui l'on a investi son désir et sa confiance, aussi mal considéré par ses propres parents ? Les représailles sont à craindre. Si le petit-enfant prend conscience de ces tensions et perçoit la souffrance de ses parents, il prendra à tout coup leur parti contre l'aïeul(e) qu'il rend responsable.

Sans jouer les patriarches, bien des grands-parents estimeraient normal qu'on prenne conseil auprès d'eux avant les décisions importantes. De nos jours, c'est encore trop demander. Excepté lorsque se posent des problèmes économiques, on ne les consulte qu'en raison d'une compétence reconnue et dans la mesure où ils ne risquent pas de se vexer si leur point de vue n'est pas retenu.

Tous les abus de pouvoir ne sont pas identifiés comme tels. Ainsi certains grands-parents sont tellement heureux de la visite du dimanche qu'ils la font s'éterniser. Comme elle interrompt leur solitude, ils trouvent toujours quelque prétexte pour empêcher enfants et petits-enfants de reprendre leur liberté. « On sait quand on arrive, on ne sait pas quand on repart », dit l'aîné des petits-fils qui supporte de moins en moins bien l'incarcération du dimanche chez Mamy. Certains pratiquent une autre forme d'intrusion. Ils critiquent l'action des parents, parfois devant les enfants. « Et tu devrais... » « Je ne veux pas m'en mêler mais si... » Rien ne trouve grâce à leurs yeux. Si la critique porte sur des détails infimes de la vie quotidienne – choix des vêtements, coupe de cheveux, élaboration des menus... –, elle peut ne susciter que de l'agacement chez le jeune adulte qui subit l'agression, mais elle est grave pour l'enfant, lorsqu'il est petit : ces détails « sans importance » en ont beaucoup pour lui ; ils sont les mille supports de sa confiance dans la compétence de ses parents qui savent ce qui est bon pour lui. Saper cette confiance, c'est détruire la sécurité de l'enfant – et s'exposer à son aversion en attaquant ses « dieux ».

Cet abus de pouvoir intrusif est souvent le fait de mères « plus mères que femmes [1] », comme disent Caroline Eliacheff et Nathalie Heinich. Elles ne peuvent renoncer au pouvoir sur leur fille et sa descendance : c'est leur propriété. Ces mères-louves font bon compte de la partie masculine de l'humanité qui n'est bonne qu'à faire les enfants et à disparaître par le veuvage ou le divorce, ou symboliquement, derrière un journal déployé. Or le sacrifice affirmé de sa vie de femme n'est possible que s'il est compensé narcissiquement par le sentiment d'appartenir à une espèce supérieure de femmes, dont on est soi-même la mère fondatrice.

La fille d'une telle mère, lorsqu'elle est parvenue à se marier, et, par miracle, à bien se marier, renvoie sa mère à la solitude du mauvais choix, du marché de dupes : « Je n'ai pas eu de mari – ou si peu – je n'ai pas eu d'homme(s), et tu m'as quittée. » Les « scènes » sont à craindre : revendications constantes, reproches d'autant plus répétitifs qu'ils ne sont jamais formulés clairement, tentatives de détrôner le gendre qui ne peut se défendre, dès lors que sa femme, noyée de culpabilité, s'interpose pour l'empêcher de trancher dans le vif. On n'en fait jamais assez pour une mère admirable ; on n'aura jamais compensé tous les sacrifices qu'elle a consentis. Il est bien possible que les petits-enfants refusent d'être débiteurs à vie d'une telle créance.

□ Narcisse et l'absence

Ceux, parmi les grands-parents, qui ont choisi la liberté, la leur, deviennent obsédants à force d'absence. Ils donnent la preuve de leur désamour. Ainsi les mères « plus femmes que

1. *Mères-filles, une relation à trois.*

mères » soignent-elles avec dévotion leurs passions (réussite professionnelle ou succès en tout genre) et plus encore, leur narcissisme, sans se soucier de leur descendance, sauf de loin en loin, pour faire semblant, à grand spectacle.

Certains grands-pères, divorcés puis remariés avec des femmes plus jeunes, à nouveau pères de jeunes enfants, préfèrent se rendre invisibles. « Si je ne téléphone pas à mon père une ou deux fois par an, je n'entends jamais parler de lui. Et il ne me demande même pas de nouvelles des enfants. Je crois qu'il ne sait même pas si j'en ai un ou trois. » Cette jeune femme est indignée et souffre de l'absence délibérée de son père. Il occupe dans la vie de sa fille une place excessive et obsédante, faute d'avoir accepté de prendre celle qui lui revenait.

□ Les « terroristes »

L'abus de pouvoir n'est plus l'apanage des grands-parents. De jeunes adultes dans la force de l'âge sont également capables d'imposer leur volonté au reste de la famille. Ces excès moraux, psychologiques, ne se manifestent par aucune violence réelle mais témoignent d'un manque de respect des autres, d'une affirmation égoïste de ses droits, d'une perte des repères qui maintiennent normalement les bonnes distances du savoir-vivre. Condescendants, ils font mine d'offrir leur présence comme un cadeau somptueux. Et ils daignent arriver, sans prévenir, pour faire une surprise, à sept heures du soir avec tous leurs enfants. Ils sont tout fiers de faire un tel plaisir à leurs parents âgés qui sans eux seraient réduits à la plus sombre solitude. Cela faisait trois mois que l'on n'avait pas entendu parler d'eux !

Trou-les-Bains

Si on te fatigue, dis-le, ma petite maman. Si on vient te voir dans ton Trou-les-Bains, c'est vraiment pour te faire plaisir. Julie me disait que les gosses en avaient un peu marre de la baignade à 16° entre deux averses. Alors tu n'as qu'un mot à dire. D'autant que les Truc nous ont invités au cap Bénat. Écoute, tu sais ce qui nous ferait vraiment plaisir ? Tu gardes le « package » de gosses et j'emmène Julie au cap Bénat.

Le chantage consiste à profiter d'une situation où le partenaire n'a pas la possibilité psychologique de négocier. Tels les grands-parents très attachés à leurs petits-enfants qui craignent qu'on profite de leur moindre protestation pour ne plus les leur confier. Il arrive que les enfants, inconscients de l'enjeu qui les dépasse, s'amusent à dresser les adultes les uns contre les autres : la petite Marion, confiée quelques jours à sa grand-mère, raconte, au retour de la maman, qu'elle s'est fait gronder pour s'être longuement promenée avec une amie, sans prévenir, à la sortie de l'école. Serrant la petite dans ses bras, la mère dit alors : « C'est pourtant vraiment bien de ta part, d'être aussi autonome ! » Marion a gagné. Elle s'est indirectement vengée de la gronderie qu'elle avait pourtant bien acceptée sur le moment. Le retour de sa mère lui permet de réintroduire la guerre des clans en ravivant la zizanie entre les deux générations d'adultes. Elle est en réalité la grande perdante. Sa mère a détruit l'autorité des grands-parents grâce à laquelle Marion s'était sentie en sécurité les jours précédents. La mère a saisi l'occasion de s'affirmer face à ses beaux-parents comme une mère moderne, libre et libératrice et s'est laissé en fait manipuler par sa fille. Elle s'est ainsi dévalorisée. À ce jeu, elle risque de placer Marion dans une situation inconfortable : envahie de culpabilité et ne sachant plus à qui se fier.

Un champ de bataille idéal : l'éducation des enfants

La question de l'éducation des enfants est un point névralgique de la relation entre grands-parents et parents. Ils sont en situation de rivalité visible. Un grand-père – ou une grand-mère – qui désire infléchir la personnalité et le destin des petits-enfants trahit sa volonté de pouvoir associée au narcissisme, au risque de heurter de front les mêmes désirs du côté des parents. Ces conflits sont préjudiciables au développement psychique des enfants dans la mesure où ils les font vivre dans une exigence identificatoire excessive et illégitime. D'autant plus que les motifs irrationnels vont passer inaperçus devant la noblesse et l'importance des enjeux : l'avenir de l'enfant, sa construction psychique, sa réussite, son bonheur. Vouloir lui donner les meilleures chances, c'est le souci de tous les éducateurs qui l'entourent et qui l'aiment. Mais quelle méthode employer ? C'est là que le problème commence.

□ Préjugés de base

Certains critiquent volontiers l'éducation qu'ils ont reçue mais s'empressent de la reproduire dans ses aspects essentiels. Ils vont, au prix d'une contradiction interne, se dire mécontents d'eux-mêmes et reproduire ce qui, à leurs yeux, n'a finalement pas si mal réussi. D'autres, au nom de leur liberté, se placent en rivalité avec leurs propres parents. En prenant systématiquement le contre-pied de l'éducation qu'ils ont reçue, ils affirment fortement le refus de transmettre la « mauvaise éducation » dont ils ont été victimes, au mépris parfois du plus élémentaire bon sens. Ces attitudes ne peuvent que faire souffrir les parents âgés qui ne voient pas forcément l'imitation sous la contestation verbale ou qui s'étonnent de prises de position qui leur paraissent absurdes. Leur perplexité se double de culpabilité. Ils s'interrogent : qu'avons-nous fait à notre enfant pour qu'il (ou elle) réagisse comme cela ? D'autres jeunes parents, en s'inspirant des modèles que leur donnent des amis ou des conseils trouvés dans les médias, cherchent à innover, à faire mieux, à imprimer leur propre marque, peut-être aussi, parfois inconsciemment, pour prendre des distances avec le modèle parental.

L'apprentissage de la politesse est une bonne occasion de se disputer entre parents et grands-parents. Des grands-parents soixante-huitards y voient souvent un dressage humiliant et contre nature. D'autres, plus classiques, le considèrent comme l'indispensable création d'automatismes qui feront de la politesse une seconde nature pour l'enfant. On entend une jeune femme se plaindre : « Et mes parents, qui n'avaient que la politesse à la bouche, et ont empoisonné mon enfance, se permettent maintenant d'ennuyer Vincent s'il ne dit pas bonjour. Il n'a que trois ans. Il leur fait gentiment un baiser mais n'aime pas dire bonjour et je lui fiche la paix. Ils finissent par y arriver, en insistant. Ensuite, ils me font remarquer que ce n'est pas si difficile. » La mère, par réaction contre l'éducation qu'elle a reçue, se refuse à apprendre à son fils les formules de politesse. Les grands-parents ne font que la braquer en intervenant sans discrétion ni courtoisie. Ces différends, en apparence liés au respect ou au refus de la tradition, sont en réalité affaire de narcissisme et de volonté de pouvoir.

□ L'école

Certains grands-parents sont très soucieux de bons résultats scolaires qui flattent leur orgueil et sont prometteurs d'élévation sociale. Et ils encouragent l'enfant par des cadeaux annexés aux bonnes notes. Ils peuvent y trouver une revanche aux échecs mal vécus de leur propre enfant qui n'a pas su, ou pu, ou voulu accomplir leur idéal et ressembler à leur enfant merveilleux. Les mauvaises notes peuvent aussi générer des cataclysmes si elles déclenchent une petite phrase assassine du genre : « Chez nous, les enfants savent tous lire couramment à cinq ans », de nature à humilier le gendre ou la bru et, par ricochet, la « famille qui n'est pas la nôtre ». On peut aussi utiliser des résultats médiocres pour faire le procès de l'éducation dispensée par les jeunes adultes ou prodiguer des conseils qui ont toutes les chances d'être mal reçus puisqu'ils mettent du sel sur les blessures narcissiques des parents.

La pression ou l'absence de pression exercée par les adultes, quelle que soit leur génération, sur le travail scolaire ou les orientations des jeunes dépend souvent de leurs choix personnels de vie. Tel qui a adopté un mode de vie tranquille où ses loisirs comptent autant que son salaire défendra une position très différente de celui qui a un tempérament de « jeune loup », capable de travailler soixante-dix heures par semaine pour gravir les échelons hiérarchiques et d'écraser tout ce qui pourrait gêner son ascension. Ces choix différents sont de nature à créer des discordes entre parents et grands-parents, chacun souhaitant que le jeune adopte à son tour son choix de vie, voire son propre métier. Comme l'a écrit Henri Laborit, dans *Éloge de la fuite :* « Ainsi, lorsque des parents sont persuadés que le bonheur s'obtient par la soumission aux règles imposées par la structure socio-économique, il est compréhensible qu'ils imposent à leurs enfants l'acquisition coercitive des automatismes de pensée, de jugement et d'action conformes à cette structure. Mais s'ils pensent que le bonheur est une affaire personnelle, que l'équilibre biologique s'obtient par rapport à soi-même et non par rapport à la structure socio-économique du moment et du lieu, ce seront sans doute, pour l'ensemble social, de mauvais éducateurs, mais peut-être seront-ils de bons parents pour leurs enfants, si ceux-ci ne sont pas happés plus tard par le conformisme qu'ils peuvent peut-être leur reprocher de ne pas leur avoir appris. » Beau et profond sujet de discorde !

Vie éternelle et grand soir

Les opinions, dans le domaine religieux, n'ont pas de base rationnelle. En politique non plus, la logique d'une prise de position n'est pas absolue et relève souvent en partie de facteurs personnels et affectifs. Dès lors qu'une analyse intellectuelle vient les conforter, il n'est plus possible de discuter. Ces croyances ou ces opinions peuvent être héritées de la famille ou du milieu. Mais l'individu peut aussi refuser l'héritage, selon des parcours malaisés à identifier. Dans la fidélité ou dans la rupture, les croyances finissent par faire réellement partie de l'identité d'un individu. L'effort qu'il fait pour propager une vérité sur laquelle édifier un monde meilleur ou ses tentatives pour se rapprocher du but qu'il s'est choisi peuvent constituer l'essentiel des motivations de sa vie. La noblesse du but envisagé est flatteuse pour l'idée qu'il peut se construire de lui-même. Il ne discute plus l'objectif en question devenu évident pour lui. Ses parents lui ont imposé des lois morales qu'il a faites siennes et qui constituent son *surmoi.* On peut dire alors que ce projet ambitieux, satisfaisant à la fois pour le narcissisme du sujet et pour son *surmoi,* constitue son *idéal du moi.*

Le désir de transmettre à ses enfants ou petits-enfants ces valeurs auxquelles on est particulièrement attaché, pour lesquelles on milite, est un souhait légitime et honorable. Il est humain de vouloir partager avec ceux que l'on aime ce que l'on considère comme une raison de vivre. Le côté « idéal » de ces prises de position peut entraîner, dans la discussion, une fougue mal comprise, voire mal tolérée par les partenaires s'ils ont des convictions plus ou moins opposées. Dans une même famille, on peut voir s'affronter des individus dotés d'un idéal du *moi* élevé et exigeant, tandis que d'autres vivent au jour le jour sans préoccupations extra-nombriliques. C'est peut-être là que les exaspérations sont les plus graves, parce qu'elles mettent en jeu des *surmoi* incompatibles.

Les problèmes religieux sont probablement les plus douloureux, ceux où les aînés souffrent le plus de ne pas pouvoir transmettre leur foi à leur descendance. S'ils vivent cette foi de façon très passionnelle, il est illusoire de tenter de prêcher la tolérance. Le salut est dans la fuite.

Bannière étoilée

Dans un film de Sydney Lumet, l'un des personnages, un homme au visage sensible et fin, s'exprimant dans un anglais soigné avec un accent européen, raconte qu'il est émerveillé d'avoir été « appelé » pour remplir la fonction de juré.
Il est en proie à une vive émotion.
Et l'on comprend que cet horloger, personnage emblématique, représente tous ceux qui ont fui le vieux continent en proie aux totalitarismes pour trouver en Amérique la vie et la liberté. Il veut se montrer digne de la confiance qui lui a été faite en s'acquittant le plus fidèlement possible de son devoir civique. Il participe aux débats en témoignant d'une concentration et d'une courtoisie sans faille, alors même que les passions se déchaînent.
En face de lui, un Américain de souche, amateur de base-ball, ne désire qu'une chose : en finir au plus vite avec cette délibération avant le début du match pour lequel il a des billets qui lui « brûlent le fond de la poche ». Le sportif est sûr de son bon droit et de son identité installée. Le citoyen naturalisé depuis peu tremble de rage et d'indignation de voir bafouées les valeurs dont il connaît le prix. L'affrontement est bref mais intense. Ce film, *Douze hommes en colère*, comme son titre l'indique, offre une très belle collection de conflits possibles entre pulsions et *surmoi* aux exigences contradictoires.

La brûlante question du sexe

D'un point de vue sociologique, il y a peu de domaines où les idées aient autant évolué en un demi-siècle. Les personnes nées aux alentours de 1940-1945 ont été élevées avec des préceptes moraux et religieux traditionnels, à une époque où la virginité avait une valeur de tabou. L'acte sexuel avait alors de bonnes chances d'être suivi de grossesse ; une surveillance serrée était organisée pour protéger les jeunes filles contre les tentations. Une bonne partie des grands-parents actuels appartient encore à ces générations. La liberté donnée actuellement aux jeunes est loin d'être bien acceptée par tous et crée encore des tensions à l'intérieur des familles. Cependant, on y voit souvent, de façon paradoxale, des grands-parents plus libéraux que les parents.

Sur un plan psychologique, deux formes de tension se conjuguent. Chacun vit sa sexualité, dès qu'il en a une, dans une tension entre les exigences plus ou moins sévères des interdits moraux et celles de ses pulsions. D'autre part, chacun tient à donner de lui-même une image parfois très différente de la vérité de ce qu'il vit. La vie sexuelle est un lieu où le narcissisme de chacun est sensiblement engagé : il est plus facile d'avouer qu'on est nul en maths ou qu'on aurait peur de sauter en parachute que de reconnaître qu'on a une vie sexuelle insuffisante, déviante ou maladroite.

Ce besoin de paraître amène à des prises de position radicales, très permissives ou au contraire rigoristes qui génèrent des conflits graves dans les familles. Conflits d'autant plus graves que les protagonistes défendent volontiers des positions hétérogènes à leur vécu, mais conformes à leur éducation traditionnelle ou à l'image flatteuse qu'ils veulent donner d'eux-mêmes et à laquelle ils essaient de croire.

Heurs et malheurs de la cohabitation

Les périodes de cohabitation d'un couple de grands-parents, d'enfants et de petits-enfants sont à haut risque. Caractères et pulsions destructrices des uns et des autres s'y trouvent à nu pendant quelques semaines. Les petits-enfants ont le loisir, à longueur de journée, de montrer, ou même d'exhiber, les imperfections de leur éducation. Ils manifestent aussi un talent remarquable pour favoriser les tensions entre les adultes. Au fur et à mesure de leur croissance, les petits-enfants, de spectateurs innocents, vont devenir acteurs dans la partie qui se joue pour la prise du pouvoir. Ils peuvent, en tant que tiers état, soit se liguer contre les grands-parents, soit faire bloc avec eux contre les parents.

Un si joli petit chalet

Cette année, les grands-parents ont loué un chalet : vue panoramique, vraie cheminée, piscine chauffée, l'idéal. La voiture à peine déchargée, les enfants sautent dans la piscine. Laurence, la grand-mère, appelle son fils : « Pascal, tu viens m'aider ? » Trois minutes plus tard : « Pascal, je n'y arrive pas. » Pascal se précipite. « Pascal, si tu es tout le temps parti... », crie Chloé de loin.

Après une séance générale de piscine et un bon goûter, tout baigne. Chacun reprend espoir. Mais à sept heures, André s'indigne quand les enfants commencent à crier famine : pas question de dîner avant les infos. Pour les faire patienter, Pascal veut beurrer quelques tartines : « Tu es fou, tu vas leur couper l'appétit. Ils n'ont qu'à attendre. » Bâillant avant même de se mettre à table, les enfants épuisés s'endorment sans toucher leur assiette.

Laurence, grande admiratrice de George Sand, bourre sa pipe. À la première bouffée, Chloé sort son flacon de Ventoline. En vain. Ses poumons se mettent à siffler et elle doit sortir.

– Mais qu'est-ce qu'elle a ?

– C'est son asthme, Maman.

– Alors, c'est d'elle que Marielle tient toutes ses allergies ?
Dès lors, l'enfer à bas bruit. Chacun s'est efforcé d'éviter les tensions et les mots qui fâchent. Sauf pour donner des ordres aux enfants : « Papy, est-ce que je peux aller à la piscine maintenant ? – Non, pas tout de suite après manger. » Et trois minutes après : « Paul, sors de là, je t'avais défendu. – Papa m'a permis, tralala. »
On ne les y reprendra plus. Pourtant, les voisins d'à côté réitèrent chaque année la cohabitation. De l'autre côté du mur, on n'entend que des rires. Comment font-ils ?

Les adultes peuvent adopter une attitude respectueuse les uns vis-à-vis des autres : on peut garder pour soi ses pulsions œdipiennes, ses fantasmes narcissiques et ses volontés de pouvoir. Il est inexact de penser qu'en famille on peut tout dire et tout faire, exprimer sans précaution ce qui passe par la tête – à l'inverse des lieux de travail où l'on fait attention. Ce respect élémentaire de l'autre n'empêche ni la gaieté ni la tendresse.

Il n'est pas toujours possible de se dominer. Ceux-là passent d'année en année le mois d'août tous ensemble, vingt-trois personnes dans la même grande maison familiale. Au 15 août, on cherche à retarder le plus possible l'inévitable. Mais en fin de journée, ça part, c'est l'explosion. Les adultes s'envoient à la figure tous les griefs accumulés pendant la première quinzaine. Les enfants, terrorisés ou rigolards, se réfugient au grenier. La grand-mère sonne la cloche du dîner un peu plus tôt, quand elle juge que ça a assez duré. On se réconcilie pour passer à table. L'atmosphère est excellente pour la deuxième quinzaine. Rendez-vous au 15 août prochain pour une nouvelle grande lessive. Ils n'envisagent absolument pas de passer les vacances autrement. Le rituel cathartique leur permet d'éviter le pourrissement dans la rancune et le non-dit.

Pour mettre fin aux hostilités

Il est normal que les opinions des parents et des deux couples de grands-parents diffèrent sur de nombreux points. Il semble que cela puisse même être bénéfique à la formation psychique d'un enfant. Françoise Dolto a écrit à ce sujet, dans « Les grands-parents [1] » : « Il est bon que l'enfant comprenne que ses grands-parents ne pensent pas comme ses parents, car il se sentira alors le droit lui aussi de ne pas penser comme ses parents, ce qui est une étape importante de son développement. » Une polémique peut avoir des aspects féconds.

Les disputes sont plus dangereuses. On ne peut pas toujours les éviter. L'essentiel est d'en sortir et ne pas les laisser s'enkyster. « Je me suis mis un bœuf sur la langue, mais je n'en pensais pas moins » : bœuf ou coccinelle, l'enfant lit à livre ouvert sur les visages tendus et muets. Il souffre du « désamour » de ceux qu'il aime. En famille, triompher n'est pas gagner si l'on perd la confiance de ses petits-enfants. Tous les moyens de réconciliation, s'ils sont de bonne foi, doivent être tentés. Parler, s'expliquer, mais pas avant d'avoir essayé de réfléchir aux – peut-être bonnes – raisons de l'adversaire. Toute négociation commence dans le silence du retour sur soi.

Les mésententes et crises familiales ne sont pas sans conséquences. La relation entre grands-parents et petits-enfants risque toujours d'être le premier fusible qui saute : l'enfant préférera généralement renoncer à ses grands-parents plutôt qu'à ses parents. Il est rare que les enfants aiment entendre dire du mal de leurs parents, même et surtout s'ils ont tort. Il leur faudrait une maturité que, par définition, ils n'ont pas pour rester en dehors du conflit et garder à chaque « clan » une égale tendresse. Si cette hauteur de vues est difficile à des adultes accomplis, on voit mal comment des enfants ou même des adolescents y accéderaient.

1. *Les Chemins de l'éducation.*

9

Cataclysme dans la vie de l'enfant : le divorce

Dans les années 70, on entendait dire : « De mon temps, on se résignait. » Pas question de divorcer : comment « avouer » un divorce à la tante religieuse ou à l'oncle curé ? Et vivre de quoi ? « Retourner chez sa mère », comme dans les vaudevilles ? La « grande cassure » dont parle Évelyne Sullerot correspond aux années 1965-1975, où les divorces sont devenus beaucoup plus fréquents. Finie la soumission à la morale religieuse qui s'opposait au divorce. Finie aussi la dépendance matérielle vis-à-vis d'un mari nourricier : les femmes en travaillant se sentaient enfin libres.

La contraception faisait de la maternité un choix et non plus une fatalité. Il restait au législateur, en supprimant la notion de chef de famille, à donner aux femmes leur part de pouvoir. Le divorce pour faute n'est plus qu'une voie parmi d'autres dans la procédure de dissolution du mariage. La société a ainsi offert aux couples un chemin plus aisé vers la séparation et la liberté, sans trop s'appesantir sur le sort des enfants.

En effet, la rupture entre leurs parents reste pour eux un drame. Leurs parents affirment ne pas vouloir leur sacrifier leur bonheur d'adultes tandis qu'eux perdent le nid familial et sa sécurité. Ils ne « referont pas leur vie » : ils ne retrouveront pas leur paradis perdu. Ils devront apprendre à renoncer à ce couple parental, leur seul bien, à jamais défait. Que peuvent faire les grands-parents dans les différentes étapes de la crise pour aider leurs petits-enfants ?

Ouragan sur le couple ou lente détérioration

La séparation d'un couple peut se faire en quelques jours ou quelques semaines, quel qu'en soit le motif. Des affrontements, même violents, peuvent rester secrets, à tel point que les enfants abasourdis n'ont même pas vu disparaître l'un de leurs parents, parti sans un adieu, et restent stupéfaits, désemparés. Les grands-parents sont généralement au courant des difficultés du ménage. Ils sont souvent persuadés que le divorce est une catastrophe pour les enfants et ont tendance à prêcher la patience. Le conseil peut être bon. Bien des ménages surmontent une crise et parfois plusieurs tout en gardant une bonne entente de base.

Ailleurs, malgré les discordes, l'amour n'en finit pas de mourir. Certains couples n'arrivent pas à se séparer malgré des conflits graves, ou y parviennent trop tard. Ils n'osent le faire, disent-ils, à cause des enfants, mais leur font subir des années de crise. Ils les font vivre dans une atmosphère de haine et de disputes incessantes, parfois ponctuées d'échanges de coups. Les enfants assistent parfois à ces scènes violentes, dont ils peuvent entendre aussi l'épilogue sous forme de réconciliation sur l'oreiller. Tout cela les dépasse et les fait souffrir. Ils perdent confiance en leurs parents qui se contredisent tout le temps et ce n'est pas la moindre de leurs épreuves.

Plus tard l'adolescent, exaspéré par ces drames à propos d'événements futiles, exhortera ses parents à se séparer plutôt que d'empoisonner l'existence de tout le monde. Mais qu'elle survienne tôt ou tard, une séparation entraîne des problèmes matériels difficiles et coûteux à régler. Il va falloir, pour l'un ou l'autre, déménager et résoudre la question des pensions alimentaires. Autant de nouveaux sujets de querelles.

La nouvelle loi sur le divorce date de 1975. Elle modifie considérablement le rapport de force entre les époux. Les tribunaux ont longtemps rendu leurs jugements sur la base de la notion de « faute », qu'ils ont maintenant, dans une large mesure, abandonnée au profit de procédures de consentement mutuel. Leur préoccupation essentielle demeure l'avenir des enfants, tandis que les plaideurs restent figés dans la haine. Le désir de gagner n'a guère de sens en matière de divorce. Puisque les vrais perdants ne sont pas tant le conjoint que les enfants. Et plus tard, ne pas payer la pension alimentaire, négliger le droit de visite ou l'exiger avec violence sont autant de façons de continuer la guerre, le harcèlement moral, en prenant les enfants en otages.

□ Le calme après la tempête

Lors de la séparation effective du couple, les enfants se retrouvent ensemble avec l'un des parents, la mère le plus souvent. C'est le calme après la tempête. Mais aussi une perte. Les enfants ont perdu, au moins dans leur vie quotidienne, l'autre parent, qui n'était pas forcément le moins important à leurs yeux. Ils ont trop rarement la possibilité de donner leur avis. Il leur arrive souvent aussi de ne plus voir certains de leurs grands-parents. Ils se trouvent alors comme amputés de la moitié de leur généalogie.

L'enfant se sent coupable de la séparation des parents. Il se dit : « Je n'ai pas été gentil, alors c'est ma faute. » Certes, une de ses bêtises a pu occasionner certaines querelles, mais il n'est pas la cause profonde de la mésentente. Il a même pu être conçu dans le seul espoir de consolider un couple déjà fragile ; et il n'est que la source de nouveaux conflits. Mais cela lui échappe. S'il a parfois espéré, rêvé la séparation de parents qui se disputent tout le temps, il peut être effrayé, au moment du divorce, de sa puissance magique destructrice. À l'inverse, certains enfants, plus tard, n'abandonnent pas l'espoir d'arriver à reconstituer la cellule familiale. Des événements comme le remariage des parents puis la naissance de demi-frères ou sœurs rendent cette éventualité bien peu probable, mais ne les empêchent pas d'espérer secrètement. Les grands-parents aideront d'autant mieux leurs petits-enfants dans ces difficultés psychologiques qu'ils auront pu rester en relations courtoises avec les deux parents et les autres grands-parents.

Les enfants sont très ambivalents dans leur amour pour leurs parents. Ils ne peuvent vraiment en détester aucun sans en souffrir beaucoup, et accusent volontiers l'un et l'autre d'avoir cassé ou laissé casser ce nid où ils étaient si à l'aise. Pourtant leur loyauté vis-à-vis de chacun de leurs parents est un phénomène très général. Ils estiment que l'un de leurs parents n'a pas à connaître quoi que ce soit de la vie privée, ou amoureuse, de l'autre et ils n'en disent rien. S'ils sont interrogés à ce sujet, ils affirment avec sang-froid ne rien en savoir et résistent vaillamment à d'éventuelles pressions. Il faut respecter cette loyauté. Pousser l'enfant à la trahir serait une sorte de harcèlement moral très perturbant pour lui et qui ternirait dans son esprit l'image de ses grands-parents. Il faut même aller plus loin : si l'un des parents s'est vraiment très mal comporté, les grands-parents de l'autre lignée doivent d'autant plus s'efforcer de rappeler aux enfants les bons côtés de ce parent-là et les bons souvenirs qu'ils en gardent.

La loyauté n'empêche pas l'enfant de prendre parti pour celui des parents qui se vit comme abandonné. Il cherche à le protéger, et éventuellement à agresser l'autre parent pour essayer de l'amener à de meilleurs sentiments. Certains parents n'hésitent pas à tirer profit de cette tendance. Maurice Berger dénonce « le terrorisme de la souffrance[1] » : le parent abandonné conserve ses enfants autour de lui et, par le spectacle de sa dépression, s'efforce de leur inspirer la haine du parent qui est parti. Il parvient même à modifier les souvenirs de l'enfant et à le persuader de la nocivité, dès l'origine, de ce « mauvais parent » qui, d'ailleurs, n'a pas hésité à l'abandonner, lui aussi, après tout. Des grands-parents très présents pourront assez largement limiter ces influences et permettre aux enfants de retrouver, vis-à-vis de leurs deux parents, une ambivalence normale.

Certains enfants manifestent la souffrance liée au clivage du couple parental par des troubles du caractère et du sommeil. Les enseignants savent bien que les résultats scolaires sont souvent altérés dans ces circonstances. On parlait autrefois de la « honte » d'être un enfant de divorcés : honte de voir l'intimité familiale répandue sur la place publique, honte de la mésentente de ses parents. L'enfant souffre aussi de la défaillance de ses appuis naturels. Cette honte est certainement atténuée depuis que c'est une situation plus habituelle mais ne disparaît pas pour autant. Et reste la souffrance de la déchirure. Les grands-parents savent que ces troubles existent et qu'ils sont une réaction assez normale à la frustration, quand les rencontres avec l'un de leurs parents se font trop rares. Ils peuvent, du seul fait de leur présence et de leur tendresse, montrer à un enfant que toute sa famille n'a pas disparu et que son environnement reste solide et lui permet une vie sociale honorable au milieu de ses pairs.

1. *L'Enfant et la souffrance de la séparation.*

« Ton père sera fier de toi »

Les parents de Michael, treize ans, ont divorcé depuis longtemps et gardent de mauvaises relations. Il voit rarement son père qui habite loin, et n'en parle jamais, comme s'il n'avait pas le droit d'évoquer son existence.

Michael se trouve en vacances chez sa grand-mère maternelle qui est douce avec lui et qu'il aime bien. Un carreau cassé par le ballon contrarie bien la grand-mère : « Il va falloir demander au voisin de venir me le changer, cela m'ennuie d'être tout le temps en train de le déranger. » Michael affirme qu'il peut se débrouiller tout seul. La grand-mère le laisse faire, tout en ayant très peur qu'il ne se blesse. Il prend les mesures, va acheter carreau et mastic et se met au travail. Résultat impeccable. « Mais qui t'a appris ? » dit la grand-mère. « C'est papa. – Je lui dirai comme tu te débrouilles bien, il sera fier de toi. »

Les jours suivants, Michael s'est mis à parler de son père, des promenades, des bricolages qu'ils réalisaient ensemble quand il allait le voir et du plaisir qu'il avait alors.

Une simple phrase de la grand-mère a permis de dénouer une situation bloquée. Michael ose maintenant parler de son père, puisqu'il a pu démontrer que leur relation lui était bénéfique.

Certains grands-parents ressentent comme une injure personnelle l'idée que l'on ait pu cesser d'aimer leur fils ou leur fille. Il leur faut donc relever le gant et tenter de se venger. Il leur semble impossible de ne pas voler au secours de leur propre enfant et de ne pas prendre violemment parti pour lui : victime de l'infidélité, de la violence, de l'alcoolisme ou de tout autre méfait ; malheureux abandonné ou acculé à la décision de divorce pour mettre fin à un calvaire quotidien. Cette tentation de prendre systématiquement la défense de son enfant risque de rendre la séparation plus agressive et donc plus nocive pour les petits-enfants. Elle empêche aussi d'entendre les griefs de l'autre, et donc de se faire une opinion plus nuancée. « Mais si je rencontre son ex-conjoint et l'écoute, je trahis mon enfant. » Celui-ci risque, en effet, de vivre cette rencontre comme un manque de confiance. Mais cet entretien peut éviter une rupture brutale avec le gendre ou la bru et préserver l'avenir des relations avec les petits-enfants.

L'une des façons d'aider son propre enfant dans un divorce est d'écrire une lettre de témoignage destinée au juge. Beaucoup sont tellement persuadés que cet écrit est déterminant dans la décision du magistrat qu'ils n'hésitent pas à noircir le tableau en accablant la partie adverse d'accusations en tous genres. Ces lettres, venant des parents de l'un des plaideurs, n'ont guère de poids dans la décision. Mais elles se trouvent dans le dossier connu par chacun des plaideurs. Bon argument pour que le parent qui a la garde s'oppose à ce que ses enfants rencontrent d'ex-beaux-parents calomniateurs. Ils se trouvent punis de leur attitude passionnelle, mais, plus grave, ils privent leurs petits-enfants d'une partie de leur famille fantasmatique tout autant que réelle. Ils ont oublié que la médiation des parents est toujours indispensable à la relation entre grands-parents et petits-enfants et c'est encore plus vrai en cas de divorce.

« Nous, les grands-mères, ils ne nous feront pas divorcer ! »

Elle raconte : Quand mes parents ont divorcé, j'avais treize ans. Mon père était parti avec une autre femme, pas beaucoup plus jeune que Maman, d'ailleurs, mais très différente. J'avais beaucoup de chagrin, bien sûr. J'allais chez ma grand-mère maternelle et ma grand-mère paternelle venait m'y chercher. Elles avaient dit devant moi, pleurant et riant à la fois et s'embrassant : « Nous, de si vieilles amies, ils ne nous feront pas divorcer ! » Grâce à elles, j'ai continué à voir régulièrement mes oncles, tantes et cousins des deux côtés. Cela me paraissait normal : rien n'était changé dans ma vie, sauf l'essentiel, mais rien d'autre. C'est à la rentrée scolaire suivante, quand j'ai raconté à mes amis comment cela se passait, que j'ai compris que ce n'était pas si fréquent : « Elles sont un peu drôles, quand même, tes grands-mères », ont dit mes copines.

Les grands-parents et le divorce : le radeau

Les grands-parents avaient accepté le gendre ou la belle-fille puis s'étaient habitués et, finalement, l'aimaient bien. Face à la destruction programmée d'une partie de leur famille, face surtout à la souffrance de leurs petits-enfants, ils ne peuvent que souffrir et traverser une période de désarroi et même de dépression. Leur réaction, face à l'annonce de ce désastre, est très variable. Ils peuvent adopter la politique de l'escargot. Ne se mêler de rien. Prendre un avion et aller aux antipodes en attendant que l'orage passe. « Ce sont leurs affaires ! » Ils sont sûrs ainsi de n'apporter aucune aide, ni aux parents ni aux petits-enfants.

La plupart se préoccupent de leurs petits-enfants et vont chercher, par tous les moyens, à les soutenir. Ils estiment essentiel de les aider et de les protéger et pour cela de construire une sorte de « radeau » pour leur permettre d'échapper au naufrage. Mais cela nécessite quelques efforts, entre autres de garder des liens cordiaux avec l'ex-conjoint. Une telle attitude montrera pourtant aux petits-enfants que les deux parties de sa famille ne sont que partiellement séparées.

Grands-parents médiateurs

« Nos enfants étaient déjà séparés et ça se passait mal. Nous étions, ma femme et moi, désespérés de ce divorce. Nous avions de l'estime et de l'amitié pour notre belle-fille. Notre fils nous avait dit qu'il ne voulait plus vivre avec elle et qu'il en aimait une autre.

L'idée nous est venue de les voir ensemble et de les aider à se séparer un peu moins mal. Alors, nous les avons convoqués l'un et l'autre pour essayer de discuter calmement. Ils étaient là tous les deux, à l'heure convenue. Mais cela nous a pris presque toute la journée. L'accord auquel ils sont arrivés ne nous semblait satisfaisant, ni à ma femme, ni à moi. Nous avions tort. Le système de garde alternée qu'ils ont adopté a marché beaucoup mieux que nous ne le craignions et les deux garçons, très solidaires devant ces parents séparés, ont bien évolué, avec des résultats scolaires satisfaisants. Nous avons, bien entendu, continué à recevoir notre belle-fille et, quelques années plus tard, son second mari. Nous avons même eu, à une ou deux reprises, une soirée agréable en invitant à la fois les deux nouveaux couples et nos deux petits-fils. »

Ce couple de grands-parents a montré une confiance assez téméraire dans sa capacité à gérer une situation aussi conflictuelle. Leur témoignage semble montrer qu'ils ont eu raison d'oser. Son échec n'aurait-il pas au contraire aggravé le conflit et rendu difficile la relation ultérieure entre les deux jeunes garçons et leurs grands-parents ? La qualité de la relation antérieure entre la belle-mère et la belle-fille permettait de tenter la démarche.

Un tel radeau, conçu et maintenu de concert par les quatre grands-parents, sera plus efficace encore. Les petits-enfants pourront se trouver à l'abri de la crise à chaque fois qu'ils cherchent refuge chez leurs aïeuls. Il semble assez souhaitable, dans cette optique de conciliation, que les grands-parents gardent une attitude neutre par rapport au divorce. Les petits-enfants supporteraient d'ailleurs difficilement que les uns ou les autres disent du mal de l'un de leurs parents. Ils peuvent dire au contraire : « N'est-il pas malheureux de s'être autant aimés pour en venir à se séparer comme cela. » Ils affirment ainsi aux petits-enfants que leurs parents se sont aimés vraiment et qu'ils ont donc été désirés, ce qui est important pour eux. Si les petits-enfants trouvent chez leurs grands-parents un soutien, un amour stable, la désunion de leurs parents leur semblera moins catastrophique

Ce radeau grand-parental peut aussi jouer un rôle pour restaurer au plus vite une certaine stabilité dans la vie des enfants. Les procédures qui s'éternisent sont néfastes pour les petits-enfants. Une bonne entente entre grands-parents leur permet d'exercer une influence commune pour éviter des chicanes ruineuses. Les adolescents surtout sont sensibles à la chute du niveau de vie qu'entraîne le divorce. Si la pension alimentaire, même suffisante, est versée de façon irrégulière, les parents y perdent tous les deux leur prestige : l'un est un mauvais payeur, l'autre un mendiant. Le mépris ressenti pour l'un et l'autre s'étend à tous les adultes. Les grands-parents peuvent parfois intervenir pour faire respecter le jugement ou donner une avance qui sauve la face du parent défaillant vis-à-vis de ses enfants. Tout comme ils auront souvent à cœur de maintenir ou de restaurer l'autorité morale des parents que scènes et disputes ont entamée.

Mais il y a aussi les conséquences pratiques – déménager, voire demander asile aux grands-parents – qui entraîneront à leur tour certaines perturbations psychologiques. Chez ses parents, la jeune femme retrouve une dépendance de jeune fille : elle régresse aux yeux de ses enfants et peut-être à ses propres yeux. Pendant quelque temps au moins, trois adultes participeront à l'éducation des enfants. La plupart des femmes organisent ensuite leur vie ailleurs, souvent avec les enfants, mais pas toujours.

Et il arrive que les grands-parents gardent les petits-enfants. Certains professionnels de l'éducation sont assez hostiles à cette solution. Ils pensent préférable de confier l'enfant à une institution plutôt qu'à ses grands-parents. Ils soulignent le fait que le grand-père maternel se trouve être à la fois le grand-père et le père, entraînant ainsi, dans l'esprit des enfants, une confusion dans la succession des générations. Il convient d'être attentif à ce risque. Mais les carences affectives créées par la vie en institution, l'usage de drogues souvent lié à l'absence d'une image paternelle forte et les risques de déviances sexuelles plus importants en dehors du cadre familial ne sont pas non plus à sous-estimer. Les « bonnes » prises en charge familiales par les grands-parents, relayés et aidés par les oncles et tantes, sont souvent la moins mauvaise solution. Il n'est jamais question de ces enfants élevés de fait par leurs grands-parents et qui se développent de façon harmonieuse. Les professionnels oublient volontiers ce qui n'entre pas dans le champ de leur expérience.

L'aménagement de la garde

La décision des juges confie la garde des enfants à la mère dans 85 % des cas environ. Les 15 % restants sont partagés entre la garde confiée au père et la garde alternée. Un quart des enfants de divorcés perd tout contact avec le père. Ces chiffres méritent réflexion.

La décision de confier à la mère la garde d'enfants très jeunes est justifiée par le bon sens. En effet, le bébé a lié, pendant la grossesse et la période d'allaitement, des liens très forts avec sa mère. Il la considère comme plus sécurisante que son père et va instinctivement vers elle en cas de danger, jusqu'à un an et demi environ. Il souffre très vite s'il est séparé d'elle plus de quelques heures. Certes, les pères, de plus en plus souvent, se lèvent la nuit pour donner le biberon et changer le bébé. Le fait de « paterner » ainsi leur donne une place pratiquement identique à celle de la mère dans le psychisme du bébé, mais seulement après la première année.

Quand il s'agit de statuer sur le droit de garde, les parties concernées, qu'il s'agisse des parents ou des gens de justice, devraient impérativement prendre en compte l'âge du plus jeune des enfants. Plus l'enfant est petit et plus la séparation d'avec sa mère risque d'être nocive. Pour un nourrisson, cela peut tourner à la catastrophe. Séparé trop longtemps de sa mère, il risque une dépression grave qui peut ne se manifester qu'à l'adolescence et causer des dégâts dont il souffrira toute sa vie. Maurice Berger insiste sur le fait que l'enfant, dans les premières années, doit impérativement coucher chaque soir dans le même lit, sous le même toit que sa mère. Il est souhaitable que le père voie ses jeunes enfants souvent, plusieurs fois par semaine si possible, mais dans le respect de leur sentiment de sécurité, représenté par leur mère. Les grands-parents paternels peuvent rappeler à leur fils qu'il doit être patient. Ils doivent lui faire valoir que dans toutes les sociétés humaines, les hommes protègent les mères et les bébés.

□ Le droit de visite

Le droit de visite est l'affirmation légale du fait que, malgré le divorce, l'enfant continue à avoir et à voir ses deux parents. Il est donc important que celui qui a ce droit en profite pour donner à ses enfants, en peu de temps, les signes d'intérêt et d'amour auxquels ils ont droit et qui leur sont nécessaires. Françoise Dolto disait de ce droit qu'il est un devoir puisqu'il contribue à former l'identité de l'enfant.

Le père montre à l'enfant d'autres aspects de la vie, il rencontre d'autres personnes. Il favorise aussi la formation de l'identité sexuée de l'enfant : aspect différent de son corps, odeur différente, comportements différents. Il propose des jeux différents. Il n'instaure pas le même type de connivence, ne rit pas des mêmes plaisanteries, n'exprime pas sa tendresse de la même façon que la mère. Le rôle des deux parents, la nature l'a voulu ainsi, est étroitement complémentaire. Des études comportementales montrent que le père chahute davantage avec l'enfant tandis que la mère le caresse et l'appelle par un surnom alors que le père utilise plus souvent le prénom. L'enfant a besoin des soins de son père comme de ceux de sa mère et cela dès sa naissance. Un nourrisson doit voir son père souvent dans tous les cas. Tout ce qui l'éloigne de lui est nuisible à l'enfant.

Ce droit de visite laisse au parent qui a la charge des enfants un temps de liberté utile. Rien n'est plus pervers comme jeu que de n'être jamais à l'heure ou de renoncer, au dernier moment, avec des explications folkloriques, à prendre les enfants. Tout aussi redoutable est le parent qui, pour empêcher son ex-conjoint de voir ses enfants, invoque, à la dernière minute bien sûr, maladie, activité scolaire ou sportive inopinée. Les grands-parents peuvent se substituer au parent défaillant pour assurer la garde en toutes circonstances. Ils peuvent aussi rappeler à leur propre enfant son devoir d'honnêteté vis-à-vis du contrat conclu avec son ex-conjoint. Dans ce but, la connivence et la confiance mutuelle entre les quatre grands-parents peuvent être précieuses. Il est aussi souhaitable que l'enfant forme précocement des liens avec tous ses grands-parents et l'ensemble de la famille.

La loi actuelle ne prévoit aucun droit de visite pour les pères qui ont reconnu leur enfant mais ne sont pas mariés. Ils n'ont qu'un devoir : payer une pension alimentaire sans pour autant avoir le droit légal de voir leur enfant. C'est un point de droit bien regrettable et mal connu.

□ La garde alternée

Les deux parents assument à tour de rôle la garde des enfants à un rythme décidé d'avance. Chacun des deux parents reste ainsi en contact régulier avec les enfants et peut éventuellement se faire aider dans sa tâche, à sa guise, par ses propres parents (et pourquoi pas par ses ex-beaux-parents). Les adultes les plus proches des enfants se sentent ainsi tous impliqués sur le plan affectif et moral. C'est théoriquement idéal et la garde alternée est de plus en plus demandée depuis une ou deux décennies. Elle ne doit pas être proposée tant que le plus jeune des enfants n'a pas atteint l'âge de six ans.

En effet, ce système est catastrophique pour les jeunes enfants. Un nourrisson a besoin d'être à tout moment rassuré par la présence de sa mère. Personne n'aurait l'idée de proposer la garde alternée pour un nourrisson encore au sein. Mais celui qui n'a pas le privilège de ce contact corporel intime avec sa mère doit, autant que le premier, bénéficier de sa présence quotidienne.

Tant les plaideurs qui réclament la garde alternée que les magistrats qui la décident doivent être conscients de ce besoin impératif du nourrisson d'être en contact quotidien avec sa mère. Il est certes important de dire que ce petit d'homme a aussi besoin de son père. Que celui-ci vienne le voir, l'observe, joue avec lui ou le promène quelques heures plusieurs fois par semaine, si possible, lui est très bénéfique. La relation duelle avec sa mère doit impérativement s'ouvrir à d'autres relations dès les premières semaines de la vie. C'est alors que le père a un rôle capital à jouer.

Faire entendre raison à un couple en plein divorce n'est pas facile et ce n'est pas la fonction des avocats de s'intéresser à la psychologie infantile. Les grands-parents sont souvent seuls en position de plaider pour le bon sens.

On ne peut pas envisager sans risque de priver de sa mère pendant plusieurs jours et *a fortiori* pendant un mois de vacances un enfant de moins d'un an. Plus tard, il pourra supporter des séparations de quelques jours sans trop en souffrir, puis, progressivement davantage, selon son rythme personnel. Bien sûr, s'il voit souvent et aime bien les personnes qui le prendront alors en charge, il lui sera plus facile de supporter l'absence de sa mère.

Quand le plus jeune des enfants a atteint l'âge de six ans, l'alternance retrouve tous ses bienfaits sous certaines conditions. Il est raisonnable ne pas séparer les fratries. Les enfants changeront tous de domicile en même temps, ce qui suppose deux appartements assez grands, l'un et l'autre suffisamment proches de l'école. C'est donc une solution contraignante et onéreuse, mais dont les avantages sont considérables. Les enfants gardent un contact régulier avec leurs deux parents et avec les familles des deux côtés. L'expérience montre qu'ils supportent souvent assez bien les déménagements fréquents, mais oublient volontiers le livre de mathématiques chez l'un ou l'autre des parents. D'où l'opinion défavorable de nombreux professeurs sur ce mode de vie !

Encore faut-il que la hache de guerre entre les parents soit bien enterrée. Si ce n'est pas le cas, la garde alternée fait vivre les enfants de façon permanente dans deux univers ouvertement hostiles. Pour eux, c'est alors la pire des solutions, l'horreur. Les grands-parents, s'ils en sont conscients, ont le devoir de tout mettre en œuvre pour calmer le jeu ou même tenter de le faire cesser en intervenant auprès du juge.

Après le divorce : grands-parents et petits-enfants

Comme on l'a vu, des grands-parents très présents auprès de leurs petits-enfants peuvent se trouver brutalement exclus à l'occasion du divorce. Ce n'est guère le cas des grands-parents maternels puisque la mère obtient le plus souvent la garde des enfants. Ils sont bien placés aussi pour tenter de renouer ou de maintenir les liens avec la famille paternelle mais peu d'entre eux sont assez conscients du véritable intérêt de leurs petits-enfants pour faire cet effort. Il est plus difficile aux grands-parents paternels de voir leurs petits-enfants. Une mère qui a la garde rompt parfois tout lien avec ses ex-beaux-parents et refuse de leur confier les enfants.

Si le père exerce son droit de visite en se défaussant des enfants chez ses propres parents pour pouvoir vaquer à ses occupations, ses enfants sentiront que leur père ne s'intéresse pas vraiment à eux et ne les fait pas participer à sa nouvelle vie. Leur rancœur ou leur sentiment de frustration peuvent rejaillir sur leurs relations avec les grands-parents qui les gardent. C'est bien sûr différent si le père passe les week-ends avec eux chez ses parents : il résout quelques problèmes d'intendance et maintient les relations entre grands-parents et petits-enfants. Mais il est souhaitable qu'il y ait aussi des moments privilégiés où ses enfants l'aient vraiment à eux seuls et participent à ses loisirs.

□ Quand les grands-parents sont privés de leurs petits-enfants

Les grands-parents vivent mal de ne pas voir leurs petits-enfants s'ils sont en mauvais termes avec celui des parents qui a la garde des enfants soit depuis leur témoignage lors de la procédure, soit pour une autre raison. La négociation risque d'être difficile. Des difficultés géographiques peuvent s'ajouter aux conflits psychologiques et compromettre les rencontres.

En cas d'échec et à condition que les parents aient été mariés, ils peuvent obtenir du juge aux affaires familiales un droit de visite prévu par la loi. Le juge n'accorde ce droit qu'une fois sur deux environ. Il peut dans certains cas avoir de bonnes raisons de craindre que les grands-parents ne profitent de ces rencontres pour critiquer le parent responsable des enfants. Le juge refuse aussi fréquemment si les petits-enfants n'ont pas vu leurs grands-parents depuis plusieurs années. Si les grands-parents obtiennent ce droit, rien n'est gagné. Ils ont plaidé contre le parent en charge de leurs petits-enfants. Dans quel état d'esprit seront ces petits-enfants quand ils les rencontreront ? Il leur faudra beaucoup d'habileté pour réussir la première rencontre.

Les familles recomposées

L'augmentation de la fréquence des divorces fait croire à nos contemporains que les familles recomposées sont un phénomène récent. Mais c'est bien à tort. De nombreuses femmes mouraient jadis des suites d'un accouchement, tandis que les accidents et les guerres tuaient beaucoup d'hommes jeunes. Les familles recomposées actuelles ne sont différentes que parce qu'elles font plus souvent suite à des divorces.

La plupart du temps les enfants acceptent souvent assez bien le nouveau partenaire de l'un de leurs parents. Leur colère est pourtant justifiée s'ils découvrent un matin un inconnu dans le lit de leur mère. Quelques rencontres préalables avec ce nouveau venu l'auraient mieux fait admettre. Si la nouvelle petite amie de Papa n'a que deux ans de plus que sa fille aînée, elle risque aussi d'être mal acceptée : la jalousie œdipienne est une maladie si commune. Mais l'arrivée de petits demi-frères ou sœurs est plutôt bien vécue par les enfants du premier lit qui y voient un gage de la stabilité du nouveau couple parental.

Les grands-parents sont souvent heureux de voir leurs enfants et ex-beaux-enfants trouver de nouveaux partenaires. Cela marque la fin d'une période conflictuelle, pénible, du moins si ces nouveaux couples sont stables. Ces nouvelles unions sont de nature à favoriser leurs rencontres avec leurs petits-enfants, l'essentiel à leurs yeux. Encore un peu de temps et la haine du divorce n'est plus qu'un mauvais souvenir. Les grands-parents ont-ils un grand logement ou un jardin ? Les parents de leurs petits-enfants pourront se retrouver chez eux avec les nouveaux conjoints et les enfants qu'ils ont eus de mariages antérieurs. Ils pourront même assister, au milieu de ces agapes familiales, à l'invention de cousinages entre des enfants qui n'ont guère de sang commun, et ne sont liés que par les remariages de leurs parents. Les enfants adorent les liens de parenté.

10
À propos des maltraitances

Parents, grands-parents et éducateurs : personne n'est parfait. Dans cette mesure, on peut dire que chacun « maltraite » les enfants qu'il a en charge puisqu'il ne fait pas tout ce qui serait souhaitable, au mieux et tout le temps, pour leur bonheur ou leur éducation. Les adultes les plus attentifs peuvent être un jour maladroits, inutilement sévères ou de mauvaise humeur. Ils ont alors bien involontairement nui à l'enfant, sans jamais cesser de l'aimer ni de désirer pour lui le plus grand bonheur possible. Il est donc inutile de se culpabiliser pour des vétilles. Le sans-faute n'existe pas. De jeunes adultes dont l'éducation a été rude mais très aimante n'en tiennent pas rigueur à leurs parents. Ils les aiment « malgré tout » et s'efforcent de les comprendre.

Maltraitances psychologiques

Il y a d'innombrables façons de faire souffrir un enfant, juste avec des mots et des attitudes. Ces maltraitances psychologiques, les plus fréquentes, sont probablement les plus difficiles à éviter puisqu'elles sont liées à la fois à l'éducation qu'a reçue l'éducateur et à son caractère. Certains vont avoir tendance à répéter les mots et les attitudes de leur parent de même sexe parce qu'ils considèrent que cela n'a pas si mal réussi. Ils ne se posent pas de questions. Pas plus que ceux qui, au nom de mauvais souvenirs ou parce qu'ils se mésestiment, adoptent une attitude diamétralement opposée. Le parent, dans l'un et l'autre cas, omet simplement de s'interroger sur ce qui serait bon pour son enfant. Il se projette sur lui sans le voir tel qu'il est et sans reconnaître ses besoins spécifiques.

Le caractère des adultes n'est pas toujours facile. Le pasteur Georges Marchal, du temple du Foyer de l'Âme à Paris, aimait à dire en souriant que « quand on a du caractère, il est généralement mauvais ». Il y a pire : est-il un individu, reconnu comme « normal », qui soit totalement exempt de quelques traces de névrose ou de psychose ? Or, l'éducateur aborde sa tâche avec ses souvenirs d'enfance et son psychisme tels qu'ils sont. Il serait souhaitable qu'il en soit conscient quand il intervient. Mais cela n'est qu'un vœu pieux. Rares sont les méchants ou les jaloux qui se reconnaissent comme tels.

On peut trouver d'autres explications aux insuffisances des parents. Les enfants sont impétueux, charmants et imprévisibles. Ils obligent souvent à réagir dans l'urgence : un chagrin ou une colère inexplicable, un geste qui leur fait courir un risque vital ne saurait supporter que l'adulte s'interroge longuement avant d'apporter une réponse. Cette réponse immédiate apportée spontanément et sans réflexion ne sera pas forcément adéquate. En outre, l'amour que les parents éprouvent pour leurs enfants et leur besoin impérieux de les protéger s'unissent pour constituer une « tache aveugle » qui altère leurs capacités de jugement. Bien des « maltraitances psychologiques » ne sont que le résultat de ces facteurs ligués contre une réaction paisible et saine des adultes. L'aveuglement engendré par l'amour n'est pas toujours bénéfique.

Est-il bien justifié de parler de maltraitrances psychologiques à propos de ces imperfections des adultes ? Non et oui. Non, parce que le parent défaillant a rarement le désir de nuire. Les moments de tension ou d'affrontement avec l'enfant sont limités tandis que, le plus souvent, la relation aimante se développe normalement. Et même si l'agressivité de l'un des parents est pesante, son conjoint ou d'autres adultes, très conscients de ce que l'enfant endure, lui manifestent amour et réconfort. Les grands-parents peuvent être de ceux-là et jouent alors un rôle salvateur capital comme on le verra. Au contraire, il y a bel et bien maltraitance si le comportement de l'adulte entrave le développement et l'harmonie psychique de l'enfant. Un enfant un peu fragile et émotif vit douloureusement le comportement d'un adulte dur et impulsif. Il pense : « Il ne m'aime plus, je suis méchant, bête... » Il risque de perdre confiance en lui-même, sa tête se remplit de vide et de douleur. À l'inverse, s'il appartient à la catégorie des « incassables », il n'y aura pas, pour lui, maltraitance. Il pensera seulement que Maman est un peu pénible quand elle a des soucis. Une nuance encore : les deux catégories d'enfants pourront se sentir coupables de l'ambivalence de leurs sentiments pour le parent rocailleux qu'ils aiment et « désaiment » à la fois.

Il est donc impensable de dire, dans l'absolu, ce qu'une attitude éducative, qui comporte normalement quelques réprimandes, pourra avoir comme effets. Il ne faut probablement pas dramatiser. Les enfants de parents trop laxistes ne sont pas forcément plus heureux ni équilibrés. Ces parents faibles font partie de ceux que dénonce l'auteur qui se cache sous le nom de Jeanne Van den Brouck. Elle propose dans son *Manuel à l'usage des enfants qui ont des parents difficiles*, une liste, non exhaustive et pleine d'humour, des différentes catégories possibles de « parents difficiles » : l'immature, le timide, le riche ou le pauvre, le surdoué et l'absent, le surmené, le jaloux, le délinquant, le brouillon, le sadique, celui qui est déçu par la vie et le martyr, etc. Elle renonce à les envisager tous : pour épuiser la liste, il faudrait sans doute citer tous les parents un par un. Peut-on, pour son enfant, ne pas être un parent difficile ? Et cela serait-il plus facile aux grands-parents ? Rien n'est moins sûr. Certains, parents ou grands-parents, se reconnaîtront peut-être dans les quelques exemples donnés ici, volontiers différents de ceux de Jeanne Van den Brouck.

□ Les parents menteurs

On peut bien sûr énoncer une grande règle : on ne doit jamais mentir à un enfant. Celui-ci sent souvent qu'on lui ment et il méprise le parent menteur. Cette règle ne concerne évidemment pas le monde de la fable, les jeux partagés de l'invention et du rêve. L'exception la plus commune est celle du Père Noël. Les adultes, parents, grands-parents, enseignants et les grands enfants sont tous complices. Il ne semble pas que ce mensonge prémédité, organisé, socialisé soit de nature à nuire aux enfants. Mieux, cela leur sert à comprendre que les grandes personnes peuvent quelquefois « jouer à faire croire ». Pratiquement tous les enfants sont persuadés de son existence et de son rôle bénéfique : il apporte des cadeaux !

Lorsqu'il s'agit de la vie réelle, des questions quotidiennes, il ne faut jamais mentir. Il est toujours possible de fournir une réponse élusive à une question indiscrète et l'enfant s'en contente souvent. Répondre par un mensonge à la question « comment fait-on les enfants ? » est toujours nuisible. S'il arrive que des grands-parents soient interrogés, leur réponse doit être honnête et brève, quelle qu'ait pu être la réponse des parents. Ils ne doivent pas, dans ce domaine, avaliser un éventuel mensonge des parents.

□ Les parents négligents

Certains enfants vivent chez leurs parents, mais sont en pratique livrés à eux-mêmes, sans surveillance. L'activité professionnelle des parents en est souvent la cause, ou le prétexte. Entre leurs loisirs et leur vie sociale, ils sont tellement occupés que, même à la maison, on peut les considérer comme « présents-absents ». Pour l'enfant, le résultat est le même : manque de tendresse, d'attention à ses besoins, ses préoccupations ou ses soucis. Il arrive que les parents prennent conscience par intervalles de leur carence et veuillent y remédier en satisfaisant des caprices et des demandes d'argent. Ce faisant, ils achètent leur enfant. Le résultat est catastrophique : l'aisance matérielle prématurée qui ne correspond à aucun effort personnel est très démobilisatrice. Pourquoi étudier quand on a les poches pleines et qu'il suffit de demander, voire de se servir ? Des grands-parents conscients de cet état de fait peuvent parfois intervenir en proposant de prendre l'enfant en charge, une partie de la semaine par exemple.

□ Les parents crampons-pélicans

Les pélicans sont censés, quand la pêche a été mauvaise, offrir leurs propres entrailles à dévorer à leurs petits. Ils incarnent le sacrifice heureux pour lequel on ne demande rien en échange. La légende est belle. La réalité humaine est à moduler. Pélicans peut-être, mais crampons sûrement, les parents de ce type peuvent aussi se révéler très toxiques. Les sacrifices, réels et (ou) affichés, permettent d'acheter la soumission et la reconnaissance éternelles de leurs enfants. Les crampons-pélicans se croient seuls capables de tout décider pour leur bien et prémâchent leur avenir. Si les enfants sont normalement constitués, ils se rebellent contre cet abus de contrôle et d'aides en tous genres. Si les parents réussissent leur coup, leur pélicanisme fabriquera des pseudo-adultes, éternels adolescents incapables de conduire leur vie sans demander toujours la permission. On les retrouve, mal insérés professionnellement, insatisfaits ou contents de peu, célibataires accrochés à maman, ratant leur vie. Une grand-mère ou un grand-père-pélican-crampon-tout-puissant peut aussi parasiter toute sa famille.

□ Détournements financiers et autorité parentale

Des confidences permettent parfois d'apprendre qu'un père a déshérité ses enfants d'un premier lit en mettant tous ses biens au nom de sa seconde femme, ou qu'une mère a profité de la période de tutelle pour s'emparer de la fortune de ses enfants.

> Ma grand-mère
>
> « Ma grand-mère, du caractère le plus altier, de la méchanceté la plus audacieuse, allant parfois jusqu'à la fureur, jouissait néanmoins de l'affection de sa fille. Ma mère était subjuguée, anéantie par ma grand-mère, sous son empire absolu. Entièrement dans sa dépendance quant à la fortune, elle n'avait jamais osé représenter que, fille unique d'un père – le comte de Rothe – mort quand elle avait dix ans, elle devait au moins posséder sa fortune. [...] Ma mère [...] n'aurait jamais trouvé le courage de parler d'affaires d'argent à ma grand-mère. La reine Marie-Antoinette lui ouvrit les yeux sur ses intérêts et l'encouragea à demander des comptes. Ma grand-mère devint furieuse et une haine inconcevable, telle que les romans ou les tragédies en ont décrit, prit en elle la place de la tendresse maternelle... »
>
> Marquise de La Tour du Pin, *Mémoires*.

Ces détournements financiers, assez fréquents, sont des vols caractérisés ou des abus de pouvoir. Dépouiller les enfants du premier lit du conjoint au profit des siens propres : *Cendrillon* en est un bon exemple. C'est le cas le plus fréquent et le parent spoliateur agit souvent par lâcheté devant le risque de conflit conjugal. On peut aussi dépouiller ses enfants par appât du gain, pour conserver le pouvoir que donne l'argent, ou encore satisfaire des passions coûteuses : le jeu, les femmes. On voit dans ces cas comme l'amour parental peut être défaillant, secondaire par rapport à d'autres intérêts, ce qui n'empêchera pas forcément le parent pilleur de prodiguer mille signes d'affection qui ne sont en fait que des tentatives, le plus souvent réussies, de séduction.

Il est évident, à la lecture de ces exemples, que le terme de « parents difficiles » est bien indulgent et Mme Van den Brouck très ironique. Le caractère des adultes peut comporter des aspects pathologiques particulièrement nuisibles. On se contentera de citer ici les sadiques qui prennent plaisir à humilier, à injurier leur enfant, à se moquer de lui à tout propos et sans raison. L'enfant en arrive à hésiter entre le bien et le mal puisqu'il est ridiculisé quoi qu'il fasse. Les parents paranoïaques attribuent à la victime qu'ils ont sous la main la responsabilité de tout ce qui leur déplaît (dont ils sont éventuellement responsables). Les cris qui accompagnent leur colère sont effrayants. Même si ce n'est pas le but recherché, le résultat de ces maltraitances est de faire perdre à l'enfant sa confiance en l'adulte qui lui nuit et, pis, en lui-même. Les repères qui assurent normalement sa sécurité intellectuelle deviennent moins nets. L'enfant résiste mal à la pathologie mentale d'un parent : son équilibre psychique s'altère.

Dans les exemples proposés, certains mettent bien en évidence le souci des adultes de ne s'intéresser qu'à leur propre bonheur ou de se laisser obnubiler par leur angoisse. Ils ne se soucient guère de leurs enfants. S'ils leur manifestent de l'affection, ce ne sera en fait que pour se conforter dans l'idée qu'ils sont de bons parents. Ils ne prennent pas pour autant la peine de les voir vraiment, ni de chercher à savoir s'ils sont heureux et moins encore ce que sont leurs désirs ou leurs ambitions. Ils méprisent l'enfance parce qu'ils préfèrent ne pas se souvenir de l'enfant qu'ils ont été. Dans ce manque d'intérêt réel de la part de leurs parents réside l'essentiel de la maltraitance. Les enfants ont besoin de se sentir l'objet d'une sollicitude authentique.

Maltraitances sexuelles

Il y a bien pis. Dans les cas d'agressions sexuelles associées, l'effet destructeur se combinera au traumatisme psychique : la maltraitance sexuelle est en soi-même une agression psychique qui s'ajoute à l'atteinte corporelle grave qu'elle représente. Quels que soient ses attitudes ou son discours, l'adulte qui le viole terrorise l'enfant et lui fait vivre un calvaire quotidien de peur, de douleur et de honte. Il est passible de la cour d'assises.

□ Réagir vite

Que l'on imagine la réaction d'une grand-mère qui découvre brutalement que sa petite-fille a été victime d'une agression sexuelle. Quelle horreur ! Que faire ? Se précipiter au commissariat de police ? Le plus urgent n'est pas de s'occuper du coupable, mais de la victime. C'est une enfant qui éprouve une souffrance à la fois physique et morale, qui a honte, qui se tait. Comment l'aider ? La prendre dans ses bras, l'encourager à parler. On va petit à petit apprendre à peu près ce qui s'est passé, mais de façon bien incomplète parce que la petite fille n'a pas à sa disposition les mots nécessaires.

Voici une petite fille de quatre ou cinq ans qui ne comprend pas bien pourquoi son père lui interdit de se tripoter et la traite de « petite vicieuse ». Elle est encore plus surprise par ses caresses insolites, vite douloureuses. L'apparence du père est étrange : « il est devenu tout rouge, il respirait fort ». Il la terrorise ensuite par des menaces et le secret qu'il exige. Elle se sent profondément coupable, honteuse et non pas victime, comme s'il fallait qu'elle prenne la faute sur elle pour en décharger le père qu'elle aime. Elle a peur parce qu'elle n'a aucune prise sur un événement qu'elle ne comprend pas et ne sait comment éviter. Incapable de mettre des mots sur ce qui lui arrive, elle est réduite au silence et, par la suite, hésite à communiquer autrement que par monosyllabes. Elle a été « violée », même si elle est restée vierge : l'adulte lui a imposé un jeu sexuel où lui seul a trouvé son plaisir.

En fait, depuis quelques jours, cette grand-mère craignait quelque chose. Le caractère de sa petite-fille avait changé : agitée par moments, prostrée à d'autres, ou prise de crises de panique incompréhensibles, cette petite fille gaie était devenue triste et cherchait à s'isoler. Elle avait hurlé plusieurs fois pendant la dernière nuit qu'elle avait passée chez ses grands-parents, réveillée par d'affreux cauchemars. Chaque fois, il avait été long et difficile de la consoler. Que peut faire cette grand-mère pour protéger sa petite-fille ? Les réponses à cette question sont d'autant plus importantes que les auteurs de tels méfaits récidivent très souvent pendant des mois ou des années et laissent des séquelles indélébiles chez les victimes.

Certaines petites filles trahissent leur secret en reproduisant sur leur poupée les gestes de l'agresseur, en insultant la poupée, ou encore en lui faisant mimer la douleur. Les grands-mères sont, presque aussi souvent que les mères, les premières à s'alarmer. Les instituteurs s'inquiètent aussi de l'association des troubles psychiques avec la chute des résultats scolaires. La gravité des traumatismes subis lors de ces agressions sexuelles peut entraîner diverses maladies, souvent digestives, ou même des troubles du développement somatique.

Abus sexuels et troubles de croissance

Corinne est allée voir son amie Muriel chez son grand-père qui n'habite pas très loin et l'a trouvée en train de « câliner le zizi de son grand-père ». Elle revient en larmes et raconte ce qu'elle a vu à sa maman. Celle-ci n'hésite pas et téléphone aussitôt à la mère de Muriel pour l'alerter. Elle ajoute que sa fille, Corinne, a reçu de cet homme des propositions verbales non équivoques qu'elle lui a racontées. Les parents de Muriel, très émus, obtiennent sans beaucoup de difficulté des aveux du grand-père. Le père de Muriel se souvient alors que Muriel, deux ans auparavant, lui avait dit que « Papi lui montrait son zizi », et il n'avait pas voulu la croire.
La prise en charge de Muriel et de ses parents par un trio thérapeutique, psychologue, médecin et assistante sociale, a permis à la fois de déculpabiliser cette famille et d'aider Muriel. Dans ce service hospitalier très spécialisé, on a rapidement remarqué que Muriel était très petite. Sa courbe de croissance avait été normale jusque vers l'âge de sept ans, mais elle n'avait pratiquement plus grandi depuis. Cela correspondait au début des abus sexuels du grand-père.

Muriel a été au courant des plaintes en justice contre son grand-père et en a été malheureuse. On lui a expliqué en quoi l'abus sexuel était aussi un abus de confiance. Le service hospitalier s'est occupé de Muriel pendant des mois et a eu la satisfaction de constater que sa croissance reprenait sur un rythme rapide depuis qu'elle se savait comprise, entourée et sûre de ne pas revoir sans protection son grand-père.

La reprise de la croissance de Muriel, une fois l'abcès crevé, est la confirmation de l'origine de l'arrêt de la croissance. D'autres cas rapportés dans le même ouvrage montrent qu'une carence affective ou des coups répétés peuvent aussi entraîner des arrêts de la croissance des enfants qui en sont victimes[1].

Les maltraitances sexuelles ne sont pas uniquement le fait des hommes. Certaines femmes trouvent leur plaisir à exciter sexuellement un enfant, garçon ou fille. Elles peuvent être la mère ou la grand-mère de leur victime. Ces cas semblent rares. Faut-il les distinguer des pratiques comparables de nourrices d'autrefois qui masturbaient les bébés pour les aider à s'endormir ? On peut supposer que ces nourrices agissaient selon un usage répandu et sans y trouver de plaisir personnel. De toute façon, plaisir ou pas, elles n'agissaient ni dans la clandestinité ni dans la culpabilité ; dès lors leur comportement ne présentait plus les caractères essentiels de la perversité.

Lors de récents procès sur des réseaux de pédophilie, certaines femmes, éventuellement mères des jeunes victimes, ont été condamnées pour avoir rempli la fonction de pourvoyeuses, d'organisatrices de rencontres. Leur motif pouvait être l'appât du gain ou une connivence sexuelle avec l'homme violeur ; ce qui suggère un plaisir indirect.

□ Adolescents et maltraitances

Les adolescents des deux sexes sont aussi victimes de maltraitances graves. Comme on l'a vu chez les enfants plus jeunes, les pères sont souvent responsables et l'on peut trouver quelques grands-pères parmi les coupables. On rapporte aussi parfois des actes d'homosexualité. À cet égard, les petites filles ne sont pas totalement à l'abri. Les coupables

1. Texte rédigé à partir d'un des cas rapporté par Danièle Rapoport et Anne Roubergue-Schlumberger dans « Blanche Neige et les sept nains et... autres maltraitances », in *La Croissance empêchée.*

peuvent être des adultes proches de l'adolescent et aussi, plus rarement, des inconnus. On considère actuellement comme normal que les adolescents aient entre eux des activités sexuelles librement consenties. Mais certains peuvent avoir, seuls ou à plusieurs, des attitudes brutales et commettre ainsi de véritables viols.

Une grand-mère vigilante

Véronique avait chez elle, en vacances, son petit-fils de neuf ans, Pierre, et un grand garçon de dix-sept ans, Jean-François, fils de cousins amis très proches. Jean-François et Pierre étaient devenus en quelques jours très copains, ils jouaient et allaient se promener ensemble, la grand-mère étant toute contente de cette bonne camaraderie.
Les deux garçons avaient joué dans la maison ce matin-là et Véronique, à leur arrivée pour le déjeuner, remarqua que le tee-shirt de Pierre était à l'envers. Elle le dit. Pierre affirma en rougissant qu'il s'était trompé ce matin-là et Jean-François baissa le nez. Véronique, soucieuse, parla d'autre chose.
Elle saisit dans l'après-midi une opportunité pour faire venir son petit-fils dans sa chambre. Et elle l'interrogea en affirmant avec autorité que le tee-shirt était à l'endroit au petit déjeuner. Il avoua assez vite que Jean-François l'avait fait se déshabiller pour prendre des photos et puis... qu'il l'avait un peu caressé. Véronique, effarée, confisqua tout de suite l'appareil photographique de Jean-François et téléphona aux parents des deux garçons.
Elle termina les vacances seule avec Pierre, qui se sentait très coupable d'avoir dénoncé son ami, mais aussi soulagé parce qu'il avait très mal supporté cette agression. Pierre eut ensuite des troubles du comportement pendant plusieurs mois et dut être aidé par une psychothérapie.

Des adolescents victimes de maltraitances sexuelles manifestent souvent des troubles psychiques plus difficiles à interpréter. Une tendance à l'isolement, à la prostration ou à la tristesse peut aussi à cet âge survenir à la suite d'un chagrin d'amour, d'une déception d'amitié ou d'un revers scolaire. Il ne faut pas considérer comme banal ce changement d'humeur : « Ça lui passera, c'est l'adolescence. » Celui ou celle, grand-parent, oncle, tante ou ami de la famille, qui réussira à garder ou à gagner la confiance du jeune, et recueillera ses confidences, l'aidera déjà beaucoup en l'écoutant et, plus encore, si elle ou il arrive à le protéger efficacement.

□ Le rôle des grands-parents

Si une petite fille ou une adolescente confie, tout honteuse, à sa mère que son père l'a tripotée, elle court le risque non négligeable de se voir accuser, soit d'avoir menti pour se rendre intéressante, soit d'avoir aguiché son père. La mère, abasourdie par ces révélations, peut aussi demander à sa fille si elle n'a pas rêvé, si elle est bien sûre de ce qu'elle avance. Son réflexe normal est de refuser de croire cette nouvelle, si dangereuse pour son couple. Elle tente par là de protéger son mari. Si les actes incestueux se répètent, la mère va, dans nombre de cas, s'efforcer de ne pas être témoin et se taire. Elle abandonne sa fille à son sort. Il lui semble impossible de dénoncer son mari au service social ou à la police.

La grand-mère maternelle se trouve dans des dispositions psychologiques bien meilleures pour défendre sa petite-fille. Pour autant, cela ne lui sera pas facile. Que la confidence soit spontanée ou suggérée, elle ne peut protéger la jeune fille que si elle trouve le courage d'affronter le couple des parents dans un entretien, à coup sûr difficile à mener. Il est parfois possible de proposer une séparation temporaire de l'enfant ou de la jeune fille du foyer parental devenu dangereux. Quel que soit le résultat de cette discussion, elle aura le mérite de faire savoir à celui qui est « probablement coupable » qu'il a été dénoncé par sa fille. Cela peut être suffisant pour prévenir une récidive mais ne rend pas la tranquillité à la jeune fille qui se sent toujours en danger.

La moins mauvaise solution peut être d'encourager la jeune fille à porter plainte et de l'accompagner dans cette démarche. Il faut savoir que les services sociaux ou la police ont parfois tendance à interroger la victime comme si elle était coupable, de peur de déclencher une instruction fondée sur le témoignage d'une mythomane.

Les choses sont moins difficiles s'il apparaît que la personne soupçonnée n'est pas le père. Une bonne complicité entre les deux générations de parents permettra de protéger au mieux la jeune fille. La démarche de signalement ne pose alors plus de problème psychologique, sauf si le coupable est un membre de la famille. Il est en effet douloureux d'aller dénoncer un proche. Mais pour la jeune fille, c'est la seule solution pour lui rendre la paix. L'incarcération de son agresseur va la rendre malheureuse s'il s'agit d'un familier mais la manifestation de la loi restaurera presque à coup sûr la paix intérieure indispensable à son épanouissement ultérieur.

Brutalités physiques

Les punitions corporelles faisaient partie de l'éducation traditionnelle et elles étaient chaudement recommandées. Aujourd'hui on leur dénie leur rôle éducatif et elles sont proscrites. C'est un progrès car les brutalités ont sur le psychisme un effet très destructeur.

Il ne s'agit pas de culpabiliser le parent qui exceptionnellement s'est permis une tape sur la main ou une bourrade : elle ne risque probablement pas de nuire au développement de l'enfant. Mais il faut absolument s'interdire la gifle ou la fessée. La première, humiliante, constitue une maltraitance psychologique. La seconde n'est pas exempte de connations sexuelles ; certains enfants en désiraient l'excitation autant qu'ils la craignaient. Certains parents peuvent être très brutaux lorsqu'ils frappent leurs enfants dans un mouvement de colère ou par sadisme. Les rapports de police témoignent de la richesse imaginative des « bourreaux d'enfants ».

Les médecins ont décrit un *syndrome de l'enfant battu*. Ce sont des enfants, souvent très jeunes, qui reçoivent des coups d'une grande violence. Beaucoup n'ont pas six mois et certains sont des nouveau-nés. Les lésions crâniennes, les fractures, les brûlures à la cigarette ou au fer à repasser, tout est possible. La récidive des coups sans aucun motif est la règle et de nombreux enfants en meurent. Ils ne survivent que si on les a séparés à temps de leurs bourreaux.

L'enfant victime, s'il est en âge de parler, racontera volontiers à ses grands-parents qu'il s'est cogné, même si l'ecchymose semble provenir d'un coup de poing. La découverte répétitive de traces de coups, de brûlures, de coupures lors de plusieurs séjours alertera l'attention des grands-parents. L'enfant aura tendance à défendre ses parents et répondra éventuellement qu'il avait fait de grosses bêtises et a été justement puni.

Les conséquences psychologiques et même physiologiques de telles violences répétées ne sont pas anodines. Elles sont fragilisantes. Il faut avoir conscience que le temps joue contre l'enfant. Les grands-parents ont vocation à protéger leurs petits-enfants, s'ils le peuvent, contre tous ces sévices. Mais, là encore, il n'est pas facile d'agir au mieux pour l'enfant. Les services sociaux existent partout et peuvent prendre en charge de tels problèmes si une conversation avec les parents n'est pas possible ou a été inutile.

□ Le syndrome de l'enfant secoué

On peut « maltraiter » un enfant, c'est-à-dire lui faire mal, en toute innocence : certains jeux avec les enfants peuvent se révéler dangereux, alors que tout le monde s'amuse. Les hommes jeunes adorent lancer les enfants vers le plafond et les rattraper à bout de bras. Tout le monde est ravi. Mais il ne faut pas le faire avec des enfants trop jeunes : on risque de leur causer un choc cérébral. Les grands-parents, forts de leur expérience, pourront s'opposer à ce jeu quand il est dangereux.

Les enfants sont très heureux si deux adultes, attrapant chacun un bras de l'enfant, le balancent avec énergie. Si l'un des deux est trop brutal, il peut en résulter une fracture ou une luxation de l'épaule. Les jeunes hommes adorent secouer ou balancer ainsi les jeunes enfants. Les accidents sont relativement fréquents.

Il arrive aussi qu'un bébé soit « secoué », non par un jeune oncle « chien fou », mais par un parent exaspéré par ses cris. Cela peut relever d'une autre forme de prévention grand-parentale : donner à de jeunes parents qui en manquent quelques heures de vrai sommeil en prenant, une nuit de temps en temps, leur bébé.

Liliane Nemet-Pier dans *Mon enfant me dévore* décrit le cas de mères obligées de sortir de la pièce où se trouve leur enfant de deux ans pour ne pas céder à la tentation de le battre. Elles décrivent au psychologue une situation où elles se sentent à bout de nerfs, harcelées par les demandes incessantes, les exigences et les cris d'un enfant dont elles ne comprennent pas la demande réelle. Elles sont à la fois dévorées de culpabilité d'être aussi rejetantes, humiliées de ne pas voir clair dans le problème de leur enfant, désespérées d'être de mauvaises mères. L'enfant, sentant la détresse de sa mère, n'en est que plus angoissé, donc odieux, et risque parfois d'être pris par les épaules et secoué d'importance, voire battu. L'entourage, dont font partie les grands-parents, peut manifester de l'empathie, écouter cette mère, essayer de l'aider à comprendre ce qui se passe pour calmer le jeu. La belle-mère peut éviter de dire : « Ma pauvre Irène, vous n'avez pas l'air de vous en sortir avec Matthieu. Il est pourtant si mignon. » Remarque d'autant plus tentante qu'elle est généralement vraie : l'enfant peut être charmant chaque fois qu'il est séparé de sa mère. C'est vraiment une excellente mère, douce et dévouée. Que se passe-t-il donc ? Les grands-parents, s'ils veulent être secourables, peuvent faire l'économie des jugements moraux et des analyses sauvages toujours nuisibles. Aucun cas n'est identique à l'autre.

□ Les grands-parents, facteurs de résilience

Les troubles du caractère, la brutalité ou la perversité de certains parents rendent ces derniers incontestablement nocifs pour leurs enfants. La répétition des traumatismes qu'ils leur infligent semble avoir des effets particulièrement destructeurs. Les grands-parents ont probablement toujours été tentés de prendre la défense des jeunes. Plus disponibles, ils vont recevoir les confidences, consoler, distraire et manifester leur tendresse. Et ils vont ainsi aider l'enfant à « tricoter sa résilience ».

Géraldine, cancre de sa mère

Il est assez rare qu'une grand-mère vienne consulter un psychothérapeute à propos de sa petite-fille. Elle raconte : « La pauvrinette a été vraiment mal accueillie à sa naissance. On espérait tellement avoir un garçon, après une première fille. Encore une fille, et puis pas très jolie : brune avec plein de duvet sur la figure, un nez épaté, une bouche mal dessinée. Sa mère n'arrivait pas à l'accepter. On a eu beau lui dire que ce duvet allait tomber, elle est restée déprimée pendant trois mois ! Vous voyez, docteur, je ne peux pas m'empêcher de penser que tout vient de là.

Géraldine a maintenant six ans et sa mère n'arrête pas de la rabrouer, pour tout et pour rien. Elle a beau essayer de faire plaisir à sa mère, ce n'est jamais bien. L'autre jour, elle a cueilli des fleurs et a offert le bouquet à sa maman : "Enfin, Géraldine, tu ne vois pas qu'elles sont toutes fanées." Et tout à l'avenant. La petite ne se décourage pas et essaie tout pour se faire accepter. Tenez, l'autre jour, j'étais là et elle a rapporté fièrement un dix en écriture. "Elle n'est pas difficile, ta maîtresse. Te mettre dix quand tu fais des *t* qui ressemblent à des *r*. Moi, je t'aurais mis zéro." La petite est partie en pleurant dans sa chambre. J'ai ouvert la bouche et ma fille m'a dit : "Arrête, Maman, tu ne vas pas défendre ce gribouillage. Emmène-la plutôt se promener." Je ne me le suis pas fait dire deux fois. Je me suis arrêtée dans un café où il y a de très bonnes glaces. Pendant qu'elle se pourléchait les babines, je lui ai dit que je trouvais, moi, qu'elle avait une jolie écriture mais que sa maman avait été contrariée ce soir. "Tu dis ça, Mamy, mais elle est toujours pareille avec moi." Qu'est-ce que je pouvais dire ? »

La grand-mère voulait savoir comment faire pour aider au mieux. La psychothérapeute l'a félicitée pour sa récente intervention et lui a donné quelques conseils : éviter de contrer la mère de face, soutenir la petite tout en disant que sa mère n'a pas tort. Elle pouvait, de cette façon, la protéger efficacement, à condition de laisser sa complicité avec Géraldine aussi peu visible que possible tant que sa mère n'aurait pas pu évoluer. Il fallait bien sûr qu'elle s'occupe autant de la fille aînée, pour ne pas risquer de se faire accuser de favoritisme.

Dans ce cas, la mère ne bat jamais l'enfant. Elle se « contente » d'agressivité et de nuisances psychologiques.

□ La résilience en théorie

La notion de résilience a évolué et elle est encore l'objet de controverses. L'histoire de ce mot est assez amusante. La résilience est d'abord une caractéristique physique, identifiant la résistance d'un métal à la déformation après un choc.

Mais ce mot a pris, depuis longtemps en Amérique, un sens dérivé, ainsi qu'en atteste *L'Élasticité américaine,* écrit par Paul Claudel en 1936 : « ... Il y a dans le tempérament américain une qualité que l'on traduit là-bas par le mot *resiliency*, pour lequel je ne trouve pas en français de correspondant exact, car il unit les idées d'élasticité, de ressort, de ressource et de bonne humeur... » Fritz Redl introduit en 1969 la notion d'*ego resiliency* en psychologie pour désigner des individus dont l'enfance a été catastrophique et qui ont pourtant bien réussi. Les auteurs américains ont à sa suite beaucoup publié dans les années 80 sur ces *invulnerable children,* en insistant beaucoup plus sur leur réussite sociale que sur leur bonheur ou leur bien-être personnel.

Le concept a traversé l'Atlantique, une dizaine d'années plus tard grâce aux travaux de Stephan Vanistendael (Bureau international catholique de l'enfance) à Genève. Boris Cyrulnik s'est rapidement intéressé aussi à la résilience et l'a fait connaître à un très large public. Elle prend, sous sa plume, une signification plus humaine et plus individuelle que la description qu'en donnent les psychologues américains. Selon lui, elle vise, pour l'enfant traumatisé, à la récupération la plus complète possible, tant au plan affectif qu'intellectuel, de ce qu'il était auparavant. Les capacités ultérieures de résilience d'un sujet sont étroitement liées à la première année de sa vie et surtout à la qualité de la relation mère-enfant et à la présence active du père. De ce fait, face à l'adversité, certains ont beaucoup de chance dans leur malheur. Pour Cyrulnik, c'est également ce mécanisme psychique qui permettra de surmonter les épreuves ultérieures de la vie.

Selon Serge Tisseron, certains sujets, dits résilients, peuvent très bien avoir mis à distance leur traumatisme et effectué une sorte de clivage mental qui leur permet de paraître aimables et socialement efficaces. En revanche, ils ne supportent pas la souffrance ou la faiblesse d'autrui qui les rend agressifs. D'autres montrent des rechutes impressionnantes de leur état psychique à l'occasion d'un événement mineur. D'autres enfin n'arrivent à se remettre d'un traumatisme qu'en faisant souffrir leur entourage ou en s'engageant dans des actions meurtrières. Ces pseudo-résiliences existent et Cyrulnik lui-même en cite plusieurs cas. À l'inverse de Tisseron, il les estime relativement rares.

Tisseron et Cyrulnik ont l'un et l'autre échappé de peu à la mort dans leur enfance, comme ils le racontent. Ils ont surmonté l'un et l'autre ces traumatismes et paraissent mener des vies très réussies. On peut s'interroger sur les raisons de leur différend. À travers son analyse avec Didier Anzieu, Tisseron attribue sa « guérison » aux films d'Hitchcock. Au plan psychanalytique, sa démarche thérapeutique s'appuie sur les fantasmes générés par la vision filmique, ce qui n'est pas si loin du rôle que jouent le fantasme, le rêve et la métaphore dans l'élaboration inconsciente de la résilience décrite par Cyrulnik. Pour se faire avec plaisir une opinion personnelle sur le sujet, il suffit de lire les deux excellents livres que sont *Les Vilains Petits Canards* de Boris Cyrulnik et *Comment Hitchcock m'a guéri* de Serge Tisseron.

Le concept de résilience n'a pas encore pris une place reconnue dans la théorie psychanalytique par rapport à d'autres concepts tels que l'*idéal du moi* ou le *narcissisme* par exemple. Il se contente, pour l'instant d'être porteur d'espoir pour chacun.

□ Pratique de la résilience

Il existe certes des « enfants incassables » qui se sortent apparemment tout seuls des pires avanies sans sembler en être marqués. Comme Gavroche, ils se débrouillent toujours bien et sont capables de prendre en charge des enfants plus petits en détresse. La plupart des jeunes, victimes de traumatismes ou simplement pris dans des situations conflictuelles familiales, auront au contraire besoin de l'aide d'un adulte pour trouver le chemin d'un mieux-être. Que l'on imagine seulement un jeune enfant en difficulté, pouvant regarder la télévision, sur les genoux de son grand-père, le dos bien appuyé contre sa poitrine. Cette position, pour Tisseron, donne à l'enfant une impression de sécurité. Il se sent « étayé ». Ainsi bien calé, il rira au lieu d'avoir peur quand le bandit de l'histoire deviendra menaçant. Grand-père et petit-fils inventeront une suite à l'histoire, heureux complices dans ce partage du fantasme.

Un enfant qui a subi un traumatisme se sent en même temps honteux et coupable. Le câliner et le couvrir de cadeaux risque d'aggraver sa honte puisqu'il ne se sent pas digne de recevoir quoi que ce soit. En revanche, on peut l'aider à restaurer l'image qu'il se fait de lui-même. Un enfant est heureux de pouvoir se prouver et de prouver aux autres qu'il est capable d'accomplir quelque chose de difficile. Lui proposer un défi à sa portée lui permettra de se sentir fier de soi-même.

Nombreux sont ceux, membres de la famille ou amis proches, professeurs ou même camarades adolescents, qui peuvent aider un enfant à « tricoter sa résilience » après des traumatismes sévères. Mais les grands-parents ont là un rôle spécifique, souvent sous-estimé. « Le grand-parent [...] reste une figure inamovible, à la différence des figures parentales susceptibles d'être remplacées dans le processus identitaire de l'enfant[1] », comme le dit Armando Barriguete-Castellon. Un enfant traumatisé se sent seul et séparé de son clan, par sa propre faute, croit-il. En dehors de tout leur amour et de leur vigilance, les grands-parents sont, avec les parents, les seuls à pouvoir affirmer à l'enfant son identité et le rassurer quant à son appartenance au groupe familial, puisqu'ils participent à l'origine de l'une et de l'autre.

1. « Figures de paternalité... ».

II

LE PASSÉ DANS LE PRÉSENT : LA FONCTION SYMBOLIQUE DES GRANDS-PARENTS

La relation entre les grands-parents et leurs petits-enfants telle qu'elle s'observe actuellement paraît « naturelle ». On la conçoit mal différente, même en tenant compte de variations psychologiques individuelles. Ce n'est qu'une illusion : l'histoire montre qu'il existe des modes de vécu et d'expression des affects très éloignés de la société actuelle. L'aïeul de l'Ancien Régime n'offre guère de ressemblance avec le grand-père d'aujourd'hui, pas plus que les modes de vie et les systèmes politiques et sociaux, qui ont subi depuis un siècle de grandes transformations ; les relations entre les générations en sont profondément bouleversées.

Mais le rôle des grands-parents ne se limite pas à cette dimension relationnelle. Ils ont aussi une fonction symbolique capitale en ce qu'ils sont les représentants de la longue chaîne des générations qui les ont précédés. Ils en sont, dans bien des cas, le dernier maillon visible. Si bien qu'en parlant des grands-parents, on ne perdra pas de vue qu'ils sont à la fois eux-mêmes et les représentants d'aïeux plus anciens. Chacun des quatre est le symbole des familles dont il est né.

La fonction symbolique de chacun des quatre grands-parents s'associe elle aussi à une transmission. Il ne s'agit plus ici de transmission de valeurs mais, de façon souvent inconsciente, du « passage de contenus de mémoire » au travers des générations. Les grands-parents n'agissent pas alors en tant que personnes mais plutôt en tant que maillons de la chaîne des générations. Ce n'est plus de la personne qu'il s'agit, mais du passage de témoin : le transgénérationnel.

On désigne sous ce nom des éléments de la vie des parents, grands-parents et aïeux qui se transmettraient de façon inconsciente. On peut remarquer que cette notion est apparue il y a une quarantaine d'années, à une époque où l'isolement de l'individu commençait à se faire plus pesant face au brouhaha contemporain. Elle lui fait prendre conscience de son ancrage dans le passé et de sa projection dans l'avenir par sa descendance. Ancrage complexe : dans une famille qui a ses secrets, ses « fantômes », ses deuils et ses espoirs ; dans une société où se nouent des alliances multiples et parfois contradictoires. Il arrive aussi que l'Histoire, de sa Grande Hache, ait frappé : comment survit-on à un génocide, à la perte de sa patrie et de la langue de ses ancêtres ? Dans ce cas, qu'a-t-on reçu de ses aïeux et que transmettra-t-on à sa descendance ?

11

Quelques repères historiques

La famille française du XVIIe au XIXe siècle

On pense généralement que les adultes, jusqu'au XVIIIe siècle, mouraient trop jeunes pour avoir le temps de connaître leurs petits-enfants. C'est inexact : ce sont les enfants qui mouraient en si grand nombre que seuls quelques-uns arrivaient à survivre aux maladies infantiles et aux mauvaises conditions d'hygiène. Passé le cap des cinq premières années, l'enfant ayant fait preuve de sa résistance avait de bonnes chances d'atteindre ou de dépasser la soixantaine, à condition de ne pas être emporté par les épidémies, les suites de couches ou la guerre. Il pouvait ainsi faire la connaissance de ses petits-enfants et éventuellement les rencontrer pendant leurs dix à quinze premières années.

Mais l'amour pour un petit enfant exposait à trop de risques de chagrin. Aussi l'aimait-on peu et l'on se déchargeait de lui, le plus souvent sur une nourrice à la campagne. S'il survivait, un enfant, même issu d'un milieu aristocratique, était habitué à se débrouiller seul et à être autonome comme un petit paysan, ainsi que le montre l'exemple du chevalier Forbin qu'on verra plus loin.

Le rôle des grands-parents sous l'Ancien Régime

Les grands-parents peuvent, sous l'Ancien Régime comme après la Révolution, remplir le rôle de tuteurs. Ils sont, de toute façon, présents dans les conseils de famille qui se réunissent dès la mort d'un des parents, surtout s'il s'agit du père, puisque la veuve est considérée, en raison de la « faiblesse du sexe », comme relevant d'une tutelle familiale. Mais si c'est la mère qui meurt – en couches, notamment –, les aïeuls maternels ont un rôle important : s'occuper d'un bébé dont le père ne sait que faire et continuer à assurer son éducation si le père veut se remarier. Il arrive même, exceptionnellement, que les grands-mères maternelles soient désignées par le juge comme tutrices, en raison de la « naturelle affection » qui les lie à l'orphelin...

Une jeune veuve pourvue d'enfants peut être amenée à chercher refuge auprès de ses parents ou de ses beaux-parents : par nécessité financière dans les couches populaires, par souci des convenances dans les milieux plus aisés. Mais quoi qu'il en soit, le remariage pose le problème du « parâtre » éventuel, ainsi que du partage des biens entre enfants de différents lits... Bien souvent, le foyer des grands-parents devient, de refuge temporaire, domicile définitif.

Tous ces cas montrent bien que la « famille recomposée » ne date pas d'aujourd'hui : les veuvages en étaient autrefois la cause et non les divorces, comme dans la société actuelle, encore que mésententes conjugales et abandons de foyers ne soient pas, il s'en faut, des inventions modernes ! Déjà dans l'Ancien Régime, les femmes du peuple travaillent et confient leur enfant à leur propre mère. Telles ces femmes qui se placent comme nourrices. Dans les milieux sociaux plus aisés, les grands-parents acceptent parfois la présence des enfants à leur foyer si la mère est souffrante ou si les parents voyagent ou s'ils sont gênés dans leurs obligations mondaines et courtisanes par la présence de leur progéniture.

Dans la littérature du XVIIe siècle, les mémoires aristocratiques montrent bien que, dans les premières années de la vie, il vaut souvent mieux être enfant de bourgeois qu'héritier d'un duché ! L'enfant gêne, il vit à l'aise au milieu des « ordures », sa conversation n'est que de « mièvretés » et il faut être Mme de Sévigné, mère délirante d'amour, pour trouver du plaisir à garder chez soi la « petite » que lui a prêtée sa fille, Mme de Grignan : « On ne peut savoir à quel point ces animaux-là sont amusants », écrit la Marquise. On peut ajouter que Mme de Sévigné elle-même avait été élevée avec bonheur, malgré la perte de ses parents, au foyer de ses grands-parents. Quoi qu'il en soit, une femme de qualité ne parle pas de cette intimité, malséante en ce qu'elle évoque le quotidien de sa réalité de femme. Une grand-mère le peut, puisqu'elle n'est plus concernée par ces trivialités.

Les moralistes ont beau s'indigner de l'abandon où se trouvent les enfants de l'aristocratie, souvent oubliés en nourrice à la campagne, mourant de mauvais soins dans des mains mercenaires, rien n'y fait : le plaisir des adultes, c'est celui de la vie mondaine ; on laisse aux bourgeois les risibles délices de l'intimité familiale : quand Argan, le bon bourgeois « malade imaginaire », se montre hypocondriaque, grugé par sa jeune épouse, trompé par sa fille aînée et qu'il s'extasie sur sa petite Louison, il ne fait qu'ajouter un ridicule à tous les autres ! C'est bien pour un public de courtisans que Molière écrit.

La terrible mortalité infantile n'encourage guère, on l'a vu, à s'enthousiasmer pour de petits êtres dont l'espérance de vie est si faible, ni à les regretter beaucoup. Talleyrand, par exemple, raconte dans ses *Mémoires* qu'entre le moment où il revint de chez sa nourrice, à quatre ans, où il fut envoyé chez son aïeule dans le Périgord jusqu'à huit ans et où il revint à Paris pour entrer au Collège d'Harcourt, il n'eut l'occasion de rencontrer ni Monsieur son Père, ni Madame sa Mère. Vers huit ans, on devient déjà porteur d'espoir et donc précieux. Mais on n'est plus enfant que pour peu d'années ; adulte, on l'est tôt : est-il possible, demande Georges Snyders, de considérer comme un « enfant » un garçon capitaine à quatorze ans, « gueule cassée[1] » à quinze ? Le vrai deuil familial, c'est la perte du fils adulte : M. et Mme de Grignan, la fille et le gendre de Mme de Sévigné, ne se remettront pas de la perte de leur fils Louis-Provence en 1704, dernier survivant mâle de la fratrie.

Le chevalier Forbin (1656-1733)

Sur son enfance provençale, le comte de Forbin n'a pas grand-chose à nous dire, sinon l'essentiel : l'enfant, en lui, promettait ce que l'adulte a tenu ; il n'a jamais rêvé que plaies et bosses. Son père, il l'a perdu trop tôt pour le connaître, dit-il. Nous savons qu'il avait sept ans. « Ainsi, me trouvant le cadet d'une assez nombreuse famille, ce fut à moi, dès que j'eus assez de raison pour m'en servir, à chercher les moyens de joindre aux avantages de ma naissance ceux que la fortune m'avait refusés. » Vers dix ans, il tente de persuader sa mère de le laisser « aller à l'armée ». La proposition est mal reçue et le gamin puni. Indigné, il va s'en plaindre – première fugue – à son frère aîné qui vivait à quatre lieues de là. Le frère voulant le renvoyer chez leur mère, le jeune Forbin se sauve après avoir « enlevé » quelques pièces de vaisselle. À Marseille, l'orfèvre receleur reconnaît les armes qui ornent la vaisselle. La dénonciation lui paraît plus lucrative. Repris, battu, le jeune Forbin est mis en pension chez un prêtre à qui, un jour de leçon de latin, il envoie « l'écritoire par la tête », puis il saute par la fenêtre, tombe sur un tas de fumier, se relève indemne et court d'une traite à Marseille de nouveau où le commandeur de

1. *La Pédagogie en France aux XVIIe et XVIIIe siècles.*

Forbin-Gardanne, qui commandait une galère, se fait une joie de « l'habiller en cadet ». Dès lors, il commencera « à paraître sous le nom de chevalier de Forbin ».

À dix-neuf ans, il a déjà plusieurs campagnes à son actif et il a laissé pour mort à ses pieds un homme qui avait eu l'audace de railler sa jeunesse. À sept ans, il était trop jeune pour avoir des souvenirs, à onze, il était soldat : cela laisse en effet peu de temps pour être le petit-enfant choyé de grands-parents attendris.

Comte de Forbin, *Mémoires.*

□ Du patriarche au bon vieillard

La famille patriarcale commence en fait à s'intéresser au jeune homme ou à la jeune fille à marier en ce qu'ils représentent l'avenir de la famille. Le jeune descendant, l'aîné de ceux qu'on a eu la chance de conserver, est porteur de toutes les espérances de la famille. Ce qui importe, c'est la continuité familiale, sa puissance sociale et politique, bien avant le bonheur ou l'épanouissement de l'individu : dans ces conditions, l'aïeul remplit la fonction, en tant que le plus âgé des pères de la famille, de gardien de cette conscience familiale et de garant de la continuité du lignage ; il est à la famille ce que le souverain de droit divin est au pays, l'incarnation d'une autorité qui émane de Dieu. Il n'apparaît guère comme « grand-père », au sens où on l'entendrait au XXe siècle, mais comme patriarche, détenteur d'une autorité qui s'exerce sur l'ensemble de la descendance. Cette structure familiale est bien conforme à la structure politique de la France sous la monarchie de droit divin.

L'enfant, lorsqu'il a survécu à son séjour en nourrice et qu'il vit au contact de ses aïeuls, reçoit d'eux une éducation qui est celle de la hiérarchie des générations et de l'exercice du droit d'aînesse, conformes à l'intérêt de la lignée. Les variations existent, bien entendu, d'une relation interindividuelle à l'autre, mais le « message » transmis par les générations antérieures est celui de la continuité familiale et politique et, bon gré mal gré, d'un certain oubli de soi au profit de l'intérêt collectif, ce qui explique l'acceptation – sans grande révolte – des mariages arrangés et des vocations religieuses de convenance. L'« esprit de la famille » veille sur tout cela.

Les bourgeois aisés vivent encore souvent au XVIIe siècle entourés de leur descendance, ne serait-ce que pour faire comme les nobles. Ce sera de moins en moins vrai pendant les siècles suivants et la famille nucléaire vivant entre soi va se généraliser. Le XVIIIe et le XIXe siècle vont voir la montée en puissance de la bourgeoisie. Au cours du XVIIIe siècle, la société se sécularise, sous l'influence de la philosophie des Lumières : ce sont ces philosophes qui prépareront, en même temps que la Révolution française, une modification profonde des rapports de l'individu avec l'autorité. On voit nettement s'imposer les valeurs de la liberté individuelle, servie par la solidarité entre les générations. Le patriarche tout entier tourné vers Dieu et rompant, avant de mourir, les liens qui le rattachent à la terre, se transforme en « bon vieillard » qui trouve en ses enfants la consolation de ses vieux jours et qu'il faut protéger.

Parallèlement, la révolution démographique de la fin du XVIIIe siècle, les progrès de l'agriculture, ceux de la médecine et de l'hygiène, en réduisant la mortalité infantile, vont encore améliorer la situation du petit enfant dans la famille : porteur d'une vraie espérance, il devient précieux ; à propos de lui, Rousseau avait écrit : « Il n'y a point de perversité originelle dans le cœur humain et [...] les premiers mouvements de la nature sont toujours droits. » En cette fin de siècle, l'enfant est enfin reconnu comme un véritable être humain. Le vieillard peut manifester sa bienveillance puisque, depuis la Révolution, il n'est plus le représentant du roi dans la famille. Le père est à la fois aimant et énergique :

tous les personnages sont en place, l'idéal familial du XIXe siècle peut advenir.

De Napoléon à Victor Hugo

Sous l'Empire, il n'était pas si ridicule d'essayer de transmettre les valeurs guerrières – d'origine aristocratique – à ses petits-fils... Mais après la chute de Napoléon et la Restauration, l'idéal qui s'imposera sera celui de la famille bourgeoise, individualiste et libérale. Les aristocrates en viennent même à l'imiter. D'autant plus que l'exemple vient de haut : la comtesse de Boigne raconte que le futur Louis-Philippe – qui régna entre 1830 et 1848 – en exil en Angleterre jouait aux cartes avec son épouse, la future reine Amélie, et leurs enfants, et arbitrait les disputes entre les petits, parce que « Moumours » – le duc de Nemours – ne faisait rien qu'embêter sa petite sœur. Devenu roi, Louis-Philippe ne changea rien à ses habitudes familiales. La société tout entière était prête pour le long règne du grand-papa gâteau.

La famille : quelle famille ?

Frédéric Le Play, l'un des premiers sociologues, a cherché en 1864 à établir quel serait le meilleur modèle familial, le plus capable à long terme de préserver la paix et l'ordre sociaux, « le respect et l'obéissance dans la vie privée, le gouvernement local et l'État ». Il y a, selon lui, trois modèles familiaux. La « famille patriarcale », bien connue, est certes un modèle d'ordre, mais ne favorise pas l'innovation – or la société française est alors en pleine expansion...

La « famille-souche » de Le Play se retrouve dans les familles aisées, souvent à la tête d'une entreprise lucrative, qu'il s'agisse de terres, d'artisanat, de commerce ou plus tard d'industrie : l'aïeul garde auprès de lui un fils marié, héritier privilégié des biens familiaux, qui hérite aussi des devoirs d'assistance envers la fratrie et les collatéraux ou ascendants nécessiteux, dans la mesure du possible ; dans ce cas de figure, les grands-parents présents au foyer sont codétenteurs de l'autorité et les aspirations affectives individualistes passent au second plan par rapport à la bonne organisation familiale... C'est ce type de famille qui a la préférence de Le Play comme la plus capable, à long terme, de réaliser son programme de paix sociale.

Cette famille-souche correspond à une partie de la bourgeoisie et de la paysannerie. L'habitat y est souvent commun aux diverses générations, au XVIIe siècle, mais chaque ménage, avec ses enfants (ce qui correspond à la famille nucléaire du XXe siècle), tend à occuper un logement séparé.

Le troisième type, la « famille instable », présente en revanche, selon Le Play, les plus graves dangers : c'est la famille qui disparaît à la mort du dernier des parents, chaque membre de la fratrie ayant fondé sa propre famille (elle aussi « instable ») en quittant le foyer de son père et de sa mère. Cette famille « instable » est celle qui favorise de façon évidente les ambitions personnelles et l'entreprise innovante mais, par définition, elle rompt les « liens naturels de solidarité », dissout la conscience et le respect d'un ordre social et politique, « promet à la solitude et à l'abandon les vieillards et les nécessiteux ». En prônant plutôt la « famille-souche », Frédéric Le Play défend l'image de grands-parents qui peuvent être « aimants », mais qui doivent d'abord préserver dans l'esprit de leur descendance l'image d'une Autorité supérieure, plus lointaine, moins directe que celle du Père, un reflet, au sein de la famille, de la puissance des valeurs sociales.

Au XIXe siècle, la famille patriarcale et l'aïeul de droit divin sont condamnés par la poussée irrésistible de l'individualisme, qui repose sur une exigence d'autonomie et de satisfaction affective ; libérés de toute fonction autoritaire, les grands-parents peuvent exercer leur indulgence, leur douceur, se faire confidents de l'enfant, couvrir ses « bêtises » et travailler de toutes leurs forces à l'unité harmonieuse de la famille...

Paradoxalement, le grand-papa gâteau travaille, autant

que le patriarche ou l'aïeul d'une famille-souche, au maintien de l'ordre social : tout en confortant dans l'esprit de l'enfant le respect de l'autorité paternelle, il tend à en adoucir les voies ; respectueux de l'esprit de la loi, l'aïeul(e) bienveillant(e) tente de la faire accepter à l'enfant, non par la force, mais par la douceur, en persuadant l'enfant de sa justesse plutôt qu'en l'imposant sans explication. On assiste sans doute à l'émergence d'un souci de respecter l'enfant, d'agir en fonction de sa spécificité et de chercher un équilibre entre les exigences de la société et les droits de l'individu – fût-il « mineur ».

Tout au long du XIXe et du XXe siècle, de façon irrésistible, la relation interindividuelle va se substituer de plus en plus à la relation hiérarchique, en tout cas dans la classe bourgeoise. On assiste à la mise en place de toutes les fonctions des grands-parents « modernes » : la participation à l'éducation de l'enfant, la transmission des valeurs morales, la préservation de l'harmonie et des rituels familiaux... ; à l'acceptation, aussi, de la perte progressive de toutes les prérogatives d'autorité (la prénomination, par exemple : le petit ne s'appellera pas Jean-Claude, comme Papy, mais Morgan !). Les grands-parents du XXIe siècle, confrontés au triomphe assez général de la « famille instable » urbaine, n'ont plus qu'à inventer leur personnage et la relation qu'ils entretiendront avec leurs petits-enfants : aucun « modèle » ancestral ne peut imposer ses contraintes ni apporter son aide !

La famille française au XXe siècle

Le bouleversement considérable de la famille française au cours du XXe siècle prolonge l'évolution commencée au siècle des Lumières. Il y avait encore beaucoup à faire pour que la famille soit plus harmonieuse, laisse aux femmes leur espace de liberté et reconnaisse les enfants comme des personnes et non comme de « petits animaux ».

Ce « grand remue-ménage[1] » dont parle Évelyne Sullerot a eu un rythme différent dans les divers pays d'Europe pour des raisons d'ordre politique. Le changement considérable du niveau de vie lié à l'évolution technologique a certainement favorisé les modifications de l'organisation familiale. La diminution de l'influence des convictions religieuses, enfin, a facilité l'adoption de nouveaux textes concernant le statut de la femme et ses droits sur son corps.

Les femmes ont conquis un peu plus de liberté, à la suite de la guerre de 14-18, avec les mouvements féministes et l'accession de quelques femmes aux études secondaires ou supérieures. Après la guerre de 39-45, les femmes obtiendront le droit de vote puis celui de gérer leurs biens. Mais la modification majeure de leur condition vient des lois qui, dans les années 60 et 70, leur donneront la possibilité de contrôler leurs maternités et de les souhaiter, au lieu de vivre toujours dans la hantise d'une grossesse (loi Neuwirth de 1967 qui légalise la pilule, et loi Veil en 1975 qui dépénalise l'interruption volontaire de grossesse en particulier). Les hommes, dans un mouvement inverse, perdaient leurs prérogatives. Ils auraient pu se trouver, enfin, à égalité avec les femmes au lieu d'être tout-puissants. Ils se sont retrouvés, dans certains cas, comme celui du divorce, en position d'infériorité par rapport à leurs épouses (loi de 1970 qui supprime les prérogatives paternelles).

L'enfant tient au contraire de plus en plus de place, et ce dès avant sa naissance. La mortalité infantile est actuellement très faible, mais l'enfant est plus rare, donc plus précieux. Son éducation est de plus en plus longue, donc oné-

1. *Le Grand Remue-ménage.*

reuse. La position des grands-parents dans les familles s'est trouvée renforcée pendant les deux guerres. Ils se sont remis au travail pour aider leurs proches alors que les hommes jeunes étaient au loin.

□ Les grands-parents dans ce dernier demi-siècle

La famille instable décrite par Frédéric Le Play s'est généralisée. La fréquence des divorces l'a rendue plus précaire qu'il ne l'avait prévu. Et il n'avait pas envisagé que les familles, dans une proportion importante, deviendraient même monoparentales. Les déplacements ou les déménagements de certains vers des pays lointains rendent, de plus en plus, les rencontres rares et aléatoires. Ailleurs, en raison de mésententes ou à la suite de divorces, les liens se distendent. Il n'empêche que la plupart des familles demeurent assez soudées.

Bien sûr, le patriarche qui croit légitimes les marques de respect liées à sa position dans la généalogie, à son âge et à ses cheveux blancs risque fort d'être le seul de son avis et de rester isolé, crispé dans sa dignité. La grand-mère, « reine d'Espagne » qui refuse de décrocher son téléphone pour appeler ses petits-enfants parce que « c'est à eux de prendre de mes nouvelles ! » risque fort de rester longtemps à proximité d'un appareil muet. Comme le monarque de droit divin et pour les mêmes raisons, ils sont passés de mode.

Les grands-parents gâteaux ont encore quelque avenir. Ils ne réclament rien et font aimablement des cadeaux de façon plus ou moins ritualisée. Si la médiation des parents favorise les rencontres, ces aïeuls complaisants apercevront les adolescents un court moment, entre deux activités plus intéressantes. Mais qu'ils soient attentifs au rapport qui existe entre le temps utilisé pour venir les voir et le montant du chèque. À moins qu'ils ne se demandent ce que signifie faire un cadeau à un jeune avec qui l'on n'a aucune relation vraie. S'agit-il d'acheter l'amour avec de l'argent ou seulement de l'envie de donner pour justifier son statut ?

Cependant, lorsqu'on interroge des adolescents ou de jeunes adultes de divers milieux, leurs réponses révèlent souvent la tendresse particulière qu'ils éprouvent pour leurs grands-parents. Ils prennent un plaisir évident à en parler, à raconter une anecdote les concernant. Il s'agit toujours d'adultes, ni tyrans ni gâteaux, qui ont su établir avec leurs petits-enfants une relation authentique, vraie, fondée sur le partage de la tendresse et des expériences. Mais les jeunes gens prennent trop rarement le temps d'exprimer cette tendresse et bien des grands-parents souffrent de se sentir abandonnés au moment de l'adolescence par leurs petits-enfants. La fonction de grand-parent indispensable n'a qu'un temps assez court. Il arrive qu'elle soit relayée par celle de « grand-parent référence ».

12

Les grands-parents d'aujourd'hui

Une génération de grands-parents nés entre 1925 et 1960

Les grands-parents qui ne sont pas encore arrière-grands-parents ont rarement plus de quatre-vingts ans ou moins de quarante-cinq. Au cours de leur vie, plus de trois quarts de siècle pour les plus anciens, les mentalités et les coutumes ont évolué aussi vite que les technologies. Comment ont-ils vécu ces transformations et qu'en pensent-ils ? Leur enfance les y avait-elle préparés ? Ils ont pour la plupart reçu une éducation traditionnelle. Émile Durkheim (1858-1917), le fondateur de la sociologie moderne, de deux ans le cadet de Freud, en a donné une définition restée célèbre : « L'éducation est l'action exercée par les générations adultes sur celles qui ne sont pas encore mûres pour la vie sociale. Elle a pour objet de susciter et de développer chez l'enfant un certain nombre d'états physiques, intellectuels et mentaux que réclament de lui la société politique dans son ensemble et le milieu social auquel il est particulièrement destiné. » Il dit ailleurs : « L'éducation a infiniment varié selon les temps et selon les pays. Dans les cités grecques et latines, l'éducation dressait l'individu à se subordonner aveuglément à la collectivité, à devenir la chose de la société.

Aujourd'hui, elle s'efforce d'en faire une personnalité autonome... »

L'éducation forme l'enfant pour être utile à la société dans le premier texte, tandis que dans le second elle vise à favoriser le développement d'un *moi* fort, doué de libre arbitre. L'idéal n'est-il pas de favoriser l'épanouissement personnel du sujet tout en le rendant prêt à utiliser au mieux ses talents pour lui comme pour les autres ? L'éducation traditionnelle reçue par ces grands-parents était la même qui avait formé leurs parents et aïeux depuis plusieurs générations. Elle constituait une norme autour de laquelle s'inscrivait un large consensus. Les petites différences d'une famille à l'autre correspondaient à une tendance plus ou moins marquée vers l'une des deux formules de Durkheim.

L'éducation traditionnelle

□ Ses principes

L'enfant qui naît est porteur du « péché originel ». Il est donc mauvais par essence. C'est toute une méchanceté congénitale qui doit être éradiquée. Par ailleurs, cet enfant est un sauvageon, peu différent d'un petit animal. Il va falloir lui apprendre, le plus rapidement possible, à avoir un comportement socialement acceptable, à se civiliser. Or les sept péchés capitaux – paresse, orgueil, colère, avarice, luxure, gourmandise et envie – sont assez représentatifs des pulsions normales de l'individu, celles du *ça* freudien. L'éducation traditionnelle vise à réprimer autant que possible ces mauvaises tendances pour former des individus dotés d'un *surmoi* fort, calqué sur l'idéal chrétien.

Une éducation de lord

Pour les couches de ses filles, survenant juste au moment où les maris étaient mobilisés, en 1939, ma grand-mère avait embauché une nurse anglaise, dotée de références aristocratiques. Celle-ci leur expliqua qu'il était facile d'apprendre à un nouveau-né à ne rien réclamer la nuit : au premier pleur, il suffisait de mettre le berceau dans une pièce non chauffée et de l'y laisser jusqu'au matin. La dame ne connaissait pas d'exemple qu'un enfant n'ait compris au bout de deux ou trois nuits. « Ils sont beaucoup plus intelligents qu'on ne croit », disait-elle.
Elle ne connaissait pas encore ma sœur qui était sans doute très bête et n'a jamais voulu comprendre. Je me suis toujours demandé si ce traitement n'avait pas contribué plutôt à lui donner ce caractère rebelle, insatisfait et, somme toute, assez violent, qui a été à l'origine de nombreuses difficultés familiales.

□ Ses méthodes

Les grands-parents reconnaîtront probablement, au moins dans ses grandes lignes, l'éducation qu'ils ont reçue dans leur enfance. L'enfant doit être « dressé » dans un premier temps. Il convient donc, dès les premiers mois, de lui apprendre à faire sa nuit sans déranger ses parents et, le plus rapidement possible, à devenir propre de jour comme de nuit. En même temps on exige de lui, presque dès les premiers mots, qu'il use à bon escient des formules de politesse.

L'enfant ne doit jamais oublier que l'adulte a par définition et en pratique toujours raison. Ce qu'il dit est à prendre comme parole d'évangile. Il s'efforce d'ailleurs de donner le bon exemple quand l'enfant peut le voir. Celui-ci doit donc se contenter de copier au mieux les attitudes des grands. En revanche, il n'a pas, lui, à avoir d'opinion personnelle et on ne lui demande jamais son avis. On ne parle pas à table. L'enfant doit reconnaître en tout point la supériorité de l'adulte. Il doit donc obéir aux ordres sans discuter et dans le meilleur délai. Cette obéissance, tout comme le respect des règles en usage dans la maison, ne mérite aucune récompense. Elle est normale. Par contre tout manquement est sanctionné. Le système est donc fondé sur l'alternance des récompenses et des punitions, étant bien entendu que ces dernières sont beaucoup plus fréquentes que les premières qui ne sont que la manifestation de l'indulgence de l'adulte et de son désir d'encourager l'enfant. Celui-ci doit s'estimer bien heureux d'avoir un lit et de quoi manger. L'adulte doit garder en mémoire le précepte : « Qui aime bien châtie bien. » Le châtiment doit être durement ressenti pour témoigner de l'amour de celui qui le donne : gifles, fessées, voire coups de martinet. La privation de dessert, les humiliations publiques, la mise en punition dans un endroit clos sont des compléments charitables de ce modèle éducatif. L'école vient prendre le relais et, éventuellement, corriger les insuffisances pédagogiques des parents. L'instituteur est doté des mêmes pouvoirs que le père de famille dont il prolonge l'action.

Faut-il en déduire que les grands-parents actuels, bénéficiaires dans leur ensemble de cette éducation traditionnelle, étaient tous des enfants malheureux ? Sûrement pas, même si la vie n'était pas toujours drôle pour bon nombre d'entre eux. Les peu doués, les surdoués, les insolents, les maladroits, les orgueilleux, les indépendants et les rêveurs étaient les plus exposés à la volonté des adultes de corriger les mauvaises habitudes et tout ce qui sortait de la norme. Dans les familles, les plus tolérants des adultes, les mères surtout, étaient blâmés et jugés coupables de faiblesse. Mais il y a toujours eu des aïeuls et des parents indulgents, prêts à consoler et à câliner. Et certains enfants, autrefois comme de nos jours, avaient le génie de se sortir des pires situations.

« *Macte animo, generose puer !* » (Déploie ton courage, noble enfant !)

On nous laissait une grande liberté de jeu, mais il était expressément défendu de monter sur les arbres [...]. Le régent s'éloigna pour dire son bréviaire [...]. Des ormes bordaient le chemin : tout à la cime du plus grand, brillait un nid de pie : nous voilà en admiration, nous montrant mutuellement la mère assise sur ses œufs, et pressés du plus vif désir de saisir cette superbe proie. Mais qui oserait tenter l'aventure ? L'ordre était si sévère, le régent si près, l'arbre si haut ! Toutes les espérances se tournent vers moi, je grimpais comme un chat. J'hésite puis la gloire l'emporte [...]. J'aborde le nid ; la pie s'envole ; je ravis les œufs, je les mets dans ma chemise et redescends [...]. Tout à coup un cri : « Voici le préfet ! » et je me vois incontinent abandonné de mes amis, comme c'est l'usage [...]. En dévalant le tronc, je m'écorchai les mains, je m'éraillai les jambes et la poitrine, et j'écrasai les œufs : ce fut ce qui me perdit. Le préfet ne m'avait point vu sur l'orme ; je lui cachai assez bien mon sang, mais il n'y eut pas moyen de lui dérober l'éclatante couleur d'or dont j'étais barbouillé. « Allons », me dit-il, « Monsieur, vous aurez le fouet. » [...] L'idée de la honte n'avait pas approché mon éducation sauvage...
Jamais ni lui ni personne ne lèverait la main sur moi. Cette réponse l'anima ; il m'appela rebelle et promit de faire un exemple. « Nous verrons », répliquai-je et je me remis à jouer à la balle avec un sang-froid qui le confondit.
Nous retournâmes au collège, le régent me fit entrer chez lui et m'ordonna de me soumettre. Mes sentiments exaltés firent place à des torrents de larmes [...]. Je tombai à ses genoux, je joignis les mains, je le suppliai par Jésus-Christ de m'épargner. Il demeura sourd à mes prières. Je me levai plein de rage, et lui lançai dans les jambes un coup si rude qu'il en poussa un cri. Il court en clochant à la porte de sa chambre, la ferme à double tour et revient sur moi. Je me retranche derrière son lit ; il m'allonge à travers le lit des coups de férule. Je m'entortille dans la couverture, et, m'animant au combat, je m'écrie :
– *Macte animo, generose puer !*
Cette érudition de grimaud fit rire malgré lui mon ennemi ; il parla

d'armistice ; nous conclûmes un traité ; je convins de m'en rapporter à l'arbitrage du principal [...].

Chateaubriand, *Mémoires d'outre-tombe*.

Tout le monde n'a pas l'intelligence ni le talent provocateur de Chateaubriand. Le jeune François-René a-t-il vraiment échappé au fouet grâce à son noble caractère, comme il le raconte ? Peu importe, l'anecdote n'est pas absolument invraisemblable... Le préfet des études applique dans sa sévérité une règle qui est la même pour tous mais, même avec un hématome au tibia, il parvient à rire de la connivence que le jeune latiniste établit avec lui par une allusion à Virgile : « Déploie ton courage, noble enfant ! » La colère et la violence du prêtre sont suffisamment contenues pour qu'il reste sensible à l'humour et laisse l'enfant tirer honorablement son épingle du jeu. L'aventure n'est certes pas anodine – Chateaubriand en parle encore, une bonne trentaine d'années plus tard ! –, mais elle donne à voir une éducation qui n'est pas destinée à « casser » l'enfant et à laquelle un petit rebelle très talentueux peut résister.

Quand les amateurs de littérature veulent évoquer le meilleur des instituteurs, ils citent celui de Camus dans *Le Premier Homme*. Cet homme qui, pour ses petits élèves, orphelins de la guerre de 1914-1918, voulait remplacer le père absent, savait déceler les talents et encourager les énergies. Il a appris à Camus la tendresse paternelle. Cet homme-là maniait le châtiment corporel avec une belle équité. « Nous y passions tous », dit Camus, même ceux qu'il préférait, les orphelins de père.

□ Le tiers-présent

Dans ces exemples, il y a un tiers-présent, le groupe humain, la classe dans le cas de Camus, le préfet du collège pour Chateaubriand. Ces tiers présentent l'avantage d'introduire dans le dialogue éducatif une sorte d'instance sociale qui en garantit l'équité. Cette présence du tiers, même si elle est humiliante et « déshonorante », selon le dénicheur de pies, évite la confrontation directe qui ne peut autrement s'établir qu'au niveau de la colère ou du sadisme, c'est-à-dire de la régression. Les structures sociales actuelles permettent plus difficilement cette médiation collective : le village n'entoure plus la famille et surtout l'instituteur n'est plus l'éducateur investi d'une autorité paternelle. Cette éducation traditionnelle venait tout droit de l'enseignement religieux catholique, prédominant en France. Sévère, elle n'était pas sadique par essence, comme le montre le bel exemple du jeune Chateaubriand.

Et surtout, elle relève d'une tradition plus encore que d'une théorie ; et comme toute tradition, elle informe le comportement de chaque éducateur en tolérant une adaptation, une variation d'un individu à l'autre, d'une famille à l'autre, en fonction aussi des types de culture. L'exemple de Chateaubriand est révélateur d'une possibilité de transgression de la règle par le biais de la connivence intellectuelle qui, le temps d'un « armistice », va instaurer une égalité entre le pédagogue et son élève. Chez Camus, c'est la tendresse, la compassion du maître pour les petits orphelins de guerre qui joue le rôle modérateur. À la faveur de l'élan de tendresse, ou du plaisir de voir que l'enfant a bien profité d'une leçon, ou qu'il a fait preuve d'intelligence ou de générosité, l'adulte reconnaît en lui une personne, son égal et non plus un simple « objet à éduquer ». L'adulte révèle ainsi sa possibilité d'interpréter la règle et de laisser l'enfant accéder, lui aussi, à une liberté bien comprise. Il n'y a pas de latiniste dans toutes les familles, mais dans toutes les familles on célèbre des fêtes traditionnelles : autant d'occasions d'ouvrir des brèches temporaires dans le mur disciplinaire et de donner à l'enfant des possibilités de partager à égalité le plaisir avec tous les adultes.

Certains grands-parents d'aujourd'hui ont encore subi la variété aggravée de cette pédagogie classique. Alice Miller a décrit, sous le nom de « pédagogie noire », les théories éducatives qui, dans les pays anglo-saxons, ont affirmé les bienfaits pédagogiques de l'extrême sévérité. Les livres de Charles Dickens, *Oliver Twist*, ou de Samuel Butler, *Ainsi va toute chair*, par exemple, en stigmatisent les dérives. Ils montrent l'importance de la composante sadique des éducateurs dans l'application d'une méthode qui a pour but de supprimer chez l'enfant toute possibilité d'autonomie intellectuelle ou morale. On a vu en France ce type d'éducation, fondée sur la maltraitance systématique des enfants, surtout dans les « maisons de redressement », dans les écoles d'enfants de troupe ou dans certains collèges.

De maltraitance en maltraitance

Dans *Les 400 coups*, Antoine Doinel, le jeune double de François Truffaut, s'est mis à dos, à force de maladresse et de désir de bien faire, son instituteur, le directeur, sa mère – qu'il encombre –, son beau-père qui a pourtant eu la charité de l'élever. « Quand ma grand-mère me donne des sous, ma mère me les pique », dit-il à la psy. Un jour, il « emprunte » une machine à écrire au bureau de son beau-père. Panier à salade, quai des Orfèvres, comme un grand, garde à vue en cage, comparution. « Vous ne pourriez pas nous le dresser un peu ? » demandent les parents au juge pour enfants. « Dresser » est le mot. Antoine, en maison de redressement, apprend le respect de la Loi par les coups. Jusqu'à la fugue, une longue course qui le mène vers la plage, la mer qu'il n'a jamais vue. L'enfant la contemple. L'image se fige.

François Truffaut, *Les 400 coups* (1960).

Les plus jeunes des grands-parents actuels ont bénéficié de l'évolution des idées qui commençait à se faire jour au cours du XXe siècle : ils ont reçu une éducation plutôt moins stricte et moins sévère que les plus âgés. Ils ont vécu leur enfance dans une période d'expansion économique favorable à une certaine détente. Le consensus autour de l'éducation a commencé à se déliter. D'une famille à l'autre, les variations ont été de plus en plus importantes. Les grands-parents ont vécu comme enfants un type d'éducation qu'ils n'ont répété que rarement, à l'inverse des générations antérieures, fidèles aux mêmes consignes éducatives. Leurs enfants ont répété leur désobéissance à la tradition. Dans le sens du libéralisme ou dans le sens d'une plus grande sévérité, peu importe. Les thèmes de réflexion liés aux questions éducatives ont tenu une place importante dans les débats depuis une quarantaine d'années.

Le choc culturel de 1968

Les événements de mai 1968 ont témoigné d'un malaise profond, jusque-là camouflé par l'euphorie économique des années d'après guerre. En fait, les prémices de l'évolution des idées dans le domaine pédagogique remontaient au début du XXe siècle avec, par exemple, dès 1900, la publication du livre de Maria Montessori, *L'Enfant*, ou un peu plus tard ceux d'autres psychologues comme Célestin Freinet ou de médecins comme Ovide Decroly. Même les travaux de Freud ou de son école n'ont commencé à être mieux connus qu'après la guerre de 1939-1945. La lente diffusion de ces idées a entraîné une remise en question de la pédagogie traditionnelle.

□ Haro sur la violence !

Les punitions corporelles ont été au premier plan des reproches faits à l'éducation traditionnelle. De quel droit frappe-t-on un enfant ? La gifle éducative, quel oxymore ! Tous les grands-parents savent d'expérience que les enfants sont souvent fatigants, que la répétition de certaines bêtises peut exaspérer l'adulte. Cela lui donne-t-il un droit quelconque de frapper ? Les anciens pédagogues savaient que la colère est mauvaise conseillère et recommandaient de remettre au lendemain le châtiment corporel annoncé à l'enfant pour éviter de basculer de la correction à la violence.

La colère correspond, en effet, à une perte momentanée des repères sous l'influence d'une contrariété. C'est une de nos émotions les plus archaïques : le nourrisson, au stade oral, ne connaît le monde que par la bouche. Il fantasme probablement le sein nourricier comme faisant partie de lui-même. Lorsqu'il se trouve en situation de besoin ou de souffrance, il vit le manque sans pouvoir l'analyser. Son impuissance s'exprime dans une rage désordonnée et violente. Deux ans plus tard, l'enfant a conscience des limites de son *moi*. Sa colère se dirige clairement contre l'autre qui le frustre et qu'il voudrait détruire.

Tout adulte en colère régresse vers ces stades de sa propre évolution. L'enfant le sent bien d'ailleurs. Quand il parle de la colère de l'adulte qui lui a fait peur, il sait dire : « Il était tout rouge, le monsieur, comme le petit frère quand il crie. » On ne peut pas penser que l'adulte en colère ait une action éducative quand il frappe un enfant. Faut-il alors remettre au lendemain, comme le préconisaient les pédagogues d'autrefois ? Mais agir à froid, en laissant l'enfant dans la crainte du châtiment, n'est-ce pas du sadisme ?

Frapper un enfant à froid, sans colère, peut-être. Mais il

faudrait être sûr, en conscience, de n'éprouver aucun plaisir sadique en frappant. Entre la rage où l'on n'est plus maître de soi et le sadisme où on l'est trop, la voie est étroite, si ténue que le châtiment corporel ne devient à la rigueur défendable que si la faute est grave et que l'adulte se sent obligé de marquer ainsi un coup d'arrêt. Mais le spectacle du puissant exerçant sa force contre le faible n'est guère soutenable. Alors... le châtiment est-il pédagogique, a-t-il une valeur éducative ? On peut en douter. Et battre un enfant n'est pas un bon exemple à lui donner si l'on veut lui inculquer le respect d'autrui et la protection des plus faibles. Tout châtiment corporel peut être considéré comme une maltraitance et certains désirent que le législateur interdise de tels actes et punisse les adultes qui s'en rendent responsables. Le concept de maltraitance, assez bien médiatisé, a certainement mis un terme à bien des excès. Le sujet mérite réflexion. Il convient aussi de remarquer que la maltraitance n'est pas seulement une question de violence physique. La négligence dans les soins corporels, dans l'éducation, l'insuffisance de tendresse et d'amour sont aussi des maltraitances, sans parler de certaines autres maltraitances contemporaines.

Attila et sa maman

Cette petite fille de trois ans qui ressemblait à un ange du Quattrocento et que ses parents avaient surnommée Attila n'avait, de sa vie, reçu un coup, même pas de tape sur la main.
Ce jour-là, elle sortait de l'école, tout occupée à se pourlécher d'un petit pain au chocolat ; elle en avait jusqu'aux yeux. Elle portait un ravissant imperméable rouge à crevés gris et des bottillons neufs, en cuir. Elle avise une flaque et y saute à pieds joints. Sa mère l'en sort, la gronde un peu, l'essuie. Colère de la petite qui s'amusait bien. À peine sa mère l'a-t-elle lâchée, retour à la flaque. La maman prend l'air très fâché : « Veux-tu bien sortir de

là tout de suite. » Alors Attila, regardant sa mère bien droit dans les yeux, se couche de tout son long dans la boue. La mère l'attrape par le col, la sort de la gadoue en lui disant : « Toi, tu vas prendre la baffe de ta vie. » Alors Attila, le menton en avant et les poings serrés, lui dit : « Toi, de toute façon, tu ne sais que cogner. » Elle ne l'a même pas reçue, sa baffe. Sa mère riait trop.
Quelle magnifique défense, le rire, quand on est désarçonné ! Ai-je eu parfois tellement envie de la battre qu'elle l'a senti ? Quelle audace ! Est-ce bien moi qui ai fait cette petite Antigone ? Se posant ces questions et bien d'autres, la maman, renvoyée par la provocation d'Attila à sa propre psyché, ne se trouvait plus pour l'heure capable d'assumer sa fonction éducative.

□ Faut-il éduquer ?

C'est la question ultime après le « il est interdit d'interdire » de 1968. Et effectivement Alice Miller répondait clairement dans les années 80 : il faut s'abstenir d'éduquer. Toute éducation fait violence à la nature de l'enfant, censure l'expression de sa personnalité et de ses désirs, éteint sa spontanéité, contrôle ses comportements. Or Alice Miller et les jeunes gens en colère de 1968 accusaient toute éducation d'être en fait la reproduction forcée des modèles idéologiques de la bourgeoisie. (Sans compter que tout éducateur peut aussi être un hypocrite qui confond le souci éducatif et son propre désir et brime l'enfant par égoïsme ou vanité.)

Certes, il est bien vrai que l'éducateur prend la responsabilité de choisir à la place de l'enfant parmi tous les possibles dont il est porteur. « Choisir, c'est renoncer » et l'enfant n'a pas toujours droit à la parole (ou, pouvoir de la prendre) dans ces questions qui le touchent pourtant de très près. Éduquer un enfant, c'est aussi décider pour lui de son appartenance à tel ou tel groupe humain, religieux, politique... et le former en conséquence.

Éducation, ou plutôt prise de possession, contention et finalement coercition : cette « violence » que subit l'enfant, Alice Miller y voit le germe de toutes les violences futures, celles qu'il exercera lui-même en réponse à celles qu'il a subies, par légitime défense, en somme, ou par vengeance. Si l'on veut élever un enfant, d'après elle, on ne doit compter que sur l'exemple : l'exemple du respect de l'autre, l'exemple de l'affirmation sans contrainte de ses propres valeurs, dans l'espoir qu'elles seront imitées spontanément.

□ La violence congénitale

Alice Miller s'oppose à la théorie des pulsions de Freud qui repère clairement l'agressivité comme inhérente à l'homme. On voit les nourrissons de crèche, dès qu'ils savent ramper, mordre celui qui veut leur prendre un jouet. Les enfants de tous âges se battent, se font souvent mal. Un enfant de deux ans et demi élevé dans la plus grande douceur pique des crises de rage, donne des coups de pied de tous côtés et griffe. L'adulte, s'il ne veut pas être maltraitant, doit se contenter de maintenir l'enfant pour l'empêcher de se faire mal ou de blesser les autres, tout en s'efforçant de le calmer par la parole. Que l'on regarde aussi la grande brutalité physique des enfants ou des adolescents entre eux, par jeu ou méchanceté. Il arrive qu'un enfant ou un adolescent attaque physiquement l'un de ses parents ou un enseignant qui ne peut se défendre. La mère n'en a pas la force. Et l'enseignant, en ripostant, risque une peine de prison suivie de révocation. Par contre, la sanction administrative contre l'élève agresseur sera prudente et indulgente.

Les indispensables limites

De nombreux enfants de ce tournant du siècle n'ont jamais reçu la moindre tape sur la main et ont vécu quasiment sans interdits. Sont-ils plus heureux ? Sont-ils moins violents ? Rien n'est moins sûr. L'enfant de deux ans en proie à une crise de rage cherche des limites. S'il ne trouve pas de barrière dans son milieu familial, il ira la chercher plus tard dans la rue, auprès des policiers par exemple, en se mettant et en mettant les autres dans des situations beaucoup plus dangereuses. Un petit enfant est d'ailleurs soulagé que l'on résiste à ses caprices parce que cela prouve qu'on est plus fort que lui et qu'on peut donc le protéger : il est effrayé, lui qui se sent si faible, d'avoir le dessus sur ses parents. Il lui faut tout de suite tenter un autre affrontement qui lui montrerait, enfin, un parent résistant.

Il est important pour l'enfant de trouver un mur dont il peut éprouver la résistance : la non-violence de ses parents n'est pas de la faiblesse ; ils sont aussi d'accord sur ce qu'ils exigent ou interdisent et se renforcent l'un l'autre. Il faut que le jeune enfant apprenne qu'un « non » ne signifie pas « peut-être ». Pour cela, il n'est pas besoin de coups, mais seulement de patience : résister et ne pas céder. Comme dit le proverbe japonais : « La victoire est à celui qui sait souffrir un quart d'heure de plus que l'autre. » Mais certains enfants sont rétifs à une éducation ferme mais douce et cherchent avec obstination à dépasser la limite qui va déclencher la réaction physique de l'adulte. Il semble illusoire de dénier l'existence de tels caractères qui manient la provocation et cherchent le conflit.

Les grands-parents actuels ont tous quelques souvenirs cuisants de gifles ou de fessées, parfois bien méritées, selon les normes de l'époque. Ce qui ne les empêche pas toujours de déplorer la disparition des bonnes vieilles méthodes éducatives : « Une bonne raclée n'a jamais tué personne », encore qu'il y ait raclée et raclée et que certaines puissent conduire à l'hôpital. Chacun doit se souvenir qu'il abrite un « Ogre intérieur », selon la formule de Christiane Olivier, capable de le pousser aux pires excès. Les grands-parents, éducateurs en deuxième position, n'ont à prendre, en ce domaine, aucune initiative. Si les parents décident que certaines fautes très graves nécessitent châtiment, les grands-parents, s'ils ont à ce moment précis la responsabilité des enfants, peuvent aussi mettre une grande modération dans cette obligation. La main levée peut ne pas retomber, ou seulement de son propre poids, sur la main de l'enfant qui hurlera fort poliment, tout content de s'en tirer à si bon compte. Ils peuvent aussi se souvenir de la formule : « Une récompense est souvent plus efficace qu'une punition. »

Mais il arrive que l'« Ogre intérieur » des grands-parents les pousse à reproduire ces punitions sévères qu'ils ont eux-mêmes subies dans leur enfance. Les processus d'identification fonctionnent, là comme ailleurs, et chacun a tendance à agir comme sa propre mère ou son propre père le faisait, sans se donner la peine de réfléchir à la valeur de ce qu'il imite. Et ces mécanismes d'identification expliquent en partie que l'évolution des attitudes pédagogiques soit si lente. Il est rare qu'un parent maltraitant n'ait pas été lui-même maltraité dans son enfance. Il semble qu'il chasse de sa mémoire et refoule le souvenir de sa souffrance, pour ne pas en obérer l'image gratifiante qu'il veut conserver de ses parents. Il a la certitude qu'ils agissaient « pour son bien » – c'est d'ailleurs le sens du titre d'un des livres d'Alice Miller consacré à la « pédagogie noire [1] ». Tout naturellement, il prouve à son tour son amour parental à son enfant en le battant. Ce n'est heu-

1. *C'est pour ton bien.*

reusement pas une règle et bien des enfants maltraités deviennent des parents qui ne lèvent jamais la main sur leur enfant, par horreur du souvenir de ce qu'ils ont eux-mêmes subi. Ils demeurent cependant tributaires de l'éducation qu'ils ont reçue, puisqu'ils l'inversent.

Les nuisances pédagogiques modernes

Par réaction aux excès de ce qu'on a appelé la « pédagogie noire » en raison de sa cruauté, certains ont adopté une pédagogie que l'on pourrait appeler « rose ». Elle est rose comme un bonbon, rose comme un amour de chérubin. Quel bonheur de voir sourire cet enfant. Il doit tout avoir, comme il veut, quand il veut. Quel besoin de le brimer ? Il a tout le temps d'apprendre combien la vie d'adulte est dure. Je l'empêche juste de se faire mal et, sur la falaise, je me mets tout au bord pour qu'il ne puisse pas tomber. Il est heureux et je suis heureux de le rendre heureux.

□ La pédagogie rose

Cette pédagogie est encouragée par les discours des médias et de la publicité qui prônent les valeurs du profit et de la jouissance immédiate. Ceux qui parlent ainsi n'évoquent pas les difficultés que rencontrent les jeunes avant d'accéder à l'aisance financière, seul moyen légal de se procurer les biens en question. Et le monde actuel n'est pas tendre pour les jeunes. Le patron de l'entreprise où des élèves de BTS travaillent en alternance leur a dit : « Huit heures, ce n'est pas huit heures cinq ! » Les garçons étaient très choqués. L'un d'eux a dit à mi-voix : « Il verra bien à quelle heure j'arrive ! » De fait, il a été mis à la porte pour dix minutes de retard et dix-huit ans de cette « pédagogie rose » qui peut tout d'un coup apparaître comme une maltraitance collective sévère : elle n'a pas donné à ces jeunes l'appui nécessaire pour leur permettre de devenir grands.

□ La société serait-elle pédophile ?

Le flou pédagogique fait l'affaire de la publicité. L'enfant est un consommateur, donc un petit roi pour les fabricants. Tout va être fait pour stimuler son désir. Les objets qui le tentent le plus sont réunis près des caisses des supermarchés, là où l'on s'arrête pour faire la queue. Les publicités télévisées n'hésitent pas à ridiculiser les parents. On voit une petite fille, barbouillée de confiture jusqu'aux cheveux, dire que ce n'est pas bien de manger du sucre avant le dîner parce que Papa l'interdit. Une telle séquence incite les enfants à de mauvaises pratiques alimentaires comme à la désobéissance. Les adultes vont être complices de ce qu'ils désapprouvent au motif que la petite fille de la publicité a franchement l'air d'un ange. Séduits par une image, ils céderont facilement au harcèlement de l'enfant au supermarché. La publicité encourage ici la maltraitance éducative.

De même, certains journaux pour enfants n'hésitent pas à proposer à des fillettes de neuf à treize ans des produits de beauté, des teintures de cheveux ou des sous-vêtements sexy qui font en même temps penser à des barboteuses. Et les parents vont se laisser prendre, complices à leur insu et de façon ambivalente de cette « mise en valeur » pédophilique de leurs enfants. Ils sont narcissiquement flattés de les voir si précoces, si séduisants. Sentant l'hésitation de sa mère, la fillette va assener un argument supplémentaire : toutes mes copines en ont ! Les autres adultes sont priés de s'extasier sur la petite femme qu'est déjà cette petite fille, toute fière de se trouver sur le podium. Elle croit qu'on la valorise, alors qu'on l'utilise : on la pousse à vivre avec plusieurs années d'avance sur sa physiologie. Les grands-parents devraient être bien placés pour faire comprendre que les années d'enfance sont précieuses et qu'il est dommage de s'en priver. Ils ont peu de chances, en fait, d'être entendus tant s'imposent avec force ce qui se dit à l'écran et le souci de copier les copines. Sauf s'ils peuvent aider les parents à résister à la course en avant que la publicité tente d'imposer.

La boussole en folie

Certains jeunes grands-parents, dans la mouvance de 1968, ont essayé sur leurs enfants des méthodes pédagogiques révolutionnaires, fondées sur le « il est interdit d'interdire », tandis que d'autres restaient plus classiques. Leurs enfants à leur tour feront des choix tout aussi inattendus : on peut voir autant de grands-parents heurtés par le laxisme de jeunes parents que d'autres choqués par le « dressage » que subissent leurs petits-enfants. D'une génération à l'autre, rotation à 180° : les enfants d'aujourd'hui se trouvent élevés de bien des manières différentes. Même les deux parents d'un enfant ont parfois des comportements diamétralement opposés.

Les grands-parents ont bien du mal à s'y retrouver et à éviter les maladresses. Mais leur désarroi n'est pas sans conséquence car les enfants auraient besoin de se structurer dans un cadre où les différents adultes aient une attitude et un discours homogènes et cohérents. L'absence de consensus sur les attitudes éducatives ou même sur ce qui est permis ou défendu constitue une maltraitance grave pour les enfants. En effet, ceux-ci ne peuvent constituer un faisceau harmonieux d'identifications sur les adultes de leur entourage. Les difficultés de nombreux enfants ou adolescents ont pour cause, entre autres, le chaos dans lequel les plonge le monde des adultes.

On peut se demander pourquoi un adulte hésite à s'opposer. Si l'on dit non à un enfant, il vous déteste, ne serait-ce que pour quelques secondes. Ce moment passé, l'amour revient mais l'enfant sait que son amour n'est pas un bloc de granit, qu'il peut disparaître ou évoluer selon les circonstances : c'est l'ambivalence des affects. Cette ambivalence fait peur à l'adulte qui l'a pressentie autrefois chez ses parents et éprouvée en lui-même. Il ne s'oppose le plus souvent aux désirs de l'enfant que pour le protéger ou l'aider à se construire. Il lui faut donc assumer le risque pénible d'un désamour transitoire. Peut-on prétendre aimer vraiment un enfant sans affronter cet aléa ?

L'absence très fréquente aujourd'hui de cadre éducatif apparaît plutôt comme une véritable carence, une maltraitance au sens plein du terme. Les excès de l'éducation traditionnelle n'aboutissaient qu'à obliger l'enfant à se mettre à l'abri d'une sorte de « carapace morale » qui le rende relativement indifférent aux sévices, sans lui donner la possibilité de s'épanouir.

La « pédagogie rose » semble surtout favoriser le développement d'une violence, chaque jour dénoncée mais trop tard. La discipline s'apprend mieux au jardin d'enfants que dans les bandes d'adolescents. Le type d'éducation dont chacun rêve serait de donner à l'enfant les meilleures chances d'épanouissement et de formation personnelle, avec une bonne prise de conscience d'une certaine éthique. Ce qui permettra au jeune adulte de disposer d'une solide « colonne vertébrale » morale et mentale. L'absence de consensus entre les adultes rend parfois cette tâche quasi impossible. Heureux sont les grands-parents qui trouvent un terrain d'entente suffisant avec leurs enfants et beaux-enfants pour pouvoir jouer utilement leur rôle dans l'épanouissement de leurs petits-enfants.

13

Le transgénérationnel

Certains éléments importants de la formation d'un individu se transmettent par voie génétique, héréditaire. D'autres proviennent du vécu des générations antérieures qui le transmettent de manière sans doute inconsciente, au moins en partie. À l'époque des anciennes mythologies, l'individu appartenait plus au clan qu'à lui-même et acceptait certaines obligations, même incompréhensibles, parce que la tradition du clan les lui imposait. La psychanalyse a redécouvert au cours de ces trente dernières années l'existence de telles transmissions que recouvre le concept de *transgénérationnel*.

Une notion nouvelle

□ Qu'est-ce que le transgénérationnel ?

On décrit sous ce nom des phénomènes psychiques qui traversent les générations. Ils sont en rapport avec des faits de la vie de grands-parents ou d'aïeux, dont une trace est mystérieusement transmise aux petits-enfants, qui n'en sont pas conscients mais qui en subissent les conséquences. La Bible et ses malédictions sur sept et neuf générations témoignent de la pérennité de ce concept dans l'esprit humain. Les grands-parents se trouvent être soit origine soit courroie de transmission de ces phénomènes qui peuvent avoir une influence décisive sur la vie de leurs petits-enfants.

□ Comment y croire ?

Payer dans sa propre vie les méfaits de son arrière-grand-père ? Souffrir d'un deuil dont on n'a pas connaissance ? Cela est difficile à croire. Et, pourtant, les exemples sont nombreux. L'histoire qui suit, empruntée à Françoise Dolto, en donne une première illustration.

> Au moment où ses parents consultent la psychanalyste, Benoît est en CM2. Tout allait bien jusqu'à Pâques de l'année précédente, soit un peu moins d'un an auparavant. Il assiste à la consultation, apathique et comme absent. Les parents racontent qu'il est devenu progressivement mauvais élève, qu'il n'aime plus jouer et qu'il est triste. Françoise Dolto les interroge sur les événements de la vie familiale et apprend que la grand-mère est morte pendant les vacances de Pâques, une grand-mère que l'enfant aimait beaucoup, même s'il la voyait assez peu. Il était en vacances et n'a rien su de la mort de sa grand-mère. Un jour où il l'a réclamée, on lui a dit qu'elle était à l'hôpital. Françoise Dolto dit à Benoît que sa grand-mère est morte et s'assure qu'il comprend bien ce qu'est la mort. Elle conseille aux parents de le faire assister à une messe de funérailles, pour remplacer celle dont il a été privé et d'aller au cimetière avec lui pour qu'il puisse porter lui-même des fleurs sur la tombe de sa grand-mère. Il est très utile, pour la thérapeute, de lui faire prendre conscience des cérémonies qui suivent la mort et de réintégrer ainsi l'enfant dans sa famille. En voulant le protéger, ses parents l'ont en fait exclu. Trois semaines plus tard, il est redevenu le bon élève d'antan.

On peut imaginer que l'enfant a perçu le mensonge par omission de ses parents et s'est senti mis à l'écart. Il en a été assez malheureux pour changer de comportement. La vérité sur l'événement et la participation de ses parents au processus de réparation lui ont permis de réintégrer sa place de fils participant de droit à la vie familiale et, à partir de là, de commencer son propre deuil. La génération des parents, intermédiaire entre la grand-mère et Benoît, a fabriqué du silence. Le résultat montre à quel point cette attitude était nocive. Les enfants ont souvent l'intuition de ce qu'on cherche à leur dissimuler. Ils en devinent l'importance, à des signes imperceptibles et involontaires de leurs parents. C'est un des modes de fonctionnement du *transgénérationnel.* De nombreux auteurs ont publié sur ce sujet dans les dernières décennies. Leurs travaux intéressent les grands-parents de nombreuses façons.

□ Que transmet-on à ses enfants ?

Certaines transmissions sont dues au talent d'imitation des jeunes enfants ou au désir des adultes de leur faire partager ce qui leur tient à cœur. Il s'agit d'une transmission directe qui peut être volontaire et consciente.

Si l'on dit : « tel père, tel fils », ou bien « c'est bien le mauvais caractère de sa grand-mère », ou encore « il a les yeux bleus de l'oncle Henri », cela ne choquera personne. Il est admis par la sagesse populaire que les enfants *héritent* des traits physiques ou moraux de leurs parents et grands-parents. Et le fait que certaines caractéristiques « sautent » une ou deux générations ne surprend guère. On explique facilement ces transmissions par la génétique.

D'autres échappent à la conscience : les psychanalystes du transgénérationnel les ont décrites à partir de leur expérience clinique. Ces travaux conduisent à penser que, si un membre d'une famille commet une faute grave, selon la morale du milieu et de l'époque, la honte en rejaillit sur toute la famille. On cherchera à cacher ce faux pas pour tenter de sauver l'honneur. Même entre soi, on évitera d'en parler, sinon de loin en loin et à mots couverts. On se sent gêné. On se tait devant les enfants et on ne répond pas à leurs questions. Ils ne sauront pas exactement ce qu'on leur a caché, mais leurs parents leur auront transmis un malaise sans cause qu'ils pourront eux-mêmes transmettre à leurs enfants. Le transgénérationnel, d'après ces psychanalystes, serait essentiellement vecteur de troubles somatiques ou psychiques. Il entraînerait aussi, comme le dit Tisseron, une perte du « droit à la curiosité », première étape vers la réussite intellectuelle.

On a donc eu tendance à négliger les aspects positifs pour l'individu de la transmission inconsciente. Comme les peuples heureux n'ont pas d'histoire, il existe des familles où tout semble facile : des couples stables, des enfants bien dans leur peau avec de bons résultats à l'école puis dans la vie. Ces sujets en apparence normaux ont-ils des antécédents familiaux dénués de toute pathologie psychique ? Pas obligatoirement. Certains travaux montrent que les transmissions néfastes apportées par l'un des parents peuvent se trouver neutralisées si l'autre parent en est indemne. La révélation de leur origine est bien souvent le grand remède à l'angoisse des « héritages psychiques » néfastes.

□ Débuts de la psychanalyse : le transgénérationnel est négligé

Freud était bien conscient de l'existence de ces phénomènes. Dans *Totem et Tabou* (1912), il écrit : « Nous postulons l'existence d'une âme collective ; un sentiment se transmettrait de génération en génération, se rattachant à une faute dont les hommes n'ont plus conscience ni le moindre souvenir. » Il récidive, entre autres dans *L'Homme Moïse et la religion monothéiste*. Il affirme encore en 1939 que l'hérédité archaïque de l'homme comporte des souvenirs inconscients laissés par les expériences des générations antérieures.

Il a pourtant pratiquement éliminé les grands-parents de la théorie comme de la pratique psychanalytique. Les travaux concernant le transgénérationnel ont commencé dans les années 60 mais se sont surtout développés après 1970. Comme si la réticence de Freud à approfondir sa recherche sur cette question avait empêché pendant près de trente ans ses disciples d'aborder cette voie nouvelle. Depuis, les travaux se sont multipliés. Mais la notion de transgénérationnel n'est pas admise par tous. Les premiers psychanalystes qui se sont intéressés à ces problèmes étaient issus d'écoles diverses, parfois violemment opposées, et ne se connaissaient pas. Pourtant, ils se sont mis au travail sur cette question à peu près tous au même moment, par une curieuse coïncidence.

Et, pourtant, l'absence des ancêtres dans la théorie psychanalytique a des conséquences pratiques. Les psychanalystes pour enfants, par exemple, demandent souvent à leurs nouveaux patients de « dessiner une famille ». Le dessin, fidèle aux conditions d'habitat actuel, représente le plus souvent une famille nucléaire avec deux parents, des enfants et le chat. Si on ne leur demande pas de les dessiner aussi, les enfants peuvent en déduire que les grands-parents ne présentent pas d'intérêt pour l'analyste et ils les excluent de leurs récits. De même, tous les adultes qui sont en demande d'aide savent l'importance du complexe d'Œdipe et ont tendance à privilégier ce thème, quitte à omettre d'évoquer les problèmes liés aux générations précédentes.

Certains d'entre eux se remémorent péniblement des souvenirs oubliés de leur enfance devant un analyste muet et vont de mal en pis. Ils espèrent peut-être, en créant de nouveaux symptômes, permettre à ce « muet » de comprendre qu'ils n'ont pas de mots pour exprimer leur souffrance. Ces mots sont ceux que leurs parents leur ont celés à propos de leurs antécédents familiaux et qu'ils espèrent inconsciemment entendre de la bouche de leur thérapeute. Le silence de l'analyste redouble ainsi le traumatisme que les parents ont imposé, croyant bien faire, en taisant les hontes familiales. Si l'analyste, au contraire, accepte de montrer son intérêt pour une recherche généalogique entreprise par le patient, cette adhésion peut empêcher l'analyse de s'embourber dans l'interminable. Ailleurs, la règle du silence conserve tous ses mérites, tant qu'elle n'est pas érigée en dogme.

Histoires de familles

□ La famille de Freud

Il est étonnant que Freud ne se soit pas davantage intéressé aux ancêtres et plus particulièrement aux grands-parents, tant dans sa théorie que dans sa pratique. On peut penser aux difficultés qu'il a rencontrées pour faire admettre ses concepts les plus innovants comme ses théories sur la sexualité, le complexe d'Œdipe, l'inconscient, le refoulement, pour n'en citer que quelques-uns. L'état des mentalités, il y a un siècle, l'explique. À Vienne, Freud, juif athée aux idées matérialistes, peinait à se faire accepter et reconnaître. Il a pu préférer concentrer son influence sur les notions qui lui semblaient les plus importantes. S'intéresser aux grands-parents et à leur rôle dans la formation du psychisme de l'enfant aurait pu aussi faire penser qu'il se rapprochait de la notion d'*inconscient collectif*, défendue par Jung, l'ancien élève chéri devenu son ennemi.

Mais il avait probablement aussi quelques raisons plus

personnelles d'éviter ce sujet. Il a de même exploité et théorisé la légende d'Œdipe avec le brio que l'on sait, en passant sous silence les ancêtres d'Œdipe, les Labdacides, dont l'histoire est l'un des exemples de transmission transgénérationnelle les plus remarquables qui puisse exister. À moins d'imaginer que Freud, malgré son immense culture, n'ait connu Œdipe que par les pièces de Sophocle. N'avait-il pas d'autres raisons de négliger les Labdacides ?

Des auteurs comme Marie Balmary et Alain de Mijolla se sont particulièrement intéressés à l'histoire familiale de Freud et pensent qu'elle a pu infléchir sa réflexion. Son père, Jakob, né en 1815 ou 1816, n'avait pas fait d'études et s'était précocement lancé, de façon peu fructueuse, dans le commerce. Marié à seize ans à Sally Kanner, il eut son premier fils, Emmanuel, en 1832 alors qu'il n'avait que dix-sept ans, puis Philipp en 1836. La mort de Sally Kanner n'a pas été enregistrée. Jones, le biographe officiel de Freud, dit qu'il est né le 6 mai 1856, à Vienne, de la seconde femme de son père, Amalia. Or, tout cela est inexact. Freud est né deux mois plus tôt, le 6 mars, et a été circoncis une semaine plus tard, les registres de la synagogue en font foi. Le mariage de ses parents ayant été célébré le 29 juillet 1855, Jakob a donc épousé Amalia, vingt ans, enceinte de deux mois. On a ensuite, pour cacher la faute, dit à Sigmund qu'il était né deux mois plus tard. En outre, Amalia n'était pas la seconde mais la troisième femme de Jakob. Un registre de la communauté juive de Freiberg mentionne Jakob comme marié à une Rebecca de trente-deux ans et vivant avec ses deux fils et la femme d'Emmanuel. Cette Rebecca disparaît des registres deux ans plus tard. Que s'est-il passé ? Décès, divorce ? Les deux premières femmes de Jakob ont donc disparu sans laisser de traces. Jakob avait quarante ans à la naissance du petit Sigmund. Il a eu ensuite sept autres enfants. Emmanuel, l'aîné de ses demi-frères, a dit un jour à Freud qu'il devait se considérer, non pas de la deuxième génération mais de la troisième par rapport à son père. C'est Freud lui-même qui a rapporté ce propos. Il a été de fait élevé dans une famille compliquée avec intrication des générations : Emmanuel avait trois ans de plus que sa belle-mère Amalia. Les enfants d'Emmanuel, neveux de Sigmund, habitaient la même maison et étaient donc ses camarades de jeu. Son père était aussi un grand-père, tandis que ses neveux et nièces étaient comme des frères et sœurs.

Les relations de Sigmund avec son vieux père étaient bonnes, d'après ses biographes. Il a pourtant confié un jour qu'il regrettait de ne pas avoir été le fils de son demi-frère, Emmanuel. Le premier prénom de Sigmund Freud était Shlomo, celui de son grand-père paternel, mort quelques semaines avant sa naissance. Cet homme devait être considéré comme un sage puisqu'on l'appelait le « rabbi Shlomo ». Freud disait aussi avoir été le fils préféré de sa mère, ce qui lui avait donné de la force. Il se souvenait par contre d'un oncle paternel, « Joseph aux cheveux roux », qui avait été condamné à dix ans de prison pour trafic. Après cette condamnation, les cheveux de Jakob seraient devenus tout gris du jour au lendemain.

Emmanuel, le demi-frère préféré de Freud, était forcément au courant de l'existence de Rebecca, la seconde femme de son père. Aucun texte ne permet, en revanche, d'affirmer que Sigmund en ait eu connaissance, sauf peut-être une lettre à Fliess où il fait allusion à une histoire juive : « Rebecca, ôte ta robe de mariée, tu n'es plus mariée. » Or il annonce, dans la même lettre, son abandon de la théorie dite « de la faute du père », selon laquelle les patientes hystériques auraient souvent été séduites par leur père. Alain de Mijolla suggère que l'association dans le même texte d'un discours sur la « théorie de la faute » et d'une allusion à Rebecca a peut-être valeur d'aveu.

Le vrai Jakob semble avoir été un personnage curieux. Des zones d'ombre troublantes planent sur la disparition de ses deux premières femmes. Ses problèmes financiers étaient chroniques. L'image de digne vieillard que Freud nous a laissée manque peut-être de réalisme. Quand Freud renonce à la théorie de la faute cachée du père, il refuse de prendre en considération ce que les générations précédentes peuvent transmettre de négatif à un enfant. Peut-être veut-il protéger l'image paternelle. Ses choix narratifs dans l'histoire d'Œdipe témoigneraient d'un souci analogue.

▫ Chez les Labdacides, le mythe d'Œdipe

L'histoire des Labdacides, ou cycle thébain, montre la manière dont les Anciens avaient, dans leurs légendes, décrit ce qui est maintenant appelé le transgénérationnel. Cela peut faire penser qu'ils avaient pressenti l'existence de telles transmissions. La malédiction se répète sur six générations, de Cadmos aux enfants d'Œdipe. Cadmos, le fondateur de Thèbes, exposa sa lignée aux malédictions divines en épousant Harmonie, fille adultérine de la déesse de l'amour, Aphrodite, et d'Arès.

La deuxième génération montre une mère qui tue son enfant. Cadmos et Harmonie eurent plusieurs enfants dont une fille nommée Agavé qui s'adonnait au vin dans des orgies dionysiaques. Le fils d'Agavé, Penthée, était un homme sobre, épris d'ordre et hostile à ces orgies. Le dieu du vin, Dionysos, voulut se venger de lui en inspirant le geste meurtrier de sa mère. Quand Agavé en plein délire aperçut son fils Penthée, elle le prit pour un lion qu'elle « déchira de ses mains » avant de le décapiter et de rapporter triomphalement à Thèbes sa tête au bout d'un thyrse.

À la mort de Cadmos, son fils, Polydoros, frère d'Agavé, devint roi. Il se rendit aussi coupable en prenant pour épouse une fille de Sparte, ville que détestait son peuple. Si bien que son fils fut appelé Labdacos, c'est-à-dire le « boiteux », en raison de cette mésalliance. Polydoros mourut prématurément.

Labdacos représente la troisième génération. Devenu adulte, il reprit le pouvoir légitime sur Thèbes mais régna peu de temps et mourut quand son fils Laïos n'avait qu'un an. Labdacos aurait été massacré par les Bacchantes. Mais il est le seul de cette lignée dont la légende ne rapporte pas de faute majeure.

Son fils Laïos se trouve à la quatrième génération après Cadmos. Les usurpateurs du pouvoir royal menaçaient sa vie. Il fut sauvé par l'hospitalité du roi de Corinthe, Pelops, qui éleva le petit Laïos avec son fils Chrisippe. Les noms de ces enfants vont induire la suite du récit mythologique. Laïos signifie en effet : « celui qui gauchit » (les relations avec les autres) tandis que Chrisippe veut dire : « cheval d'or ». Laïos adolescent devint amoureux de Chrisippe, le fils de son hôte et protecteur. Plus grave, il le viola. Chrisippe ne put surmonter sa honte et se suicida. Pelops, fou de douleur, maudit Laïos et toute la tribu des Labdacides qu'il voua à l'anéantissement. Dans la conception grecque ancienne, Laïos, hôte de Pelops, est comme son fils. Son acte est donc triplement criminel : c'est un inceste parce que Chrisippe est comme son frère, c'est un viol sur la personne d'un prince, c'est une injure aux lois de l'hospitalité, au roi et au père.

Œdipe est l'homme de la cinquième génération. Son nom signifie : « celui qui a de l'œdème aux pieds ». Le grand-père d'Œdipe s'appelait Labdacos, le « boiteux ». Le nom de son père, Laïos, signifie « celui qui gauchit les relations ». Tous ces personnages légendaires ont donc des noms qui indiquent qu'ils ne « marchent » pas bien, physiquement ou moralement. La sixième génération, celle des enfants d'Œdipe, voit se réaliser la malédiction portée par Pelops contre les descendants de Laïos. Ils mourront tous sans descendance. C'est la fin de cette famille royale.

Le mythe d'Œdipe termine la légende des Labdacides. Laïos, de retour à Thèbes, reprend le pouvoir puis épouse Jocaste, mais leur union est stérile. Dépité, il va à Delphes consulter l'oracle qui lui dit : « Si tu as un fils, il te tuera et couchera avec sa mère. » Il évite alors soigneusement de procréer, jusqu'à ce qu'un jour, l'ivresse lui soit fatale. L'enfant est un fils et ses parents décident de le sacrifier. Ils le confient à un berger pour qu'il l'expose sur le mont Cithéron. Le berger transperce le talon de l'enfant pour y passer une corde et l'emporte sur son dos. Il rencontre en chemin un berger de Corinthe. Celui-ci pense que cet enfant, au lieu d'être sacrifié, pourrait être adopté par son roi Polybos qui n'a pas d'héritier. C'est ainsi que le jeune Œdipe fut élevé comme prince héritier, fils adoptif à son insu.

Un jour de bagarre, un garçon lance au jeune prince : « Après tout, toi, tu es un fils supposé. » Inquiet, Œdipe va parler à son père, Polybos, de l'incident mais n'obtient pas de réponse claire. Il décide alors, comme l'avait fait jadis Laïos, d'aller consulter l'oracle de Delphes qui lui répond : « Tu tueras ton père, tu coucheras avec ta mère. » Œdipe, fou d'inquiétude, ne pense plus au motif de sa démarche qui est de savoir s'il est vraiment le fils de Polybos. Il décide de ne pas retourner à Corinthe de peur de réaliser la prédiction de l'oracle. Le « destin » fait alors que son char croise un autre équipage sur une route étroite. C'est celui de Laïos, roi de Thèbes. Ses gens veulent faire écarter Œdipe du chemin. Mais il ne se laisse pas faire, tue le cocher, puis Laïos lui-même.

Après un temps d'errance, Œdipe arrive à Thèbes à une époque où la ville est persécutée par le sphinx. Il s'agit en fait d'une sphinge, monstre fabuleux à tête et poitrine de femme, à corps de lion. Elle pose des énigmes aux passants et les tue parce qu'ils ne trouvent pas la réponse. Le régent de Thèbes, Créon, frère de Jocaste, promet à Œdipe qu'il épousera Jocaste s'il sort victorieux de l'affrontement avec le monstre qui lui pose sa question rituelle : « Quel est l'être qui marche au matin sur quatre pieds, sur deux pieds à midi et sur trois pieds le soir ? » Œdipe est le premier à répondre : c'est l'homme. La sphinge vaincue se lance dans le précipice où elle meurt. Œdipe est accueilli en héros et épouse Jocaste, sa vraie mère. Ils auront quatre enfants.

Beaucoup plus tard, lors d'une épidémie de peste, l'oracle de Delphes dit : « Le mal ne sera pas guéri tant que le meurtre de Laïos ne sera pas payé. » L'enquête est longue et difficile. Œdipe y participe activement. Quand il apprend enfin la vérité, il trouve Jocaste qui vient de se pendre, et, désespéré, il se crève les yeux. Sa fille, Antigone, le soutiendra dans sa misère. Ses enfants lui succèdent sur le trône mais se disputent et s'entre-tuent. La lignée des Labdacides s'éteint.

Naissances illégitimes, infanticides, suicides, vengeances familiales, folies meurtrières sous l'emprise de la boisson... tels sont les secrets de cette famille. Œdipe est le plus injustement frappé. Il est parricide mais sans pouvoir s'en douter. Son intelligence lui a valu de vaincre le sphinx. Sa récompense est le trône de Thèbes et le lit de sa mère. L'utilisation par Freud du nom d'Œdipe pour désigner le complexe par lequel le petit garçon désire sa mère et s'oppose à son père a donné une grande renommée à cette légende. Freud a limité ses sources à l'*Œdipe roi* de Sophocle. Pourtant, les transmissions néfastes peuvent, dans l'inconscient humain, s'opérer sur plusieurs générations, comme l'atteste l'ensemble de la légende des Labdacides.

Dans l'histoire telle que nous la percevons actuellement, la faute d'Œdipe est de s'être laissé emporter dans une ridicule histoire de priorité sur une route, au point de tuer le cocher adverse et son maître, Laïos. Or, aucun des personnages de la pièce ne songe à le lui reprocher. Sophocle montre pourtant Œdipe comme quelqu'un de coléreux et d'irréfléchi. Quand il consulte l'oracle de Delphes, il oublie de l'interroger sur sa véritable filiation, il fuit Corinthe de façon impulsive, sans lever le malentendu. Pour le reste, il n'est pas coupable. Ce n'est pas sa faute si ses parents l'ont fait exposer aux bêtes féroces et si le destin s'est retourné contre lui. Quand la vérité éclate, il se sent coupable de son parricide, de son inceste ; il se punit lui-même. Il est coupable parce que les dieux le veulent ainsi et ont fabriqué à son usage une « machine infernale ». Il accepte le verdict et toute la ville avec lui, qui le plaint en le condamnant. Les dieux manifestent leur pouvoir supérieur en punissant non seulement les coupables, mais aussi leurs descendants. Les crimes commis par les Labdacides, les malheurs qui leur sont arrivés ont une signification universelle – à l'évidence l'un des rôles du mythe : montrer la reproduction des malheurs infligés par les dieux pour punir des manquements graves et des fautes, eux aussi répétés de génération en génération.

Freud ne pose pas la question métaphysique de la culpabilité. Le complexe d'Œdipe seul l'intéresse, en ce qu'il fait partie de l'histoire de tout être humain et participe à l'élaboration de son psychisme.

Le génosociogramme

L'histoire de cette famille mythologique montre comment l'on se trouve placé dans une famille comme dans un milieu social ou un pays sans l'avoir choisi. Porteur des chromosomes de ses parents, chacun est pris dans l'histoire familiale comme dans l'histoire collective et se trouve, avec sa fratrie, à l'extrémité de l'arbre généalogique. Il est impossible de ne pas être inscrit là où le « destin » – comme disaient les Grecs – a placé chacun, à une certaine époque de l'histoire de l'humanité. Le discours contemporain se distingue de celui des Anciens en ce que l'on ne rejette plus sur les dieux la responsabilité d'avoir gauchi le destin. Chacun assume une part de responsabilité, partagée avec les ancêtres et l'ensemble de la société à laquelle il appartient. L'étude du « transgénérationnel » tente d'élucider, à l'intérieur d'une famille ou d'une société, les facteurs hérités qui influent sur la vie des individus et de la collectivité. La révélation de ces entraves leur permet de se libérer d'héritages qu'ils vivaient comme des fatalités. L'examen de l'arbre généalogique ou du génosociogramme permettra d'évoquer les secrets de famille, les *fantômes* et les symptômes qui peuvent être rattachés aux fautes de nos ancêtres.

□ Découvrir sa propre famille

Certains psychanalystes qui s'intéressent au transgénérationnel préfèrent ne pas trop modifier le cadre de la séance et s'abstiennent d'utiliser le dessin qui enferme, à leurs yeux, la famille dans un schéma artificiel. La plupart, au contraire, demandent à l'intéressé d'établir son génosociogramme. Le patient dessine une sorte d'arbre généalogique. Il y indique non seulement les filiations en ligne directe mais aussi les fratries. Il y représente les remariages et les enfants des mariages successifs, ainsi que les personnes vivant sous le même toit. Il note aussi les alliances et les conflits.

On garde en mémoire autant que possible le discours du sujet sur les différents membres de sa famille : les écarts sociaux d'une branche à l'autre et quelquefois à l'intérieur d'une même fratrie, les disputes à l'occasion d'un héritage, les ruptures pour des raisons privées ou politiques. Il faut compter deux bonnes heures pour établir un génosociogramme. Les sujets ont souvent du mal à dessiner leur arbre généalogique et on est amené à leur proposer des feuilles supplémentaires si les fratries sont nombreuses ou pour faire de la place à telle ou telle partie de la famille trop à l'étroit sur le premier dessin : le sujet prend conscience concrètement de la complexité et de la multiplicité de ses liens familiaux. Cette description du génosociogramme est inspirée de celle qu'Anne Ancelin Schützenberger propose dans *Aïe, mes aïeux.* D'autres auteurs proposent des variantes à l'élaboration de cet arbre généalogique complété.

Les praticiens habitués à l'étude du génosociogramme disent prêter une grande attention aux intonations, aux mimiques, aux modifications du teint du visage, aux tremblements qui traduisent une probable émotion lorsque le sujet parle d'une certaine personne. Une subite sensation de froid qui conduit à remettre le chandail doit aussi attirer l'attention. Certains analystes disent avoir partagé un étrange malaise.

Les dessins peuvent être clairs, les places respectives des membres de la famille faciles à repérer. Ailleurs, l'arbre généalogique paraît difficile à comprendre. Cela peut provenir d'une histoire familiale conflictuelle et chaotique ou encore de ce que Gaulejac appelle un *désordre généalogique* dans *L'Histoire en héritage* : le sujet ne s'y retrouve pas, en raison, par exemple, de l'enchevêtrement des générations. Les trous de mémoire, les lapsus ou omissions qui seront ensuite réparés sont aussi pris en compte. Ils peuvent même se montrer particulièrement importants : ils ont valeur de symptômes. Le génosociogramme n'est pas plus infaillible que d'autres techniques et le commentaire est aussi important que la représentation graphique.

□ Le génosociogramme en pratique

Dans l'exemple ci-dessous, le graphique a été dessiné par le père et commenté par les deux parents. Le dessin aurait pu indiquer une fausse piste : pour connaître la raison pour laquelle Arthur avait besoin d'aide, le témoignage de ses parents va être capital. La thérapeute a pour usage de voir les parents, ensemble si possible, avant de voir l'enfant. Charles et Sophie sont donc venus tous les deux. Charles, trente-cinq ans, visiblement nerveux, laisse sa femme, Sophie, vingt-huit ans, exposer la situation. Arthur a six ans et il est très coléreux. En classe, il bat les autres enfants à la moindre contrariété et le directeur de l'école a menacé de le renvoyer. Arthur souffre aussi beaucoup de cauchemars. Il a toujours été difficile. Il hurle à la moindre contrariété. Mais il se porte bien et son développement physique est normal.

ARBRE GÉNÉALOGIQUE DE LA FAMILLE D'ARTHUR

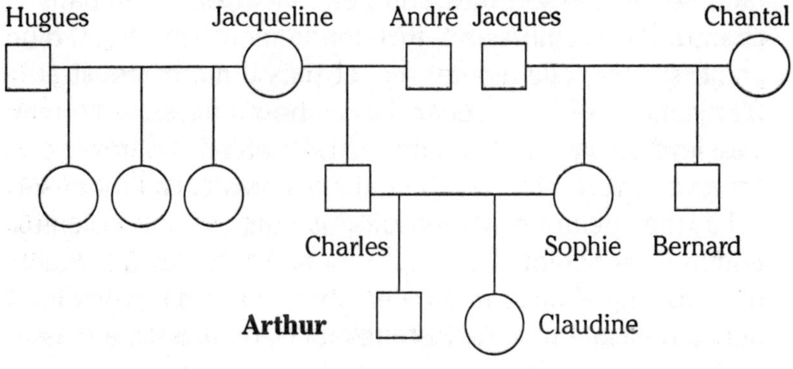

Charles intervient alors pour dire qu'il est lui-même très coléreux. Sa mère Jacqueline s'est remariée peu de temps après la mort accidentelle de son père, André. Il a toujours détesté son beau-père, Hugues. Sa mère l'a un peu délaissé pour s'occuper de ses demi-sœurs. Mis en pension très jeune en raison de ses difficultés relationnelles avec son beau-père, il y a découvert la drogue, mais il a eu la chance de rencontrer quelqu'un qui l'a pris en charge. Il s'est complètement désintoxiqué. Il a poursuivi ensuite des études supérieures. Son métier actuel le satisfait. Il pense que sa nervosité est à l'origine de celle de son fils qui lui ressemble beaucoup. La nervosité de Charles et son histoire semblent une piste interprétative possible.

Brusquement, coup de théâtre : Sophie, mère d'Arthur, fond en larmes et dit que « ça ne vient peut-être pas de Charles ». Elle aussi était coléreuse et sa mère disait qu'elle était « sa honte » parce qu'elle se roulait par terre dans la rue quand elle n'était pas contente. Sa mère, Chantal, était journaliste et très mondaine. Elle sortait beaucoup le soir. Et son petit frère se couchait tôt. Un silence. Sophie se remet à pleurer et dit à son mari qu'elle a honte. Charles ne comprend visiblement pas. Elle finit, en pleurant beaucoup, par raconter que, le soir, tard, son père, Jacques, venait dans sa chambre et l'embrassait très tendrement. Au bout d'un grand silence, elle ajoute : « ... et puis il me caressait et je n'ai jamais osé l'empêcher. J'avais honte mais... ». Le mari s'est levé brusquement comme s'il s'apprêtait à partir et puis est revenu vers elle, l'a prise dans ses bras et l'a embrassée.

La thérapeute a vu ensuite Arthur, enfant coléreux, comme ses parents l'avaient annoncé. Ses dessins étaient un peu inquiétants, montraient beaucoup d'agressivité. Il aimait bien raconter des histoires sur ce qu'il dessinait. Assez rapidement ses dessins sont devenus plus ordinaires avec des soleils, des maisons et des jardins. Sophie, de loin en loin, venait pour faire le point. Elle en profita une fois pour dire que, depuis un certain jour, elle avait trouvé du plaisir à faire l'amour. Le comportement d'Arthur s'est amélioré. Claudine est née après la fin de la thérapie, comme un signe de la santé retrouvée de ce couple.

Le génosociogramme a permis de connaître la problématique à l'œuvre dans cette histoire de famille avant même la rencontre avec l'enfant. Arthur était le « symptôme de sa mère », et non pas le « malade à soigner » pour ses troubles de caractère qu'il partageait avec son père, peut-être par transmission génétique ou processus identificatoire. Un interrogatoire classique n'aurait porté que sur son développement, vu par les parents, et sur ses relations avec eux. Le génosociogramme, au contraire, a amené les parents à centrer leur discours sur eux-mêmes et sur leurs cellules familiales, celles des grands-parents de l'enfant. Sans les révélations de Sophie, quel aurait été le devenir de la thérapie d'Arthur ? L'avocat du diable pourrait dire qu'en lui permettant de redevenir un enfant normal et heureux, la thérapeute a peut-être privé l'humanité d'un merveilleux peintre maudit !

14

Transgénérationnel et vie privée

Sophie, mère d'Arthur, était porteuse d'un secret, d'une honte qui la poursuivait depuis des années. Grâce au symptôme d'Arthur et à la thérapeute, le secret a été désamorcé avant d'avoir pu se transformer en « secret de famille » qui aurait pu étendre ses méfaits sur plusieurs générations.

Le secret n'est pas un mal en soi, bien au contraire. Chacun a droit à une part de lui-même dont il ne parle à personne, son jardin secret. Nul ne peut exiger de connaître nos pensées intimes, nos fantasmes ou nos rêves. Nous sommes libres de les cultiver comme nous l'entendons. Ce territoire privé est une partie importante du *moi* et de sa liberté. La transparence absolue est un fantasme totalitaire qui tue l'imaginaire en détruisant les ombres et les délices de l'intimité. Pour l'enfant, ses parents sont des dieux omniscients. Lorsqu'il découvre un jour qu'il a pu leur mentir et qu'ils n'ont pas réagi, il comprend qu'il peut, comme eux, garder pour lui des secrets dont il ne parle à personne. Cette découverte lui confère la sécurité de construire son propre monde fantasmatique, nécessaire à son bon fonctionnement psychique et à la construction de sa personnalité. Il aimerait bien aussi tout savoir de ce que pensent et font ses parents. Il est désagréable d'admettre qu'ils ont, eux aussi, des plaisirs et des activités dont il est exclu. Mais l'amour qu'ils lui donnent peut suffire à son bonheur.

Filiation cachée

En revanche, il est des secrets qu'il ne faut surtout pas garder, quoi qu'il en coûte de les révéler. La petite Élodie a huit ans et ne va pas bien. Elle est souvent triste et boudeuse, elle travaille mal et rêvasse plus souvent qu'elle ne lit sa leçon. Elle redouble le CE1. Ses parents l'amènent consulter et elle rechigne visiblement à coopérer. Ses réponses, péniblement arrachées, sont pourtant satisfaisantes. Elle semble même en avance sur son âge. Ses difficultés remontent à un an. Le dossier scolaire en précise bien l'époque. On voit ensuite les parents seuls pour essayer de comprendre ce qui a pu se passer. Au bout d'un grand moment, le père dit à sa femme : « C'est après qu'on a rencontré ta mère. »

La jeune femme, Nicole, finit par en convenir. Et de raconter que sa propre mère l'a abandonnée quand elle avait huit ans. Élevée par ses grands-parents paternels, Nicole n'a revu sa mère qu'à deux ou trois reprises et, à nouveau ce jour-là, dans la rue où elle faisait des courses avec son mari et Élodie. Elle a laissé la vieille dame embrasser la petite puis a mis un terme à la rencontre. Quand Élodie a demandé qui était cette dame et pourquoi elle l'avait appelée « ma petite-fille », Nicole a répondu que c'était une vieille dame qu'elle connaissait quand elle était petite. L'enfant n'en a plus reparlé. Nicole raconte ensuite que des voisins lui ont aussi révélé l'ivrognerie de sa mère et la rupture – entourée de scandale – de son mariage. Elle conclut : « On ne pouvait tout de même pas raconter tout cela à la petite ! »

Il a été difficile de la persuader de dire la vérité, fût-elle partielle, à sa fille : cette femme était en fait leur mère et grand-mère. L'aveu a été fait en présence du père dans le cadre de la consultation. « Je la vois toutes les nuits me dire "ma petite fille" et ça me fait peur, finit par dire Élodie. Maman, pourquoi tu m'as menti ? »

La mère avait eu honte de sa propre mère et s'était réfugiée dans un mensonge : « C'est une vieille dame que j'ai connue quand j'étais petite. » L'enfant ne l'a pas crue et a concentré son attention sur le « ma petite-fille » qui était en effet l'expression de la vérité. Elle n'aurait probablement pas interprété ces mots comme terrifiants si elle ne les avait perçus comme tels à travers l'émotion de sa mère. Elle s'est réfugiée dans un monde de rêveries moroses et de cauchemars. Nous ne saurons pas pourquoi Élodie n'avait jamais auparavant posé de questions sur ses grands-parents maternels alors qu'elle connaissait bien les autres.

Les secrets de famille

Certains psychanalystes parlent volontiers de *secrets de famille*. Les hontes familiales en font partie. Nous sommes loin des souvenirs conservés avec amour : il s'agit de secrets qui vous prennent au piège. Ils peuvent être d'ordre familial et relationnel s'il s'agit d'actes répréhensibles commis par l'un des membres de la famille, de délits, de crimes, de relations incestueuses, de naissances non reconnues, voire d'abandons d'enfants. Mais les familles peuvent aussi garder le secret sur des attitudes politiques, des trahisons, des malversations financières, des détournements d'héritage ; des situations où la sécurité parfois et la réputation toujours seraient en danger sans la protection du secret. Celui-ci, ou plutôt le non-dit du secret, et le silence empreint de culpabilité qui signale un secret se transmettent insidieusement de génération en génération.

Pour Serge Tisseron, ces secrets sont « indicibles » à la première génération et deviennent « innommables » à la seconde, puisque, alors, plus personne ne sait exactement quel est le secret. Les uns ou les autres ont pu entendre des rumeurs, des allusions. Chacun sait que quelque chose ne doit pas être divulgué mais ne sait pas quoi. À la troisième génération, le secret est devenu « impensable », puisque personne n'en sait plus rien, du moins consciemment. Il se comporte alors comme un parasite de la pensée, sans aucune représentation psychique possible. Certains exemples montrent des secrets de famille nuisibles au-delà de trois générations.

La malédiction

Heureusement, l'arrière-grand-mère de Jérôme avait encore toute sa tête. Presque centenaire, elle vivait seule, dans sa petite maison qu'elle ne voulait pas quitter. Elle nourrissait ses poules et allait une fois par semaine chez ses enfants ou des voisins porter les œufs qu'elle-même ne consommait pas. Jérôme, trente ans, informaticien à Paris, venait de tomber amoureux. Il savait que dans sa famille le premier enfant mourait toujours : maladie ou accident, il ou elle ne dépassait pas les quatre ans. Ainsi en avait-il été pour sa sœur aînée. Les générations précédentes s'étaient résignées à ce drame comme à une fatalité. Jérôme était d'autant plus malheureux et perplexe qu'il était tenté de considérer ces deuils à répétition comme des coïncidences et les certitudes de sa famille comme de la superstition : il se sentait ridicule d'avoir peur de se marier et de vivre à son tour une telle tragédie.
Dans son désarroi, il se décida à aller voir son arrière-grand-mère. Elle se souvenait très bien. On lui avait raconté l'histoire. C'était un sort jeté par une cousine de son grand-père, le jour de son mariage. Elle devait avoir des vues sur le marié. Elle était restée vieille fille et revêche. L'arrière-grand-mère compta sur ses doigts. « Toi, la malédiction ne t'atteindra pas. C'était sur quatre générations. C'est curieux, tu es le premier à me poser la question. »

Certes, poser la question, c'est déjà une façon de mettre fin à ce processus mortifère où le silence était comme une acceptation passive de la « malédiction »... et lui permettait peut-être de se réaliser. Le monde psychique de celui qui est porteur d'un tel secret est clivé en deux parties. D'un côté, il s'impose le silence absolu sur un fait bien précis et évite, par prudence, d'évoquer quoi que ce soit qui se rapprocherait du sujet tabou. De l'autre, son fonctionnement mental apparaît normal, mais il est parasité par le secret.

Depuis que le phénomène de transmission inconsciente des secrets de famille est assez largement reconnu, les chercheurs s'interrogent sur les mécanismes psychiques ou neurologiques qui pourraient l'expliquer. Pour Didier Dumas[1], l'enfant apprend à parler en répétant des phrases et, par un processus d'identification, copie les expressions favorites comme les intonations de ses parents, les réticences et les mots évités. Il s'imprègne ainsi de leur structure mentale et peut aussi incorporer des zones d'ombre qui correspondent à ce que l'on ne doit pas ou ne veut pas savoir. Il fait sien le tabou, sans même s'en rendre compte. Serge Tisseron pense que le secret « suinte » d'autant mieux que les enfants sont très attentifs à tout ce qui provient de leurs parents, en raison du lien affectif intense qui les lie à eux[2]. Ils vont ainsi remarquer les moindres intonations de la voix, les moindres gestes ou les moindres anomalies du comportement de leurs parents. Les grands-parents, par des mécanismes analogues, vont aussi pouvoir transmettre de nombreux messages sans en être toujours conscients. Il ne faut donc pas s'étonner que les secrets puissent franchir plusieurs générations. Pour Jean-Pol Tassin, ces données seraient stockées, non pas

1. *L'Ange et le fantôme.*
2. *Secrets de famille, mode d'emploi.*

selon le mode lent, le cognitif, mais selon le mode analogique, en quelques centaines de millisecondes et sans que l'on en ait conscience[1]. On peut les comparer aux spots publicitaires de télévision qui contenaient des *images subliminales* : les spectateurs ne les « voyaient » pas, mais couraient acheter les produits présentés. On peut aussi penser que des adultes s'expriment sans réserve devant un petit enfant qui ne parle pas encore et joue dans son coin. Il peut incorporer des informations fragmentaires qu'il gardera nichées quelque part sur son « disque dur ». Certains parents, prudents, parlent anglais quand ils ne veulent pas que l'enfant comprenne. Or tout enfant est un peu sorcier comme le jeune Harry Potter. Intrigué par le changement de langue, il va chercher et probablement comprendre ce qu'on voulait justement lui cacher.

Le « fantôme »

Le secret de famille « suinte », transpire de toutes les façons. Le *fantôme* est une des manifestations nocives du secret. Même parfaitement gardée, la honte liée au secret se révèle toujours : certains appellent *fantômes* les formes que prend cet « aveu ». Nicolas Abraham est l'un des premiers à s'être intéressé à ce qui se passe entre les générations. Il définissait ainsi les *fantômes* : « Ce ne sont pas les trépassés qui viennent hanter, mais les lacunes laissées en nous par les secrets des autres[2]. » Il affirmait ainsi que ces *fantômes* ne sont qu'une manifestation des secrets de famille. Il accusait de même ces secrets d'avoir créé, chez ceux qui en sont prisonniers, des lacunes, des trous. Ils sont

1. *Le Monde*, 8 octobre 2003.
2. *L'Écorce et le Noyau*.

responsables de troubles psychiques ou somatiques de l'ordre de ceux que l'on a observés chez des enfants comme Benoît, Élodie ou Arthur.

Ces *fantômes* n'existent que de façon inconsciente. Des symptômes physiques ou psychiques peuvent seuls en faire soupçonner l'existence. Didier Dumas en donne un exemple assez clair. Lors du commentaire de son génosociogramme, un de ses patients dit brusquement : « Il fait froid ici » et enfile son chandail. Son interlocuteur fut surpris : en bras de chemise, il transpirait. Cet homme parlait à ce moment d'un oncle, le frère de sa mère qu'il ne connaissait pas. Et d'ajouter : « Oui, personne ne le voit dans la famille, je ne sais pas pourquoi... Si, je me souviens, j'ai entendu mes parents, une fois, prononcer le mot de prison. Je crois que c'était à son propos. Je n'ai jamais posé de question. » La sensation de froid de cet homme n'est pas anodine et laisse à penser que le fantôme s'est manifesté. On peut dire autrement que le malaise éprouvé peut orienter vers une notion jusque-là inconsciente. Le sujet, ainsi mis sur la voie *par le fantôme*, pourra éventuellement comprendre ce qui le trouble.

□ Fantôme et justice familiale

En dehors des fantômes liés aux secrets de famille, il est des injustices qui ne se pardonnent pas, avec des effets de rancune qui peuvent se traduire par des souffrances transmises de génération en génération : l'égoïsme prévaut parfois sur la solidarité familiale. Ainsi cet industriel avait-il décidé de privilégier l'un de ses fils pour qu'il hérite de son usine. Il avait, par d'habiles opérations financières répétées pendant des années, désavantagé ses autres enfants qui ne reçurent que fort peu de l'héritage paternel. Les opérations réalisées étaient juridiquement inattaquables. L'un des petits-fils de l'autre fils racontait cette histoire avec rancœur. Il rencontrait souvent un cousin, étudiant dans la même faculté que lui, qui vivait dans l'opulence, alors qu'il devait, lui, travailler pour payer ses études. Ivan Boszormenyi-Nagy [1] est l'un des grands pionniers des études sur le transgénérationnel. Pour lui, les relations à l'intérieur d'une famille doivent tenir compte de la justice et de l'équité. La loyauté des individus vis-à-vis de la famille a comme corollaire que nul ne doit être trop gagnant ou trop perdant dans un grand livre de comptes familiaux fantasmatique que chacun tient à sa manière.

□ Malade de son fantôme

Aucune pathologie n'est spécifique. Et il n'est possible de penser à une origine transgénérationnelle des troubles que si la prise de conscience de l'histoire familiale entraîne une guérison ou une amélioration considérable des symptômes.

Parmi les symptômes physiques, on signale des troubles respiratoires, tels l'asthme, des troubles digestifs, le plus souvent fonctionnels, au premier rang desquels la constipation. Anne Ancelin Schützenberger rapporte un cas de cancer métastasé qui a régressé de façon spectaculaire quand le sujet a pu faire un lien entre les secrets de sa famille et sa maladie.

Les pathologies mentales les plus diverses allant d'un état mélancolique à une psychose grave peuvent se trouver liées à un secret de famille. Une modification brutale des symptômes après la révélation de ce qui était jusque-là caché permet d'affirmer la relation qui existe entre la pathologie et le secret.

1. *Invisible loyalties : Reprocity.*

□ Le syndrome d'anniversaire

Le *syndrome d'anniversaire* a été particulièrement étudié. Supposons une femme qui avait dix ans au moment où sa propre mère est morte. Elle se marie, elle a des enfants. Elle est hospitalisée pour un épisode psychotique avec délire et tentative de suicide quand sa propre fille a dix ans. Cela ne dure que quelques semaines, mais elle récidive au dixième anniversaire de sa seconde fille. Simple coïncidence, pourrait-on dire. Non. Une chercheuse californienne, Josephine Hilgard, citée par Anne Ancelin Schützenberger[1], a étudié les syndromes d'anniversaire pendant trente-sept ans de 1952 à 1989 dans le cadre d'hôpitaux de sa région. Elle a montré qu'après la mort de leur mère, près d'un quart des femmes hospitalisées pour troubles mentaux présentaient leurs premiers symptômes à l'anniversaire de cette mort : les chiffres étaient statistiquement très significatifs. (Cette étude est d'autant plus précieuse pour les psychanalystes que leur pratique clinique ne porte en règle générale que sur un petit nombre de cas et n'est donc guère compatible avec les calculs statistiques.) D'autres coïncidences troublantes se produisent avec une fréquence trop grande pour être due au hasard. Par exemple, une naissance survenant à un ou deux jours près à la date anniversaire de la naissance ou de la mort d'un aïeul ; ou un mariage dont on décide la date sans se souvenir que des grands-parents du jeune homme s'étaient mariés ce jour-là ; ou encore le décès d'une femme à la date anniversaire de la mort de son mari.

1. *Op. cit.*

□ L'enfant de remplacement

On peut considérer l'*enfant de remplacement* comme faisant partie du syndrome d'anniversaire. Il naît parfois le jour même du premier anniversaire d'un deuil. On l'a souvent considéré comme une réincarnation du disparu, un frère aîné, un aïeul vénéré... lui déniant ainsi le droit d'exister en tant qu'individu autonome, puisqu'il n'existe que comme représentant du mort, dont il porte souvent le prénom ; sa famille attend de lui les qualités et les vertus du défunt, idéalisées par le deuil.

L'enfant de remplacement pourra avoir l'impression de n'avoir jamais vraiment existé dans le désir de ses parents. Le frère aîné de Van Gogh, mort en bas âge, s'appelait Vincent-Wilhelm. Le peintre lui-même, né peu après ce deuil, reçut le même prénom. L'artiste fut d'abord pasteur pendant quelques années puis se jeta à corps perdu dans la peinture. Il a peint la plus grande partie de son œuvre en un peu plus de cinq ans, malgré des troubles mentaux sévères, ou peut-être grâce à eux. Les circonstances du suicide de Van Gogh sont moins connues. Il venait de recevoir une lettre de son frère Théo qui lui annonçait la naissance de son propre fils, qu'il avait appelé Vincent-Wilhelm, comme ses deux oncles. Le peintre a-t-il trouvé intolérable – réaction narcissique – qu'un autre puisse porter le même nom que lui ? Ou bien la naissance d'un Vincent-Wilhelm Van Gogh ne pouvait-elle qu'entraîner sa mort, comme sa propre naissance n'avait été possible, selon ses fantasmes de culpabilité, que grâce à la disparition de son frère aîné ? Nul ne le saura jamais. Il est, par contre, probable que son prénom a joué un rôle notable tant dans sa pathologie mentale que dans sa mort.

Les *enfants réparateurs* sont très différents des *enfants de remplacement.* Ils sont conçus plus tardivement. Ils témoignent, après la période de deuil, d'un désir de revivre de façon normale. Ces enfants ne risquent pas, *a priori*, de souffrir des mêmes handicaps que les *enfants de remplacement.*

Les manifestations de loyauté

L'attachement à la famille dont on est issu (ou au groupe humain auquel on appartient) entraîne généralement une loyauté dont les manifestations ne sont guère visibles que lorsqu'elles sont conflictuelles. Un individu qui appartient à deux groupes humains peut se trouver pris entre des devoirs contradictoires. Le groupe de Palo Alto réunissait, dans la fin des années 50, des chercheurs de l'université de Stanford. Ce groupe a décrit cette situation difficile sous le nom de « double contrainte » (*double bind*). Un enfant de divorcé qui ne doit surtout dire à personne que Papa a maintenant une nouvelle femme dans sa vie. Un des frères du père est au courant et lui demande : « Tu la trouves sympa, la copine de ton père ? » L'enfant répond qu'il n'est pas au courant en rougissant jusqu'aux oreilles. Son oncle, qu'il aime bien, sait visiblement la vérité. Mais la consigne est absolue et l'enfant se sent obligé de mentir. Il éprouve un malaise important qui l'amène à trahir son secret en rougissant.

Gaulejac raconte l'histoire d'Annie qui vivait dans un état de culpabilité permanente, la crainte de mal faire, la peur que son couple ne se défasse et la tentation de surprotéger ses enfants. Après le divorce très violent de ses parents, sa mère, qui l'avait en garde, était retournée vivre chez ses propres parents. Quand la petite allait voir son père, on lui mettait des vêtements réservés à cet usage. À son retour, elle était entièrement déshabillée et lavée avec un soin particulier pour retirer d'elle les miasmes qu'elle était censée avoir rapportés de chez cet horrible personnage. Plus grande, elle a vainement tenté de réconcilier un peu ses parents. Tout mot en faveur de l'un était vécu comme une trahison par l'autre. Et elle était déchirée entre son désir de loyauté vis-à-vis de ses deux familles parentales. Les prises de position violentes des grands-parents dans le divorce ont certainement accentué son mal-être. Sa propre névrose risquait, à son tour, d'avoir des effets néfastes sur ses enfants.

Dans son livre *Les Visiteurs du moi,* Alain de Mijolla raconte, sous le titre de « L'ombre du capitaine Rimbaud », la vie du poète Arthur Rimbaud, pris dans un double conflit de loyauté et d'identité. Le capitaine Rimbaud a abandonné sa famille quand Arthur avait six ans. Son père et son grand-père avaient eux aussi quitté leur foyer quand leur fils avait six ans. Cette curieuse répétition apparaît comme un syndrome d'anniversaire sur plusieurs générations. Pourquoi le père et le grand-père du capitaine ont-ils quitté leur famille, et pourquoi à ce moment-là ? Personne ne le saura probablement jamais. La dernière rencontre des parents d'Arthur Rimbaud a eu lieu après que Vitalie, sa mère, eut hérité de la propriété familiale et fut devenue une assez riche fermière. Leur séparation a été précédée de quelques scènes. Dès le départ du capitaine, Vitalie a effacé avec minutie toutes les traces qu'avait pu laisser son mari dans la maison ; photos, écrits, livres : tout a disparu. Il lui fallait effacer la mémoire du père de l'esprit de ses enfants. Elle seule incarnait la loi, l'autorité, la puissance sous le regard de Dieu. L'attachement d'Arthur à sa mère et l'ambivalence complexe vis-à-vis de son père se retrouvent dans plusieurs de ses écrits. Ses rapports amoureux tumultueux avec Verlaine se terminèrent très mal. Leur séparation a marqué la fin de sa courte période de production littéraire.

Arthur fit ensuite des cycles de voyages qui le ramenaient chaque fois chez sa mère, son point d'attache. Il ne semble pas avoir, pendant cette période, cherché à revoir son père. Pas plus que dans la période suivante où il est parti dans une fuite éperdue en Afrique, dont il n'est revenu que pour mourir, atteint d'une tumeur cancéreuse au genou. Il semble que son séjour en Afrique ait représenté une tentative de marcher sur les traces de son père. Dans son délire des derniers mois, il s'identifiait à lui, affirmant par exemple être né dans la ville natale du capitaine. Et il était terrorisé à l'idée, malade, d'être arrêté par la police militaire pour avoir déserté le régiment où avait servi son père... dont en réalité, il n'avait bien sûr jamais fait partie. Vitalie semble avoir été au courant de la nature des relations d'Arthur avec Verlaine. Elle protégeait et a continué de protéger son fils bien aimé. Dans un premier temps, Arthur a montré son attachement par ses retours réguliers chez sa mère. Il a, au contraire, manifesté dans la dernière période de sa vie sa loyauté à la mémoire de son père et s'est même identifié à lui. Syndromes d'anniversaire, montrant sur trois ou quatre générations des « comptes non soldés de la famille d'origine », périodes de génie et de folie en passant par une trajectoire de vie très atypique, manifestations de loyauté à ses deux familles d'origine, identification délirante au père, toute la vie d'Arthur Rimbaud accumule les manifestations du transgénérationnel.

Dynasties de femmes

Geneviève, depuis la naissance de sa fille, ne supporte plus les relations avec son mari. Cela dure depuis quelques mois. Elle comprend son mécontentement mais « elle n'y arrive pas ». Très liée à sa grand-mère maternelle, elle lui avoue cet état de choses. Et l'autre de lui répondre : « On est toutes comme cela dans la famille. Moi, ta mère, et puis aussi ton arrière-grand-mère. On a toutes eu une fille et après, rien. Ils sont tous partis ou ils ont pris des maîtresses. »

Toutes les loyautés ne sont pas bonnes à garder.

Certains individus refusent la place qui leur revient dans l'arbre généalogique. Dans *L'Histoire en héritage*, Gaulejac parle de ceux-là qui disent : « je ne veux pas être ce que je suis » et sont ainsi pris dans ce qu'il appelle des *nœuds socio-psychiques*. Ainsi Rudolph, dans le livre de Peter Sichrovsky *Naître coupable, naître victime*, est le fils de responsables nazis réfugiés en Argentine. Son père ne se sent pas coupable et n'a aucun remords de ses crimes. Sa mère est entièrement solidaire de son mari. Lui seul se sent coupable et comptable vis-à-vis de la société. Il a poursuivi ses parents de sa haine pendant plusieurs années jusqu'à leur mort prétendument accidentelle. Est-ce pour ne pas transmettre sa culpabilité à ses enfants qu'il est devenu homosexuel ? Être le fils d'un criminel qui n'est ni repentant ni puni semble un statut impossible à ce Rudolph, qui se sent coupable des méfaits de ses parents. Il faut bien que quelqu'un porte la honte. Rudolph n'arrive ni à assumer ni à renier sa filiation, il est pris dans les filets du déshonneur. Il se sent comme le bouc émissaire de sa famille et on voit mal ce qui pourrait lui permettre de trouver, à ses propres yeux, un statut honorable.

Ceux qui s'en sortent

Comme disait La Fontaine : « Ils ne mouraient pas tous, mais tous étaient frappés. » En d'autres termes, les transmissions pathogènes ne blessent pas de façon égale tous les membres d'une fratrie. Être le préféré de la mère, entretenir une relation privilégiée avec un ami de la famille, un voisin, l'instituteur, être doué d'un talent particulier qui vous individualise... sont autant de facteurs protecteurs. Josephine Hilgard [1] les a bien mis en évidence dans ses travaux statistiques : les enfants issus de couples harmonieux et stables, bien insérés socialement, ont plus de chances de ne pas souffrir d'un passé familial difficile.

De même, Serge Tisseron [2] émet l'hypothèse selon laquelle une lignée parentale « saine », c'est-à-dire exempte de « secrets de famille » et de « fantômes », peut protéger un enfant contre les transmissions pathogènes qu'il reçoit de l'autre lignée.

Les grands-parents peuvent jouer un rôle important si, conscients du caractère dangereux des secrets, ils disent calmement la vérité. Ils donnent à la fois l'éclaircissement qui permet à l'enfant de sortir du marécage fantasmatique et l'amour pour supporter cette vérité. On peut protéger contre le caractère destructeur de certaines transmissions psychiques transgénérationnelles.

Fafa-le-terrible

Fafa-le-terrible n'avait peur de rien. Que ses parents soient rarement là lui importait peu. Il y avait Mémé qui s'occupait de lui. Quand il avait fini de jouer avec les copains, ou s'il s'était fait mal, il revenait vite à la maison se faire consoler par Mémé qui lui racontait des histoires, lui faisait de bonnes choses à manger et le prenait dans ses bras. Quand les parents revenaient à la fin de la semaine, c'était beaucoup moins bien. Après boire, le père frappait sans raison et la Mémé pouvait toujours causer. La mère, déprimée, ne disait rien et ne s'occupait pas plus de Fafa qu'il ne s'occupait d'elle. Vivement le lundi ! Enfin seuls tous les deux, sauf les heures de classe et le temps de jouer dehors avec les copains.

1. « The Anniversary Syndrome as Related... ».
2. *Secrets de famille, mode d'emploi.*

Un samedi en rentrant, les parents trouvèrent Mémé au lit. Rien de préparé pour le repas. Et cet empoté de Fafa qui ne savait même pas allumer le gaz. Le père prit un gourdin et le gamin s'enfuit. On le crut réfugié chez les parents d'un copain et, persuadés qu'il irait en classe le lundi, les parents pensèrent à autre chose. La Mémé, du fond de son lit, avait beau essayer de persuader son fils d'aller voir chez les voisins si Fafa n'y était pas, rien à faire. Le lundi, Fafa n'était pas à l'école.

Tout le village et les gendarmes se mirent à sa recherche. On finit par le retrouver, au pied d'un arbre, une jambe cassée et assez mal en point. Il avait voulu cueillir des pommes. Pendant qu'il était à l'hôpital, sa grand-mère mourut. Aucune visite de ses parents. Personne ne lui dit rien.

À sa sortie de l'hôpital, il fut hébergé dans un foyer. Fafa, quasiment muet, ne jouait ni ne s'intéressait à rien. Il mangeait peu, grandissait sans prendre un gramme et semblait de plus en plus mal. Cela dura des mois. Le médecin pédopsychiatre eut un jour l'idée de lui parler de sa grand-mère et de lui dire qu'elle était morte. Le petit pleura beaucoup, ce qui rassura tout le monde. Il eut ensuite la chance d'être placé chez de braves gens qui habitaient non loin de son village d'origine. Il allait mieux. Un jour, il disparut. Ses parents nourriciers, qui l'avaient bien compris, allèrent le chercher au cimetière, sur la tombe de sa grand-mère. Il y était. L'homme le prit par la main et lui dit :

« Je savais que tu étais là. On rentre à la maison ! »

Fafa a retrouvé petit à petit sa gaieté et s'est remis à faire des bêtises.

15

Le transgénérationnel, la société et l'Histoire

Les exemples cliniques de transmissions psychiques de génération en génération, dans une même famille, semblent étranges, tout comme les mythes légendaires qui en sont la version stylisée et emblématique. Sentiment d'étrangeté qui traduit surtout le désir de ne pas voir en soi-même. On accepte plus facilement que se transmettent de père en fils les déterminismes sociaux. Pourtant, ces différents héritages sont bien de même nature, transgénérationnelle. Ils associent leurs forces, influent sur la vie de chaque individu, pour le meilleur et pour le pire. Et à moins d'être fils de personne, comment pourrait-il en être autrement ?

Histoires de monstres

Quasimodo est un enfant trouvé, l'enfant de personne, une gargouille. Frollo l'a adopté pour faire une bonne action. Le jour du Jugement dernier, cela compensera peut-être les crimes éventuels de son petit frère, l'enfant adoré de son cœur. Quasimodo grandit. Sa mère, c'est la cathédrale. Il chevauche la plus grosse des cloches en poussant des cris d'extase. Il est borgne, boiteux, bossu, sourd aux humains.

Elephant Man, de David Lynch, est un monstre, exhibé dans une baraque foraine. Un médecin l'en arrache, lui donne un gîte et la chaleur de son amitié. Elephant Man possède bien un portrait

de sa mère mais ne sait rien d'elle. Il pleure devant les photos de famille de son bienfaiteur et décore son nouveau « home » des photos de ses amis, qu'il montre fièrement à ses visiteurs, en servant le thé.
La « créature » du Docteur Frankenstein est le double métaphysique de tous les monstres. Il supplie son créateur de lui donner une épouse, pour éprouver les liens qui unissent les hommes entre eux et se rattacher « à la chaîne des êtres ».
Aucun des trois n'a de vrai nom. Elephant Man n'est John que dans le havre édifié par son protecteur. Quasimodo a été trouvé, vagissant au pied de Notre-Dame, le dimanche d'après Pâques, dit de Quasimodo ; c'est-à-dire, en français, le dimanche de « l'à peu près ». Le Monstre, quant à lui, n'est connu que par le nom de son créateur, Frankenstein.
Ni arbre généalogique ni état civil : ce ne sont que des déserts intérieurs cernés de regards étranges.

L'état civil

□ Le nom de famille

La partie la plus visible du transgénérationnel, si visible qu'on ne la voit plus, c'est le nom de famille ou patronyme. Ces deux façons de le désigner disent assez que l'individu est inscrit dans une tradition, une lignée, une appartenance héritée de père en fils depuis des générations. Le nom de famille est toujours celui du père (jusqu'à la fin de 2004). C'est lui qui rend légalement et socialement certaine une filiation, en vérité toujours impossible à prouver, sauf, depuis peu, par de coûteuses techniques. Le nom et la personne de son père favorisent l'accession de l'enfant à la symbolisation. Ce nom lui affirme aussi qu'il est né de l'amour de sa mère et de son père. Le grand-père, l'arrière-grand-père paternels de l'enfant le rattachent à la chaîne des générations par l'identité du nom. Le nom permet souvent de signaler une appartenance.

Mais quelle appartenance ? À une famille seulement ? Non, à une communauté éventuellement et à une ethnie ou à une nation – puisque le patronyme est en relation directe avec la langue. Comme le dit Nicole Lapierre, dans *Changer de nom*, le patronyme est le résultat de deux tendances. À l'origine le nom pouvait être la marque d'appartenance à un terroir, à un seigneur et, depuis quelques siècles, à une filiation. D'un autre côté, le pouvoir politique central a tenté au cours des siècles de fixer les noms de famille. L'état civil est une institution relativement récente, remontant au Consulat et dont l'un des buts était de fixer les noms et de clarifier les généalogies.

La loi en application depuis le début de l'année 2005 donne la possibilité à chaque couple parental de choisir comme nom de famille pour leurs enfants, soit le patronyme de l'un des parents, soit les deux noms de famille accolés dans un ordre ou dans un autre. Seule restriction : ils doivent donner le même nom de famille à tous leurs enfants. Une telle modification annule la décision prise il y a deux cents ans. Il faudra plusieurs années pour avoir une idée des incidences psychologiques de ces mesures.

Il y a actuellement trois manières d'identifier un individu : son nom (son identité) paraît le plus immédiatement accessible. C'est la plus sujette à caution : les cas d'homonymie ne sont pas rares. La deuxième manière consiste à avoir recours à ses empreintes corporelles : les empreintes digitales – elles diffèrent même chez les vrais jumeaux – et plus récemment, l'ADN, l'analyse de l'iris, etc. Enfin, l'administration dispose de tout un code qui permet de « numéroter » les individus : sauf erreur humaine ou dysfonctionnement informatique, la confusion est « mathématiquement » impossible. De ces trois méthodes d'identification, seule la patronymique tient compte de l'environnement de la personne, de son histoire, de ses appartenances. Les autres la définissent comme un isolat.

Le nom de famille n'est pas sans conséquences psychologiques sur l'individu qui le porte. Nicole Lapierre cite Nietzsche : le nom de famille, c'est le « fardeau de l'homme ; il le leste d'une antériorité paralysante ». Et Romain Gary-Émile Ajar écrit dans *Pseudo :* « Il faut changer de nom tout le temps si on ne veut pas se laisser constater. »

Toute identité est un piège qui fixe l'individu dans une définition. Nom publiquement connu, porté par le père et le grand-père, nom porteur de tradition et de contraintes même s'il ne l'est pas d'infamie. Plus souvent, le patronyme est objet de fierté, les traditions contraignantes qu'il transmet (« On n'a jamais vu ça chez les Dupont ») sont en quelque sorte des marques de « noblesse démocratique ». C'est probablement le point de vue de bien des femmes mariées qui répugnent à abandonner leur nom de jeune fille. Certaines acceptent d'y joindre leur nom marital et se font connaître de plus en plus avec les deux accolés.

□ Le prénom

Le prénom est l'autre face de l'identité. Il est seul d'usage courant à l'intérieur de la famille ou entre amis. La tradition a souvent donné aux parrains et marraines le droit de choisir le prénom de l'enfant que l'on baptisait. Dans la France très catholique d'il y a cent ans, les parrains et marraines des premiers-nés étaient souvent les grands-parents qui leur attribuaient leur propre prénom, volontiers des noms de saints du calendrier. Ce sont actuellement plutôt les parents qui prénomment l'enfant en se référant parfois à la tradition, plus souvent à la mode ou à leur imaginaire.

À l'ombre des terrils

« [...] plusieurs élèves, dans cette classe, avaient des prénoms bien peu ordinaires : Anaclet et Bibiane, par exemple, frère et sœur par le sang et par l'étrangeté de leurs prénoms, riaient sous cape de voir le professeur se troubler lors du premier appel de l'année. Et puis Arnoult qui rageait d'être rebaptisé Arnaud, et la petite Edit qui refusait obstinément le *h* anglais de sa terminaison...
Je ne compris que bien plus tard l'effet pervers de l'ennui sur les habitants de cette petite ville. L'ennui les attrapait au berceau et ne les relâchait qu'à la tombe, les tenaillant, les pressurant et les affolant d'un bout à l'autre de leur vie. Alors, ils luttaient comme ils le pouvaient : ils rêvaient des mois entiers aux prénoms de leurs enfants, ils les sertissaient, les polissaient comme des émeraudes. Et l'enfant, une fois lâché dans la nature, tout aussi perdu et désemparé qu'eux-mêmes, arborait du moins le luxe de ce prénom météorite.
C'était une bien triste région que cette zone frontalière. »

Marie-Claude Maran (inédit).

La description du conflit intérieur de ceux qui sont amenés à désirer un changement de nom ou des difficultés que rencontrent parfois des enfants adoptés permet probablement de mieux apprécier à quel point cette identité transmise donne à l'individu son assise psychologique.

Changer de nom

Les législateurs ont, dans la plupart des pays évolués, fixé les noms et rendu leurs changements difficiles. C'est le cas en France. Or, il peut être désavantageux pour un individu de porter un nom à consonance étrangère. S'il a la possibilité légale de franciser son nom ou même d'en changer, il ne prend pas à la légère cette décision. L'environnement, la famille, les amis le connaissent en effet sous son nom, lui-même se reconnaît sous ce nom : on s'identifie à son identité. Pour peu que l'on appartienne à une minorité religieuse ou ethnique, le fait de vouloir changer de nom va être vécu par les proches comme une trahison, surtout par les ascendants. Si le père peut à la rigueur comprendre, parce qu'il est souvent encore confronté aux mêmes difficultés pratiques que le fils, le grand-père risque, lui, d'être particulièrement heurté. Perte d'identité, honte de manquer de loyauté, menace de rejet par la famille et la communauté pèsent lourd dans la balance avant de franchir le pas. Le changement de nom entraîne aussi une rupture de la généalogie : mon fils ne portera pas le nom de mon père.

Cohen-Rousseau

La loi française tolérait les modifications de nom à condition que le nouveau nom ait une consonance plus française. Une nouvelle loi, après 1945, a donné des facilités nouvelles pour que les juifs puissent mettre leur descendance à l'abri d'éventuelles persécutions raciales à venir. Un médecin, M. Cohen, résistant sous le nom de Rousseau, était devenu célèbre sous ce nom. Il a voulu changer son nom de Cohen en Cohen-Rousseau. Il tenait à son patronyme autant qu'au nom qu'il s'était fait dans la clandestinité. Il s'est heurté au refus de l'administration qui voulait bien prendre en compte son nom de résistant à la condition qu'il abandonne son patronyme. Il lui a fallu beaucoup de temps pour obtenir gain de cause.

□ L'enfant adopté

La famille adoptante ne connaît en général pas le nom de naissance de l'enfant qu'elle adopte, mais seulement son prénom. L'adoption comporte un élément important qui est de donner son nom à un enfant que l'on connaît depuis peu de temps. N'insistons pas sur les carences affectives et les souffrances qu'un enfant adopté a pu endurer avant son adoption. Ses derniers parents nourriciers, auxquels la DASS l'avait confié, étaient peut-être dignes de l'amour que l'enfant leur portait. Les parents adoptifs, même s'ils les connaissent, préfèrent souvent les ignorer, sans trop se préoccuper des sentiments de l'enfant. Ils l'ont accueilli. Eux seuls doivent compter pour lui. Il est chimérique de souhaiter qu'un texte légal permette à l'enfant d'adopter activement, lui aussi, ses nouveaux parents. Il est l'« adopté », forcément dépendant. Tout au plus peut-on espérer que les parents adoptants n'inventeront pas de toutes pièces un « secret de famille », en cachant à l'enfant qu'il a été adopté.

Cet enfant adopté doit affronter deux difficultés. Ses parents ne sont plus jeunes, car il est difficile d'adopter avant la quarantaine, et ses grands-parents adoptifs, s'ils existent encore, sont aussi relativement âgés et ne sont qu'adoptifs. L'enfant adopté est sans identité vraie, comme sans arbre généalogique. On a vu l'importance de l'identité, du narcissisme des parents et du complexe d'Œdipe dans l'élaboration de la structure mentale d'un enfant. Est-il possible de suppléer à ces carences et comment ? Certaines difficultés ont finalement des avantages. Le fait d'adopter un enfant est un véritable « parcours du combattant » qui coûte parfois près de quinze mille euros, et souvent davantage. Si bien que beaucoup d'adoptions se font par souscription familiale. Grands-parents, oncles et tantes vont donc être tentés de s'intéresser au résultat de leurs efforts communs, donc de se sentir impliqués dans l'évolution de l'enfant. Il serait bon pour celui-ci de savoir qui sont ses géniteurs et ses ancêtres. Mais on voit mal comment il serait possible de lui donner ce droit avant sa majorité.

La « névrose de classe »

La libéralisation des mœurs a favorisé depuis des dizaines d'années les unions entre des jeunes gens d'origine sociale très différente. De nombreux enfants ont donc des grands-parents riches d'un côté, pauvres de l'autre. Mais les clivages à l'intérieur des familles portent aussi sur la religion, les prises de position politiques actuelles ou passées, l'origine régionale ou étrangère, la race, etc. Ces différences peuvent être très bien acceptées et ne créer ni honte ni mépris, ou au contraire susciter des difficultés, des réticences, voire des conflits. Les relations entre grands-parents et petits-enfants en feront les frais.

Vincent de Gaulejac a consacré à ce problème un ouvrage intitulé *Névrose de classe*. Il insiste sur le fait que ces névroses-là sont rarement dues aux seuls conflits sociaux, mais trouvent comme les autres leur origine dans des difficultés psychiques, d'ordre familial ou sexuel, sur lesquelles le malaise social vient se greffer : telle cette petite fille dont il raconte l'histoire qui déguisait inconsciemment en « honte sociale » la gêne qu'elle éprouvait d'avoir trop « aimé » son père.

Dans la *névrose de classe*, le sentiment de honte est souvent au premier plan. Sauf exception, c'est le plus défavorisé qui a honte de sa condition par rapport à l'autre. Ne pas avoir un euro en poche, mais le ventre creux et les vêtements élimés et sales, limite les possibilités d'expression de soi dans une société où la plupart sont mieux lotis. Annie Ernaux dans *La Honte* montre bien l'origine de ce sentiment chez ceux qui, par leur destinée, en sont victimes : leur famille, les conditions de leur naissance, l'éducation qu'ils ont reçue, l'habitat et le quotidien éprouvant de leur enfance. Ceux-là, même s'ils arrivent à se faire une situation sociale meilleure, conservent la honte de leurs origines.

Les secrets de famille entraînent aussi, parmi d'autres symptômes, un sentiment de honte. Que ce soit la honte familiale d'une faute passée, ou la honte liée à l'origine sociale, l'individu qui en souffre n'en est en aucun cas responsable : il n'en a pas moins une partie de sa vie hantée par un secret. Les hontes sociales et familiales ne sont guère justifiées. Elles sont néanmoins constitutives de l'élaboration de la *névrose de classe* qui recouvre des états psychiques très variables : la dépression liée au sentiment que, quoi qu'on fasse, les autres, mieux nés, y réussiront mieux ; ou, à l'inverse, des attitudes très agressives devant la vie, pour se prouver à soi-même que, malgré tout, on est le meilleur. Annie Ernaux poursuit de livre en livre une analyse très fine de ces états psychiques.

□ L'enfant imaginaire et la réalité sociale

L'enfant imaginaire, celui qu'on attend, dès qu'« on sait », est le fruit de l'activité mentale narcissique de six personnes, parents et grands-parents, sans compter les oncles et tantes, le cousinage... et le chat. Cet enfant est complexe dans sa genèse. Il l'est davantage encore parce que les ascendants nourrissent, vis-à-vis de lui, des espoirs différents et contradictoires. Le parent souhaite que son enfant lui ressemble, ait le même métier et respecte ses valeurs. Il espère aussi, à l'inverse, que cet enfant imaginaire, idéalisé, bénéficie d'une meilleure éducation, ne tombe pas dans les mêmes erreurs, bref, qu'il soit différent et mieux que lui-même. L'enfant, en grandissant et en suivant son destin, trahira obligatoirement l'une de ces deux aspirations parentales.

Ce que désireraient souvent les grands-parents, c'est une ascension sociale sans rupture. Le schéma classique – grand-père agriculteur, fils instituteur, petit-fils professeur – est démodé, mais il était bien représentatif d'une forme de désir qui persiste : que mon fils, que mon petit-fils réussissent mieux que moi, mais qu'ils ne rougissent pas de leurs antécédents et qu'ils nous gardent leur amour. Des enfants à l'ascension sociale foudroyante s'éloignent souvent de leur famille d'origine. Leurs parents leur font un peu « honte ». La conséquence la plus visible est qu'ils séparent aussi leurs enfants de leurs grands-parents. Ces situations, toujours douloureuses pour les grands-parents, sont aussi nuisibles aux enfants privés de leurs racines. Très souvent aussi, les « promus de frais » ne sont pas vraiment à l'aise dans leur nouveau milieu auquel ils se sentent un peu étrangers et où ils passent pour des « parvenus ». La troisième génération, celle des petits-enfants, peut éprouver des sentiments « sociaux » variables vis-à-vis des grands-parents : origine un peu gênante ou, au contraire, modèle identitaire à retrouver ?

L'Histoire avec sa Grande Hache

Tous ces phénomènes familiaux et sociaux se déploient dans les conditions normales et habituelles d'une société sans grands remous. Mais il arrive que l'Histoire se réveille : une guerre étrangère ou civile, une révolution ou d'autres tragédies, massacres ou déportations. Au début de *W. ou le souvenir d'enfance*, Georges Perec écrivait : « Je n'ai pas de souvenirs d'enfance. Je posais cette affirmation avec assurance, avec presque une sorte de défi. L'on n'avait pas à m'interroger sur cette question. Elle n'était pas inscrite à mon programme. J'en étais dispensé : une autre histoire, la Grande, l'Histoire avec sa Grande Hache, avait déjà répondu à ma place : la guerre, les camps. »

Les coups de cette Hache sont au premier plan, le plus

visible et le plus sensible, de ce qui se transmet de génération en génération.

□ Les deuils difficiles

Les morts à la guerre sont des héros pour la nation comme pour leur famille. Leur disparition n'en est pas moins douloureuse, mais la reconnaissance sociale aide le travail de deuil : c'est la veuve d'un héros ! Mais la mort du père-héros entraîne bien souvent la ruine de sa famille, l'abolition des espoirs sociaux dont il était porteur. La société est peu généreuse envers les veuves et les orphelins de guerre. Le deuil devient plus difficile encore si la sépulture n'est pas connue. L'ossuaire de Douaumont où reposent, sans distinction, des inconnus des deux camps est évocateur, aussi bien des horreurs de la guerre que de cette souffrance psychique.

La vie fauchée par la guerre appartient au domaine de l'Histoire et pas seulement à la vie familiale. L'opinion publique soutient la guerre pour la défense du territoire national et la défaite des ennemis. Une partie de l'opinion publique a considéré certaines expéditions militaires comme de « sales guerres ». Ceux qui y ont participé pouvaient les approuver ou non. Les uns et les autres se trouveront mélangés devant le « tribunal de l'Histoire », incarné par leurs petits-enfants.

Une orpheline de la guerre de 1914-1918 racontait à ses enfants que son frère et elle voyaient les flonflons du 11 novembre comme un hommage qui leur était rendu : les monuments aux morts étaient aussi, dans leur vision d'enfants, dressés à leur gloire.

Ceux qui, par intérêt ou par conviction, se sont trompés de camp dans leurs prises de position politiques ou religieuses entraînent leur famille dans la honte et le déshonneur. Les « collaborateurs » pendant la dernière guerre, ceux qui ont dénoncé des résistants ou des juifs sont, en France, les derniers de cette espèce. Ces sentiments de fierté ou de honte historiques sont, dans l'inconscient, de même nature que leurs équivalents de la *névrose de classe*. Mais, et c'est la grande différence, la tragédie leur sert de toile de fond.

□ Survivre à un génocide

Le génocide arménien de 1915-1916 remonte à quatre-vingt-dix ans. La coïncidence de dates avec le premier conflit mondial a facilité la disparition de l'Arménie en tant que nation et le silence autour de ce drame où périrent près de deux millions d'Arméniens. Ce n'est malheureusement pas le seul génocide du XXe siècle et d'ailleurs, lorsque Georges Perec parle de la « Grande Hache de l'Histoire », c'est à la déportation des juifs qu'il pense et à ses propres parents.

Les survivants d'un génocide ont beaucoup de difficultés à en parler : c'est une constante dont Janine Altounian[1] a même tiré une sorte de théorème. La première génération, c'est celle des morts et de ceux qui ont assisté aux horreurs du massacre et y ont échappé par miracle : ces survivants se murent dans le silence. Les générations suivantes tentent de traduire comme elles le peuvent ce silence, de le mettre en mots : Janine Altounian fait d'un de ses livres un « tombeau » pour son grand-père dont la sépulture est perdue le long des chemins de la déportation. La génération qui succède à cette prise de parole, enfin, peut espérer une intégration plus sereine.

Pourquoi ce silence ? Que cache-t-il ? D'abord ces survivants, lorsqu'ils se sont retrouvés déportés, en Turquie par exemple, ont été contraints de se taire, de peur d'être exterminés à leur tour et parce qu'ils subissaient une intégration

1. *La Survivance.*

forcée : réduire les survivants au silence fait partie du programme génocidaire. Ces victimes avaient perdu leurs terres, leur religion, leur langue et leur culture, jusqu'à leur nom, « turquisé », et ont eu à subir d'incessantes brimades. Le fait de transmettre à ses enfants, ou à des voisins, le souvenir des horreurs que l'on a vues ou subies est dangereux, voire mortel, pour soi-même et pour eux : on se tait.

Ceux qui se réfugient en France ne subissent évidemment aucune violence, mais ils ont tout perdu. Leur langue n'a plus aucune valeur économique en dehors de leur communauté. Beaucoup renoncent à la transmettre à leurs enfants. Et c'est une nouvelle cause de silence : dans quelle langue raconter ce que l'on a subi ? Et d'ailleurs, si même on pouvait le raconter en arménien et que les enfants comprennent, ne serait-ce pas replonger dans une horreur à vif que d'utiliser les mots du passé, la langue de ceux que l'on a tenus mourants, suppliciés, dans ses bras ? La cruauté indicible du massacre contamine la langue natale.

L'immense douleur de parler, les survivants de la déportation nazie l'ont aussi connue. Primo Levi appelle *La Trêve* le récit de son errance, à bord de trains soviétiques aux destinations hasardeuses, après la libération d'Auschwitz : quelques semaines gagnées avant l'épreuve de retrouver sa famille et de devoir s'expliquer, revivre parmi les gens « normaux ». Jorge Semprun a publié *L'Écriture ou la vie* : écrire, c'est mourir de nouveau. Sans compter qu'il est pratiquement impossible de raconter les supplices sans entrer dans la dialectique du bourreau : se demander *pourquoi* l'on a été martyrisé, chercher une logique pour mettre en ordre un récit, c'est déjà risquer d'entrer dans un processus d'auto-accusation.

C'est aussi, comme le dit Serge Tisseron, revivre la *honte* [1] : honte d'avoir vu sa propre abjection dans le regard des

1. *La Honte, Psychanalyse d'un lien social.*

soldats libérateurs, alors que, tout occupé de survivre, dans la mort quotidienne du camp, on n'avait pas le « temps d'y penser » ; honte même pour la brute tortionnaire qui déshonore l'humanité tout entière ; honte paradoxale d'avoir survécu : de quel passe-droit ai-je bénéficié au détriment de tous les autres ? À cette honte de parler (malgré le désir qu'on en a) correspond le refus d'entendre de ceux qui n'ont rien vécu de tout cela qui est affreux et impossible à imaginer dans toute son étendue. Primo Levi faisait souvent le même cauchemar, où il se voyait, à la table familiale, en train de raconter ce qu'il avait vécu et s'apercevant que personne ne l'écoutait. Tel autre rescapé racontait que sa famille l'avait prié de « cesser de se plaindre car pour eux aussi, ça avait été dur, les cartes de pain et les alertes ».

Les survivants du génocide arménien ont dû affronter, dans leurs « pays de survie », une surdité supplémentaire, la surdité politique. Contrairement au bourreau nazi, le leur, turc, était invaincu, impossible à dénoncer et souvent protégé par la raison d'État. Janine Altounian décrit ces rescapés, murés dans leur silence et qui adoptent la stratégie de survie qui consiste à refuser d'enseigner à leurs enfants la langue maternelle et à les projeter, en les envoyant à l'école de leur pays de refuge, dans un espace de langue et de culture vierge de toute mémoire. Elle raconte le soulagement de ces enfants d'échapper ainsi, pendant les quelques heures de classe, à l'angoisse familiale ; mais elle raconte aussi leur écartèlement : cet univers bénin, où les enfants jouent, s'attristent ou s'égayent de futilités, est irrémédiablement « étranger » au paysage mental du petit Arménien, même né en France, à qui ses parents ont silencieusement transmis le deuil irrémédiable de leur identité, de leur passé, de leur langue et même de leur capacité à rêver encore. Pour ne pas être détruit par le secret des parents, l'enfant doit affronter le tabou et mettre des mots sur leur souffrance.

Il doit savoir ce qui s'est passé, enquêter et raconter à son tour ce qu'il a appris. Et, circonstance aggravante, pour briser le tabou, l'enfant se sert d'une langue étrangère, seul véhicule possible puisque la langue-martyre est close. Ce n'est qu'à ce prix que l'enfant des survivants peut devenir « acteur de sa propre histoire » et la vivre. Ce n'est sans doute qu'à la troisième génération que le processus d'intégration au pays d'accueil sera entièrement accompli.

Un des aspects importants de cette intégration est le changement de patronyme. Ce fut, en Turquie, après la déportation, une forme d'aboutissement, par la violence d'État, de la destruction génocidaire : les déportés en Turquie se voyaient attribuer un nom qui était la forme turque du leur. Ceux qui, par la suite, se sont réfugiés en France ont espéré pouvoir retrouver leur patronyme arménien. C'était trop en demander à l'hospitalité française. La loi française autorise avec parcimonie ces changements de patronyme, sous certaines conditions et toujours dans le sens d'une francisation... Nicole Lapierre[1] raconte l'histoire de cet homme qui, déçu de ne pouvoir retrouver son nom « d'origine », renonça bien volontiers au nom turc qu'on avait donné à son grand-père, prit un nom français, choisi parmi les plus courants, fit venir sa famille de Turquie et connut l'étrange situation de donner son nom à son vieux père. Dans le cas de changement de nom assumé et consenti, les descendants ne souffrent pas, semble-t-il, de ce choix.

À l'inverse, les enfants des juifs ayant changé de nom après 1945, puisque la loi leur offrait un accès plus facile à une francisation « protectrice », ont parfois, par la suite, introduit des demandes pour retrouver leur nom d'origine. Ces demandes auraient certainement été plus nombreuses si, incompatibles avec la législation en vigueur, elles

1. *Changer de nom.*

n'avaient été assez systématiquement rejetées par le Conseil d'État.

Ces changements de noms ont eu, dans les deux communautés, des valeurs symboliques différentes. Les patronymes des Arméniens étaient considérés en France comme imprononçables. Les changements de noms ont eu lieu à la seconde ou troisième génération après le génocide, dans un but d'intégration volontaire. Tout à l'inverse, les noms juifs étaient familiers aux oreilles françaises depuis plusieurs générations. Le changement de nom ne remédiait pas à une étrangeté, mais assurait une protection. L'inconvénient : modifier son patronyme pouvait sembler aussi marquer une distance par rapport aux victimes du génocide et à la communauté des survivants. C'était aussi renoncer en partie à son identité religieuse.

□ Les déracinés

Certains pourraient être tentés de penser que, ces tragédies ayant épargné leur famille, l'héritage d'une souffrance historique ne les concerne guère et que ce phénomène psychique ne touche qu'une petite minorité de Français. Or, dans ses effets et dans ses symptômes, ce cas particulier est emblématique d'un mal-être bien plus général – lui aussi de nature transgénérationnelle – et qui atteint tous ceux qui, pour une raison sociale, économique ou politique, sont privés d'une partie de leurs racines, coupés de leurs origines culturelles, religieuses et/ou linguistiques. C'est ainsi que la honte sociale, par exemple, celle dont parle Annie Ernaux, est si lourde et si douloureuse à porter que Janine Altounian la compare à la souffrance de l'enfant du survivant d'un génocide. Les deux sont confrontés au silence d'un parent qui n'a pas accès à un langage socialement acceptable. Parents et grands-parents arméniens ne parlent pas français ou le parlent mal et répugnent, même en famille, parfois, à parler leur langue maternelle dont ils sont exilés ; le père ouvrier ou immigré a peur de « parler mal » et de se dénoncer lui-même comme illettré. L'enfant doit apprendre à utiliser des codes linguistiques dont il sent très tôt qu'ils sont radicalement étrangers à sa famille. La honte qu'il en éprouve est complexe : à la fois honte de l'insuffisance de ses ascendants dont il prend conscience et honte d'avoir honte d'eux.

Le meilleur du transgénérationnel

Que ce soit dans la sphère privée ou publique, ce qui se transmet d'une génération à l'autre paraît toujours devoir être marqué de souffrance, de honte, d'angoisse, surtout quand il s'agit pour des enfants d'hériter des souvenirs d'un génocide ou d'un massacre. Pourtant, il semble bien qu'il existe un transgénérationnel heureux. Ou en tout cas positif. Et cela même parfois dans un contexte de guerre et de deuil.

Dans *Le Premier Homme*, Camus a montré un aspect bénéfique du transgénérationnel. Le héros de son histoire, Jacques Cormery, n'est probablement que le double qu'il s'est donné dans ce récit autobiographique. Il raconte comment il est allé sur la tombe de son père, tué en 1914 à la bataille de la Marne. Il ne l'a pas connu, il ne sait rien de lui – ou si peu. La mère en sait-elle plus ? Elle se tait. Ce voyage pour aller au cimetière de Saint-Brieuc n'a guère de sens pour Jacques, mais il l'a promis à sa mère. Il vit en France alors qu'elle n'a jamais quitté l'Algérie. Il a plus de quarante ans et ne compte pas « s'inventer une piété qu'il n'éprouve pas ».

Gravées sur la tombe, les dates de naissance et de mort. Cet homme, son père, n'a vécu que vingt-neuf ans. Il gît là, sous la pierre, bien plus jeune que lui. L'émotion et une intense pitié s'emparent de Jacques. C'est l'horreur « de la folie et du chaos », parce que le fils est « plus âgé que le père ». Le « cœur angoissé », il se sent avide de connaître ce « père cadet ». Ce mort oublié détenait peut-être ce « secret qu'il espérait trouver dans les livres ». Il a « cherché bien loin ce qui était près de lui dans le temps et dans le sang »...

Sa mère est à moitié sourde, « pauvre » d'expression, réduite au silence et à la soumission. Elle ne sait pas lire. Rien de plus désolant que ses réponses aux questions de Jacques à son retour de Saint-Brieuc : « Je ne sais pas », « je ne me souviens pas », « il faut regarder sur le livret de famille... ». C'est un mort effacé que son fils n'avait pas conscience d'avoir perdu, jusqu'à cette visite à Saint-Brieuc qui lui restitue brutalement son père.

Qui était ce père ? Jacques enquête, mais cherche surtout dans sa mémoire. Le directeur de son école lui avait raconté que son père, militaire luttant contre les Marocains, en 1905, avait dû ramasser le corps supplicié d'une sentinelle française massacrée par les Arabes. Pris d'une sorte de « fureur », il avait crié qu'un homme « ne fait pas ça », « un homme, ça s'empêche ». Le directeur lui avait alors objecté que les Français commettaient eux aussi de telles horreurs : « Alors, eux non plus, ce ne sont pas des hommes », avait-il dit, furieux. Il était « pâle comme un linge ». Jacques avait « oublié » cette histoire. Le discours de ce père est profondément empreint d'exigence éthique : « Moi [...] je suis pauvre, je sors de l'orphelinat, on me met cet habit, on me traîne à la guerre, mais je m'empêche. » Belle définition de l'homme, « celui qui s'empêche », conçue par un homme simple dans sa rectitude. Ce n'est pas une leçon d'éthique apprise par cœur : c'est vécu dans la passion, au contraire, et assorti de « pâleur », d'authentique indignation.

L'autre histoire est racontée par la grand-mère. Le père s'est levé à l'aube pour assister à l'exécution publique d'un criminel. Au retour, il n'a rien « dit ». Mais il « s'était couché, puis levé pour aller vomir plusieurs fois, puis recouché. Il n'avait plus jamais voulu parler ensuite de ce qu'il avait vu ». Jacques sait que cette angoisse, si violemment exprimée par le malaise physique, est peut-être le « seul héritage » qu'il ait reçu de son père. Mais quel héritage ! À Saint-Brieuc, alors qu'il a environ quarante ans et se croit indifférent au jeune mort qu'il n'a pas encore « rencontré », Camus a déjà écrit *La Peste*, où s'expriment avec force son humanisme et son refus de la guerre qu'il compare au fléau par excellence ; il y expose aussi les grandes lignes de son engagement contre la peine capitale. Une bonne part de ce que Camus transmettra à son siècle s'y trouve déjà.

Que lit-on au début du *Premier Homme* ? Une histoire du silence et de la parole. Ici, le silence n'est pas celui de la honte, ni du secret de famille, ni de l'horreur indicible : il est celui de la misère qui empêche de s'appartenir à soi-même, de l'infirmité, de l'impuissance à concevoir. Il n'a pas fait obstacle, tant s'en faut, à l'amour, mais il n'a pas transmis l'héritage qu'un fils peut espérer de son père et sans lequel il est condamné à être « le premier homme », « seul, sans mémoire et sans foi ». Mais tout réduit à l'essentiel qu'il est, cet héritage existe néanmoins : c'est par la parole du directeur d'école et de la grand-mère qu'il a été transmis, par les récits qui rapportent les mots du père ou en traduisent fortement le sens. Et, sur la tombe de son père, le fils adulte commence à comprendre que cette mort lui est consubstantielle, qu'elle a forgé son identité sans qu'il en ait même eu conscience.

Au mieux, le silence est stérile, au pire mortifère. À travers le silence, se transmettent souvent des messages de souffrance ou d'angoisse. Même la simple bouderie peut imposer à ceux qui la subissent une étouffante sensation de claustration. Elle est un parfait « remède au bonheur » ! La parole, les récits porteurs de significations fortes – et surtout authentiquement vécues et ressenties – peuvent, au contraire, transmettre aux générations suivantes des messages structurants. Ceux qu'il a reçus, Camus les a transmis à tous ses lecteurs. Ses écrits sont parmi ceux qui ont compté quand la France s'est interdit le « crime » de la peine de mort. Plusieurs générations de Français ont lu ou lisent Camus et sont marqués par cet humanisme qu'il avait lui-même, en somme, reçu de son père. Tous les lecteurs de la « génération Camus » seraient-ils les petits-enfants de celui qui disait : « Un homme, ça s'empêche » ?

Ce transgénérationnel bénéfique nourrit les générations. Dans la simplicité des familles anonymes, il est, pour l'enfant, facteur de « bien-traitance ». On peut imaginer, dans le quotidien, que des parents et des grands-parents transmettent à leurs enfants des maximes de vie heureuse, des recettes de bonheur ou des conseils moralement constructifs. Telle cette famille où l'on répétait de génération en génération, comme une recette de cuisine familiale : « Ne laisse pas le soleil se coucher sur ta colère. » La formule était belle, mais aurait pu rester lettre morte. La femme d'un des hommes de cette famille souffrait d'une légère tendance à la bouderie et les scènes de ménage s'enlisaient parfois dans de mornes silences. Le père, alors, déployait tous ses talents d'homme d'esprit pour ramener le sourire, transiger, « revenir », comme disait la mère qui finissait par faire la paix, avant la nuit. Le couple a bien tenu et l'enfant qui, comme tous les enfants, souffrait des disputes, se rassurait : on peut toujours finir une guerre. Peut-être transmet-on ainsi l'une des recettes du bonheur conjugal. Et la petite-fille de cet homme ajoutait qu'il vaut mieux perdre la face que perdre un ami.

Les familles heureuses n'ont pas d'histoire. C'est vrai et c'est faux : elles en ont une, probablement construite sur une certaine manière de prendre la vie et les êtres et, surtout, de libérer la parole. Et tant qu'on n'a pas vu de trop près la Grande Hache de l'Histoire, il doit être possible de trouver pour soi et de transmettre aux autres les moyens de rompre les silences.

Psychanalystes et sociologues

L'expérience clinique des psychanalystes les pousse à publier des cas où tout le transgénérationnel n'est que néfaste et pathogène, donnant ainsi une idée fausse de ces phénomènes, assimilés à une « maltraitance » dont les grands-parents seraient les principaux responsables ou les intermédiaires. En réalité, le transgénérationnel véhicule aussi des formules de bonheur et de sagesse « tous usages », tout comme des savoir-faire essentiels. Si cet aspect réconfortant du phénomène a souvent échappé à l'analyse, c'est qu'il y a effectivement peu à raconter sur ce qui se passe bien.

Et puis, on ne transmet pas tout ! Cette idée afflige souvent : c'est bien le moins qu'elle rassure quelquefois. La mode actuelle surestime peut-être la responsabilité du transgénérationnel dans l'apparition des pathologies psychiques. L'intérêt considérable qu'il présente ne doit pas faire perdre de vue ses limites. Chez un grand nombre de patients en analyse, la recherche d'événements, de secrets transmis de façon infraverbale, de génération en génération, n'apporte strictement rien : l'origine de leur souffrance est ailleurs. De même, on dit que la disparition du symptôme, lors de la prise de conscience d'une pathologie familiale, permet de confirmer le diagnostic de phénomène transgénérationnel.

Mais la disparition du symptôme n'est pas synonyme de rétablissement de la santé psychique.

Les psychanalystes et les sociologues se partagent l'étude des phénomènes transgénérationnels. Faut-il privilégier les facteurs psychologiques ou, au contraire, donner le primat au sociologique ? Là aussi, la vérité est probablement à mi-chemin. Leurs apports sont très complémentaires. Les psychanalystes ne rencontrent généralement que la pathologie transgénérationnelle, mais l'étudient jusque dans ses moindres détails ; les sociologues envisagent des échantillons plus diversifiés mais travaillent surtout sur des statistiques.

L'influence des générations précédentes sur l'individu est considérable, puisque les facteurs sociologiques s'ajoutent aux facteurs psychologiques. Certains sont même tentés de voir en l'Homme un être totalement déterminé par les forces de la génétique et de l'environnement. D'autres pensent de façon plus optimiste que tout individu a sa part d'inventivité dans la recherche des matériaux qu'il utilisera pour construire sa vie, choisir ses galères et ses caravelles.

Conclusion

Les grands-parents remplissent de multiples fonctions, de l'assistance maternelle à la transmission transgénérationnelle, mais le point commun entre elles toutes, c'est l'influence qu'ils exercent sur la construction psychique de leur petit-enfant et sur son identité. Or, on peut dire que l'identité d'un individu se forme, pour l'essentiel, autour de deux axes, le vertical et l'horizontal. Le vertical est celui de la généalogie, de l'histoire et des traditions. Chacun est conscient de cet axe pour les deux générations qu'il a bien connues, parents et grands-parents, mais le perçoit moins clairement pour les générations antérieures. Les grands-parents, dans leur fonction de transmission transgénérationnelle, se situent autour de cet axe vertical. Dans la famille patriarcale décrite par Frédéric Le Play, dominée par le plus âgé des pères, l'axe vertical était privilégié aux dépens de l'axe horizontal. Les valeurs fortes y étaient la référence à Dieu, au père et à la lignée paternelle. Les possibilités de s'éloigner du modèle familial étaient faibles.

À l'inverse, la famille d'aujourd'hui correspond à ce que Le Play appelait la famille instable. La cohésion familiale y est liée à la survie du dernier des grands-parents d'une lignée et se délite ensuite. Elle est de plus érodée par l'actuelle tendance à la dispersion géographique et à la recomposition familiale. Sans oublier les phénomènes modernes d'émigration (de l'extérieur ou « de l'intérieur », d'une région à l'autre) ou simplement d'expatriation temporaire. Ces transplantations, très enrichissantes en soi, en ce qu'elles ouvrent sur le monde au présent, correspondent par force à une certaine perte culturelle. L'influence au quotidien des grands-parents sur leurs petits-enfants y est nécessairement plus limitée.

Quand les deux parents travaillent, les enfants se débrouillent à la sortie de l'école et rentrent dans un appartement vide. Entre cantines à midi, retours tardifs du travail et déplacements professionnels, les repas pris en commun se font rares. L'autorité parentale, moins visible et moins reconnue, défaille à fixer l'identité de l'enfant dans un ancrage vertical. On entend des parents se plaindre : « Je me tue à le lui répéter. » Les enfants n'écoutent plus, sont inaccessibles et s'échappent.

Les grands-parents gardent les bébés et s'occupent des jeunes enfants. Mais on offenserait un collégien en lui proposant de l'attendre pour le goûter, à son retour de l'école. L'enfant qui s'apprête à aborder l'adolescence refuse souvent la compagnie de ses aïeuls au profit des « copains ». Ce type de famille instable favorise, en effet, le développement de l'axe horizontal, celui du groupe d'âge, qui se forme progressivement, chaque fois qu'un enfant ou un adulte imite ses contemporains immédiats et adopte leurs pensées, leurs propos et leurs attitudes : les enfants les moins structurés par leur vie familiale vont chercher leur ancrage presque uniquement dans leur classe d'âge, dont les valeurs les plus prisées sont celles de la consommation et de la jouissance immédiate. Anomiques, la bride sur le cou, ils sont mal au fait de leur identité. À quinze ans, ils ne savent toujours pas pourquoi ils s'appellent Melody, Cheryll ou Kevan. Mais s'ils ont mal au ventre, ils sont sûrs que leur meilleur copain a éprouvé les mêmes sensations et les comprend parfaitement. Et ils ont souvent mal au ventre, parce que la vie leur tord les boyaux. Les grands-parents n'ont pour ces enfants qu'une existence lointaine : au pire, une importance économique, s'ils ont pris le pli d'acheter la tendresse. Au mieux, ils revêtiront une réelle importance affective, mais ils auront très peu ou pas de valeur symbolique : ils ne sont plus guère dépositaires du passé ou ils ne le transmettent pas ; ils « se le gardent pour eux ». Peur de ne pas être écoutés ? De ne pas intéresser ? Impuissance à faire revivre une culture éventuellement trop lointaine, exotique ou démodée, « ringarde » ?

Cela n'est peut-être pas sans conséquences sur la capacité des petits-enfants à fantasmer et à « vivre » certains aspects de la relation à l'autre sur le mode symbolique et abstrait. Leur ancrage « horizontal » – la loyauté à la classe d'âge, aux « copains » – leur est constamment présent : ils le perçoivent – c'est-à-dire qu'ils en ont une réception sensorielle – de façon constante autour d'eux ; la musique, les vêtements, la nourriture, une manière de s'exprimer, les rites gestuels accompagnent chaque instant de leur vie et leur procurent une identité collective rassurante. La stimulation sensorielle et psychologique de cette « culture jeune » est forte et ne leur laisse guère le temps de la *réflexion*, de la *représentation symbolique*, qui supposent au contraire l'absence, le retrait, la pauvreté de la perception immédiate. Le fameux « Je me tue à le lui répéter... » témoigne de la difficulté des adolescents à s'abstraire du mouvement perpétuel créé autour de chacun d'eux par la solidarité avec le groupe d'âge. Et tout est fait, dans le paysage urbain et médiatique moderne, pour renforcer cette addiction au groupe et au présent : la publicité et ses slogans, le zapping abolissent le temps nécessaire à la maturation d'une réflexion et ne laissent surnager que quelques mots d'ordre idéologiques détachés de toute historicité. Pour peu que les divorces, les naissances hors mariage, les mésententes ou simplement les contraintes de la vie professionnelle les privent de l'une ou l'autre de leurs lignées, leur ancrage vertical peut se trouver réduit à sa plus simple expression : la présence chez eux d'une maman qui met sa fierté à passer pour leur grande sœur, et au mieux, des grands-parents « jeunes seniors » encore en plein tourbillon professionnel. Les adolescents pris dans la fascination du groupe perdent la conscience de leur individualité et manquent de mots pour la dire. Ils ne souhaitent d'ailleurs pas l'éprouver car elle est pour eux synonyme de solitude.

Les grands-parents, si proches de leurs petits-enfants pendant des années où ils ont partagé leurs jeux et les ont aidés dans leur travail, souffrent de cet éloignement, même s'ils le trouvent finalement assez normal dans le contexte actuel. Ceux qui ont su préserver leurs activités, leurs centres d'intérêt et leurs amis se trouvent alors moins malheureux que ceux qui ont tout abandonné pour se consacrer entièrement à leurs petits-enfants.

La pression sociale n'agit d'ailleurs pas de façon homogène et d'assez nombreux enfants ou adolescents bénéficient d'un axe identitaire vertical suffisamment fort pour leur permettre de ne pas être submergés par la mode, les bandes et les derniers gadgets. Ils sont ouverts aux échanges et cultivent de multiples centres d'intérêt. L'âge n'est pas pour eux un critère relationnel exclusif. Ils aiment maintenir le contact avec leurs grands-parents. Ils sont également heureux de bénéficier de leur aide scolaire, de discuter avec eux. Leurs aïeuls participent ainsi à leur formation intellectuelle, culturelle et morale. Ils se trouvent dans une situation privilégiée : leur génération peut vivre sa relation avec les petits-enfants sur le mode de l'échange et pas seulement sur celui de la transmission. Leurs petits-enfants sont leur fenêtre sur le monde moderne et jouent souvent un rôle d'initiateurs ou, en tout cas, de partenaires.

Dans cette relation facile et riche, l'enfant peut puiser une conscience identitaire renforcée. Ce climat de confiance lui permet de s'intéresser à sa généalogie, aux traditions et aux symboles de sa famille. On a souvent dit que l'appartenance à une Église ou à un parti était en soi structurante : pourquoi pas de surcroît l'appartenance à une famille ? Et même lointains ou morts, les grands-parents existent par les récits des parents sur leur personnalité ou les aventures de leur vie ; ils sont porteurs du passé dont ils sont les seuls à pouvoir transmettre, même indirectement, l'ineffable présence. La génération des grands-parents est irremplaçable par sa place symbolique qui affirme ou suggère seule la poussée sans fin de l'arbre généalogique.

Entre ces deux extrêmes, l'enfant héritier et l'enfant ancêtre de soi-même, tous les intermédiaires existent, souvent à l'intérieur d'une même fratrie. D'ailleurs, chacun vit en son for intérieur la rencontre de l'axe vertical et de l'axe horizontal, leur conflit ou leur synergie, selon un mode qui n'appartient qu'à lui, aussi unique que le dessin de ses empreintes digitales. Selon la façon dont il accepte l'éducation reçue et selon les camarades qui l'entourent, chaque jeune va forger sa structure identitaire à sa façon et parfois de manière inattendue. Le discours dominant des médias donnerait à penser que la plupart des grands adolescents se sont détachés de leurs grands-parents. Or, c'est l'inverse que révèlent les entretiens avec eux. Filles et garçons, même ceux que l'on pourrait croire le plus dominés par l'axe horizontal de la modernité et des copains, témoignent de beaucoup de tendresse et d'intérêt pour leurs aïeuls, plus même parfois que pour leurs parents, alors même qu'ils découvrent, avec surprise et malaise au cours de l'entretien, ne rien savoir d'eux, ou si peu. Cela voudrait-il dire qu'ils sont beaucoup plus attachés qu'ils ne le croient eux-mêmes à leur généalogie et à leur identité ?

Il est difficile, dans la société actuelle, de bien gérer son temps. « Je n'ai pas eu le temps de faire le quart de ce que je voulais » est une plainte que l'on entend souvent chez les jeunes retraités comme chez les actifs. Ce n'est maintenant que dans le plus grand âge que l'on accède au droit à la lenteur, d'ailleurs pénible à supporter parce qu'elle coïncide avec une exclusion. Les grands-parents, jeunes ou moins jeunes, mais pas encore vraiment vieux, disent tous que leur passage à la retraite ne leur a pas apporté le calme et l'inactivité, bien au contraire : « Je n'en ai jamais autant fait. » Vivre, ce n'est pas *être*, tout simplement, c'est agir, faire, apprendre, découvrir pour rester jeune. Une telle hyperactivité empêche forcément de savourer ensemble le temps qui passe. L'adolescent est indisponible ; face à l'absence bien organisée de leurs petits-enfants, certains grands-parents ne peuvent que se débrouiller pour se suffire à eux-mêmes, se trouver d'autres « investissements narcissiques » et fuir en avant.

Mais ce qui les perd peut les sauver. Faire de nécessité vertu. Avoir moins besoin des autres, ne pas quémander, voilà qui vous rend intéressant. L'essentiel est de vivre sa propre vie comme on l'entend, avec son travail, ses centres d'intérêt, ses violons d'Ingres. Et aussi ses plaisirs et ses amis. Il est un temps où l'on perd ses petits-enfants. Il ne faut pas leur en faire reproche si l'on veut les retrouver ensuite. « Il faut cultiver notre jardin », disait le Candide de Voltaire. Si l'on cultive son jardin, les petits-enfants devenus grands auront la curiosité de venir voir ce qui y pousse. Un vieil adulte qui s'intéresse au monde peut être un modèle pour des jeunes gens qui viennent de prendre conscience qu'ils ont un avenir.

Remerciements

Avant tout, merci à tous ceux qui nous ont fait la confiance de nous raconter leurs souvenirs et de nous faire partager leurs émotions. C'est leur vécu qui anime ces pages.

Plusieurs de nos amis ont bien voulu relire et annoter nos ébauches. Les remarques des uns et des autres nous ont rendu les plus grands services. Merci donc à Michèle Darquier, à Marie Salzman et à Alain Golomb. Merci encore à Marie-Claude Maran et à Alain Golomb de nous avoir aimablement autorisés à reproduire des extraits de leur œuvre.

Deux amies psychanalystes, Anne Gérard-Couplan et Régine Prat, se sont jointes à Marie-Christine Choppy pour nous critiquer et commenter les aspects psychanalytiques de cet ouvrage. Nous avons largement exploité leurs suggestions. François Lotthé a accompli pour nous un important travail de documentation et de correction. Les avis d'Élisabeth Tardif nous ont été également précieux. Nous leur devons beaucoup.

Tous nous ont encouragés au cours de notre travail. Qu'ils reçoivent ici témoignage de notre reconnaissance.

Quant à nos conjoints, Marie-Christine et Jean-Pierre, que grâces soient rendues à l'intérêt actif qu'ils nous ont témoigné, à leur patience dans le soutien moral.

Bibliographie

Abraham Nicolas et Torok Maria, *L'Écorce et le Noyau*, Aubier-Montaigne, 1978.

Aïn J., *Transmissions*, Érès, 2003.

Altounian Janine, *Ouvrez-moi seulement les chemins d'Arménie*, Les Belles-Lettres, 1990 ; *La Survivance*, Dunod, 2000.

Ancelin Schützenberger Anne, *Aïe, mes aïeux*, Desclée de Brouwer, « La méridienne », 1998.

Ariès Philippe, *Histoire des populations françaises et de leurs attitudes devant la vie depuis le XVIIIe siècle*, Le Seuil, 1971; *L'Enfant et la vie familiale sous l'Ancien Régime*, Le Seuil, « L'univers historique », 1973.

Attias-Donfut Claudine, *Les Solidarités entre générations : vieillesse, famille*, État, Nathan, 1995 ; *Grands-parents, La famille à travers les générations*, Odile Jacob, 1998.

Attias-Donfut Claudine et Segalen Martine, *Le Siècle des grands-parents*, Autrement, 2001.

Balmary Marie, *L'Homme aux statues : Freud ou la faute cachée du père*, Grasset, 1979 ; *Le Sacrifice interdit : Freud et la Bible*, Grasset, 1986 ; *La Divine Origine : Dieu n'a pas créé l'homme*, LGF, 1998.

Barriguete-Castellon Armando, « Figures de paternalité : le père, le grand-père. Psychodynamique du grand père », in *La Parentalité, Défi pour le troisième millénaire* (sous la direction de Leticia Salis-Ponton), PUF, « Le fil rouge », 2002.

Berger Maurice, *L'Enfant et la souffrance de la séparation, Divorce, adoption, placement*, Dunod, 1997.

Berger Maurice et Gravillon Isabelle, *Mes parents se séparent, comprendre ce que ressent l'enfant*, Albin Michel, 2003.

Boszormenyi-Nagy Ivan et Spark Loïc, *Invisible loyalties : Reprocity*, Harper and Row, New York, 1973.

Bottero Jean, *Naissance de Dieu, La Bible et l'histoire*, Gallimard, 1986.

Butler Samuel, *Ainsi va toute chair* (posthume 1903), Gallimard, 2004.

Bouchet Sylvie, *De mère à grand-mère*, Bayard, 1992.

Brazelton T. Berry, *Familles en crise*, Stock-Laurence Pernoud, 1989.

Bydlowski Monique, « Les enfants du désir, le désir d'enfant dans sa relation avec l'inconscient », in *Psychanalyse à l'université*, 1978, tome V, n° 13 ; *La Dette de vie*, PUF, 1997.

Cadolle Sylvie, *Être parent, être beau-parent*, Odile Jacob, 2000.

Camus Albert, *La Peste*, Gallimard, « Folio », 1972 ; *Le Premier Homme*, Gallimard, « Folio », 2000.

Canault Nina, *Comment paye-t-on les fautes de ses ancêtres ? L'inconscient transgénérationnel*, Desclée de Brouwer, 1999.

Castellan Yvonne, *Les Grands-parents, ces inconnus*, Bayard, « Psychologie », 1998.

Céline Louis-Ferdinand, *Guignol's Band*, Gallimard, « Folio », 1989.

Chateaubriand, François René de, *Mémoires d'outre-tombe*, LGF, 2001.

Claudel Paul, *L'Élasticité américaine*, *Œuvres en prose*, Gallimard, « Bibliothèque de la Pléiade », 1965.

Clément Claude, *Au temps des grands-parents*, Nathan, 1999.

Clerc Loly, *On veut voir nos petits-enfants ! Conflits et disputes dans les familles. Comment en sortir* (en collaboration avec M.F. Fuchs et l'EGPE), La Martinière, 2003.

Corneau Guy, *Père manquant, fils manqué*, Éd. de l'Homme, 1989.

Cotinaud Caroline, *Le Mammy big-bang, Les nouvelles grands-mères ne sont pas ce que l'on croit*, Albin Michel, 2001.

Cyrulnik Boris, *Sous le signe du lien*, Hachette-Pluriels, 1989 ; *Merveilleux malheur*, Odile Jacob, 1999 ; *Les Vilains Petits Canards*, Odile Jacob, 2001.

Daniel Stéphane, *Au bonheur des pères*, Bayard, 2001.

Deutsch Hélène, *Problèmes de l'adolescence*, Payot, 1968.

Dickens Charles, *Oliver Twist*, Hachette Jeunesse, 2005.

Dodson Fitzhugh, Être grands-parents aujourd'hui, Laffont.

Dolto Françoise, *La Cause des adolescents*, Robet Laffont, 1988 ; *Quand les parents se séparent*, Le Seuil, 1988 ; « Les grands-parents », in *Les Chemins de l'éducation, Articles et conférences* (1950), Gallimard, 1994.

Doucet Geneviève, *Au bonheur des grands-mères*, Albin Michel, 1997.

Dugas Arlette, *Ne m'appelle pas Mamie,* Presses de la Cité, « Éditions hors collection », 1994.

Dumas Didier, *L'Ange et le fantôme, Introduction à la clinique de l'impensé généalogique*, Minuit, 1985 ; *Hantise et clinique de l'autre*, Aubier, 1989 ; *La Sexualité masculine*, Albin Michel, 1990 ; *Et l'enfant créa le père*, Hachette, 2000 ; *Sans père et sans parole : la place du père dans l'équilibre*, Hachette, 2000.

Eiguer A. et coll., *Le Générationnel, Approche en psychothérapie analytique*, Dunod, « Inconscient et culture », 2000.

Eliacheff Caroline et Heinich Nathalie, *Mères-filles, une relation à trois*, Albin Michel, 2002.

Ernaux Annie, *La Honte*, Gallimard, « Folio », 1999.

Fabre Nicole, *La vérité sort de la bouche des enfants, Écoutons-les pour les comprendre*, Albin Michel, 1997 ; *Blessures d'enfance, les dire, les comprendre, les dépasser*, Albin Michel, 1999.

Faimberg Haydée, « La téléscopie des générations. À propos de la généalogie de certaines identifications », *in* René Kaes, Haydée Faimberg, M. Enriquez, J.-J. Baranes, *Transmission de la vie psychique entre générations*, Dunod, « Inconscient et culture », 1993.

Flis-Trèves Muriel, *Elles veulent un enfant*, Albin Michel, 1998.

Forbin Comte de, *Mémoires*, Mercure de France, 1993.

Freud Martin, *Freud, mon père*, Denoël, 1975.

Freud Sigmund, *Cinq psychanalyses*, PUF, 1954 ; « Pour introduire le narcissisme » (1914), in *La Vie sexuelle*, PUF, 1969 ; *Totem et Tabou* (1913), Payot, 1970 ; *L'Homme Moïse et la religion monothéiste* (1939), Gallimard, « Folio », 2002.

Fuchs Marie-Françoise, *Question des grands-parents, Comment trouver sa place dans la famille et la société d'aujourd'hui*, La Martinière, 2001.

Fuchs Marie-Françoise et Laplagne Geneviève et coll., *L'Art d'être grands-parents*, Éd. Minerva-Suisse, 1999.

Gaillard Jean-Michel, *La Famille en miettes*, Éd. Sans, 2001.

Gary Romain (Émile Ajar), *Pseudo*, Gallimard, 2004.

Gaulejac Vincent de, *Névrose de classe, Trajectoire sociale et conflits d'identité*, Hommes et Groupes éditeurs, « Rencontre dialectique », 1987, 3e édition 1999 ; *Femme au singulier ou la parentalité solitaire*, Klincksieck, 1990 ; *L'Histoire en héritage, Roman familial et trajectoire sociale*, Desclée de Brouwer, 1999.

Geberowicz Bernard et Barroux Colette, *Le Baby-clash, Le couple à l'épreuve de l'enfant*, Albin Michel, 2005.

Girard René, *Les Choses cachées depuis la fondation du monde*, LGF, 2004.

Golse Bernard, « Le concept de transgénérationnel », in *Carnets psy*, n° 6, 1995 (republié in *Carnets psy*, n° 84, 2003).

Gourdon Vincent, *Histoire des grands-parents*, Perrin, 2001.

Granjon Évelyne, « Traces familiales et liens généalogiques dans la constitution du groupe familial », in *Dialogue AFCC*, n° 98, 4e trimestre 1987.

J.R. Hilgard, « The Anniversary Syndrome as Related to Late-Appezring Mental Illness in Hospitalized Patients », *in* Silver, ALS, Ed. *Psychoanalysis and psychosis*, Madison, CT, Internat'1. University Press, 1989.

Horowitz Élisabeth, *Se libérer du destin familial, Devenir soi-même grâce à la psycho-généalogie*, Dervy, 2000.

Jacob François, *La Statue intérieure*, Le Seuil, 1987.

Kaes René, Faimberg Haydée, Enriquez Micheline, Baranes Jean-José, *Transmision de la vie psychique entre générations*, Dunod, 2001.

Kipman Simon-Daniel et Rapoport Danielle, *La Sexualité oubliée des enfants*, Stock-Laurence Pernoud, 1993.

Kornhaber Arthur et Woodward Kenneth, *Grands-parents – petits-enfants : le lien vital*, Laffont, 1981.

Laborit Henri, *Éloge de la fuite*, Gallimard, « Folio Essais », 1985.

Lapierre Nicole, *Changer de nom*, Stock, 1995.

Lassus Pierre, *Maltraitances*, Stock, 2001.

La Tour du Pin Lucy de, *Mémoires*, Mercure de France, 2002.

Leclaire Serge, *On tue un enfant*, Le Seuil, 1975.

Legendre Pierre, *L'Inestimable objet de la transmission*, Fayard, 1985.

Lemaire-Arnaud Évelyne, « Le génogramme et les secrets de famille », in *Dialogue AFCCC*, n° 100, 2e trimestre 1988.

Levi Primo, *La Trêve*, Grasset, 1997.

Maille-Ubersfeld Anne, « Victor Hugo ou l'aïeul infini », in *Les Grands-parents dans la dynamique de l'enfant,* sous la direction de Michel Soulé, ESF, 1979.

Martin Claude, *L'Après-divorce, Lien familial et vulnérabilité*, Presses universitaires de Rennes, 1997.

Mérai Magdolna, *Grands-parents, charmeurs d'enfants*, L'Harmattan, 2002.

Merle Robert, *La Mort est mon métier*, Gallimard, 1953.

Mietkiewicz Marie-Claude, « Les fonctions éducatives des grands-parents à travers les dessins de leurs petits-enfants », in *Revue internationale de l'éducation familiale*, Matrice, 2001.

Mijolla Alain de, *Les Visiteurs du moi*, Les Belles-Lettres, 1986.

Miller Alice, *C'est pour ton bien*, Aubier, 1984 ; *L'Enfant sous terreur*, Aubier, 1986.

Montessori Maria, *Pédagogie scientifique*, Desclée de Brouwer, 1988 ; *L'Enfant*, Desclée de Brouwer, 1997.

Morel Denise, « Choix du partenaire et généalogie », in *Dialogue, AFCCC*, n° 100, 2e trimestre 1988.

Muxel Anne, *Individu et mémoire familiale*, Nathan, 1996.
Natanson Madeleine, *Dans ma famille, je demande les grands-parents*, Fleurus, 1999.
Nemet-Pier Liliane, *Mon enfant me dévore*, Albin Michel, 2003.
Olivier Christiane, *L'Ogre intérieur*, Fayard, 1998 ; *Petit livre à l'usage des pères*, Fayard, 2002.
Perec Georges, *W. ou le souvenir d'enfance*, Gallimard, « L'imaginaire », 1997.
Pivot Bernard, *100 mots à sauver*, Albin Michel, 2004.
Poussin Gérard, *Psychologie de la fonction parentale*, Privat, 1993.
Puskas Daniel, *Amours clouées, Répétition transformationnelle et fonction paternelle*, Sciences et culture, Montréal, 2002.
Racamier P.-C., *Le Génie des origines*, Payot, « Bibliothèque scientifique », 1992.
Rapoport Danielle et Rounbergue-Schlumberger Anne, *La Croissance empêchée*, Belin, 2003.
Revue internationale de l'éducation familiale, tome 1, « Les grands-parents », 2001.
Rostand Jean, *L'Homme*, Gallimard, 1962.
Royal Ségolène, *Le Printemps des grands-parents*, Robert Laffont, 1987.
Rubin Gabrielle, *Le Roman familial de Freud*, Payot, 2002.
Sartre Jean-Paul, *Les Mots*, Gallimard, 1964.
Semprun Jorge, *L'Écriture ou la vie*, Gallimard, 1994.
Sichrovsky Peter, *Naître coupable, naître victime*, Le Seuil, « Points actuel », 1991.
Singly François de, *Le Soi, le couple et la famille*, Nathan, 1996 ; « Malaise dans la filiation », in *Esprit,* 1996, n° 127.
Snyders Georges, *La Pédagogie en France aux XVII*e *et XVIII*e *siècles*, PUF, 1965.
Soulé Michel et coll., *Les Grands-parents dans la dynamique de l'enfant*, ESF, 1979.
Sullerot Évelyne, *Quels pères ? Quels fils ?*, Fayard, 1992 ; *Le Grand Remue-ménage, La crise de la famille*, Fayard, 1997.

Taisne Geneviève de et Gentil-Baichis Yves de, *Au plaisir des grands-parents*, Desclée de Brouwer, 2000.

Tisseron Serge, *Tintin et les secrets de famille*, Aubier, 1990 ; *La Honte, Psychanalyse d'un lien social*, Dunod, 1992 ; *Secrets de famille, mode d'emploi*, Ramsay, 1996 ; *Le Bonheur dans l'image*, Synthélabo, 1996 ; *Bienfait des images*, Odile Jacob, 2003 ; *Comment Hitchcock m'a guéri, Que cherchons-nous dans les images ?*, Albin Michel, 2003.

Valantin Simone, « La grand-parentalité », in *La Parentalité, Défi pour le troisième millénaire* (sous la direction de Leticia Salis-Ponton), PUF, « Le fil rouge », 2002.

Van den Brouck Jeanne, *Manuel à l'usage des enfants qui ont des parents difficiles*, Éditions universitaires SA, Jean-Pierre Delarge, 1979, Points-Seuil, 2001.

Van Eersel Patrice et Maillard Catherine, *J'ai mal à mes ancêtres, La psychopathologique aujourd'hui*, Albin Michel, 2002.

Vernant Jean-Pierre, *L'Univers, les Dieux, les Hommes*, Points-Seuil, 1999.

Vital de Monléon Jean, *Naître là-bas, grandir ici, L'adoption internationale*, Belin, 2003.

Zorn Fritz, *Mars*, Gallimard, 1980.

Table

DANS LA MÊME COLLECTION

Intelligent mais peut mieux faire
Jean-Luc AUBERT

Quels repères donner à nos enfants dans un monde déboussolé ?
Jean-Luc AUBERT

Du berceau à l'école – Les chemins de la réussite
Jean-Luc AUBERT

Mes parents se séparent – Je me sens perdu
Maurice BERGER et Isabelle GRAVILLON

Sectes, gourous, etc. – Éviter aux ados de se laisser piéger
Dominique BITON

Petite terreur ou souffre-douleur – La violence dans la vie de l'enfant
Stéphane BOURCET et Yves TYRODE

Petits tracas et gros soucis de 1 à 7 ans – Quoi dire, quoi faire
Christine BRUNET et Anne-Cécile SARFATI

Petits tracas et gros soucis de 8 à 12 ans – Quoi dire, quoi faire
Christine BRUNET et Anne-Cécile SARFATI

Une famille, ça s'invente – Les atouts des parents, les atouts des enfants
Hélène BRUNSCHWIG

Papa, Maman, laissez-moi le temps de rêver !
Etty BUZYN

Me débrouiller, oui, mais pas tout seul !
Etty BUZYN

La Mort pour de faux et la Mort pour de vrai
Dana CASTRO

Ça va pas fort à la maison – L'enfant et les soucis des grands
Dana CASTRO

Qui lit petit lit toute la vie
Rolande CAUSSE

Il a du mal à l'école – Un peu, beaucoup, trop... comment l'aider
Brigitte CHEVALIER

Il a du mal au collège – Comment l'aider
Brigitte CHEVALIER

Séparons-nous... mais protégeons nos enfants
Stéphane CLERGET

Vos enfants ne sont pas des grandes personnes
Béatrice COPPER-ROYER

Peur du loup, peur de tout – Petites peurs, angoisses, phobies de l'enfant et de l'adolescent
Béatrice COPPER-ROYER

Doué, surdoué, précoce – L'enfant prometteur et l'école
Sophie CÔTE

Psy ou pas psy ? – Quand et qui consulter
Dr Patrick DELAROCHE

Adolescence à problèmes – Comprendre vos enfants pour les aider
Dr Patrick DELAROCHE

Doit-on céder aux adolescents ?
Dr Patrick DELAROCHE

Parents, osez dire non !
Dr Patrick DELAROCHE

Oser être mère au foyer
Marie-Pascale DELPLANCQ-NOBÉCOURT

Parents de cœur – Comprendre l'enfant adopté
Sherrie ELDRIDGE

Blessures d'enfance – Les dire, les comprendre, les dépasser
Nicole FABRE

J'aime pas me séparer – Toutes les séparations dans la vie de l'enfant
Nicole FABRE

Le Dieu de l'enfant – Il n'est pas celui qu'on croit
Nicole FABRE

Amour, enfant, boulot... comment sortir la tête de l'eau
Anne GATECEL et Carole RENUCCI

Le baby-clash – Le couple à l'épreuve de l'enfant
Bernard GEBEROWICZ et Colette BARROUX

Les mères qui travaillent sont-elles coupables ?
Sylviane GIAMPINO

Il était une fois le bon Dieu, le Père Noël et les fées – L'enfant et la croyance
Dominique GOBERT

Papa, Maman, on m'a traité de gros
Élisabeth LESNE

Tracas d'ados, soucis de parents
Pr Daniel MARCELLI et Guillemette de LA BORIE

Tu ne seras pas accro, mon fils ! – Peut-on éviter à nos enfants de devenir dépendants ?
Dr Jean-Claude MATYSIAK

Mon enfant me dévore
Lyliane NEMET-PIER

L'Enfant unique – Atouts et pièges
Carl E. PICKHARDT

J'suis pas motivé, je ne fais pas exprès
Brigitte PROT

Papa, Maman, j'y arriverai jamais ! – Comment l'estime de soi vient à l'enfant
Emmanuelle RIGON

J'ose pas, je suis trop timide – S'affirmer est un jeu d'enfant
Emmanuelle RIGON

Pourquoi pleurent-ils ? – Comprendre le développement de l'enfant, de la naissance à 1 an
Hetty van de RIJT et Frans X. PLOOIJ

Aidez-moi à trouver mes marques ! – Les repères du tout-petit
Michael ROHR

Toutes les questions que vous vous posez sur l'école maternelle
Nicole du SAUSSOIS

Les Risques de l'adolescence
Gérard SÉVÉRIN

Crèches, nounous et Cie – Modes de garde, mode d'emploi
Anne WAGNER et Jacqueline TARKIEL

Hors collection

Petites histoires pour devenir grand – À lire le soir pour aborder avec l'enfant ses peurs, ses tracas, ses questions
Sophie CARQUAIN

Petites histoires pour devenir grand 2 – Des contes pour leur apprendre à bien s'occuper d'eux
Sophie CARQUAIN

Composition IGS
Impression : Imprimerie Floch, février 2006
Éditions Albin Michel
22, rue Huyghens, 75014 Paris
www.albin-michel.fr
ISBN : 2-226-16899-0
ISSN : 1275-4390
N° d'édition : 24110. – N° d'impression : 64982
Dépôt légal : mars 2006
Imprimé en France.